한 권으로 끝내는
로빈의 한국사

일러두기
◎ 유적 위치 지명 및 사건명 표기, 고유명사 띄어쓰기 등은 현행 고등학교 역사 교과서 표기 기준을 따랐습니다.

교양부터 내신·수능·한능검까지,
지금 가장 잘 정리된 한국사

한 권으로 끝내는
로빈의 한국사

로빈의 역사 기록 지음

메가스터디BOOKS

머 리 말

학생, 교사, 그리고 모두를 위한 역사책

2021년, '로빈의 역사 기록' 유튜브 채널을 시작했습니다. 당시만 해도 칠판 강의가 대세였기에 영상으로 역사를 풀어낸다는 건 낯선 시도였습니다. 하지만 저는 "가장 효율적으로 역사 영상을 만든다면, 학생도, 선생님도, 그리고 일반 대중도 보게 될 것이다."라는 믿음 하나로 기록을 시작했습니다.

성공 가능성이 높지 않다는 우려도 많았습니다. 하지만 시간이 흐르며 점점 더 많은 분들이 제 영상을 선택해주셨습니다. 학생, 선생님, 그리고 역사에 관심 있는 일반 시청자까지 다양한 분들의 응원 덕분에 채널은 꾸준히 성장했고 4년이 지난 지금, 구독자 수는 41만 명, 누적 조회수는 4,700만 회에 달하게 되었습니다. 특히 〈영혼을 갈아 만든 5,000년 한국사 한번에 다 보기〉 영상은 940만 회가 넘는 조회수를 기록하며, 긴 호흡의 역사 콘텐츠도 명쾌한 흐름으로 잘만 구성하면 누구에게나 다가갈 수 있다는 가능성을 확인할 수 있었습니다.

이 책은 그 영상 콘텐츠의 기획과 설명력을 바탕으로, 한 권으로 한국사

전체 흐름을 꿰뚫도록 구성한 결과물입니다. 스토리텔링 중심의 기존 역사책들과는 달리 군더더기 없는 핵심 포인트 위주 구성, 빠진 내용 없는 전체 구조 정리, 그리고 각 시대의 변화 흐름을 '로빈의 역사킥'으로 명확하게 요약해주는 것을 특징으로 하여, 처음부터 끝까지 읽고 나면 한국사의 큰 흐름과 구조가 머릿속에 자연스럽게 잡히도록 설계했습니다. 역사 공부를 시작하는 학생들에게, 가르치는 선생님들에게, 그리고 지식을 찾는 모든 분들에게 모쪼록 이 책이 효율적이고 중심이 되는 길잡이가 되어 드렸으면 합니다.

책을 덮는 순간 한국사의 큰 줄기가 머릿속에 그려지기를, 그래서 독자 여러분들이 역사와 조금 더 가까워지고 오늘을 잘 이해하는 데에 작은 실마리가 되기를 바랍니다.

우리나라 역사 콘텐츠의 중심이 되는 그날까지, 저는 꾸준히 기록을 이어가겠습니다.

로빈의 역사 기록

머리말_ 학생, 교사, 그리고 모두를 위한 역사책

PART 01. 선사 & 고대 국가

- 구석기 시대 — 014
- 신석기 시대 — 017
- 청동기 시대 — 020
- 철기 시대 — 023
- 고조선의 성립과 멸망 — 026
- 부여, 옥저, 동예, 삼한 — 032

PART 02. 삼국 시대 & 남북국 시대

- 고구려의 시작과 전성기 — 040
- 고구려의 사회와 문화 — 046
- 고구려의 항쟁과 멸망 — 050
- 백제의 시작과 전성기 — 055
- 백제의 사회와 문화 — 059
- 백제의 멸망과 부흥 운동 — 064
- 철의 나라 가야 — 067
- 신라의 성장과 도약 — 071
- 신라의 사회와 문화 — 076
- 통일 신라의 체제 정비 — 081
- 통일 신라의 통치 체제 — 086
- 통일 신라의 사회와 경제 — 090

통일 신라의 문화	094
통일 신라의 쇠퇴와 고려의 건국	100
발해의 건국과 발전	105
발해의 사회와 문화	110

PART 03. 고려

고려의 통치 체제	116
고려 초기 개혁과 중앙 집권의 기틀	119
거란과의 전쟁	123
여진과의 충돌	127
문벌 귀족의 전성기와 이자겸의 난	131
묘청의 난	135
무신 정변	138
하층민 봉기와 신분 해방의 외침	142
몽골의 침입과 대몽 항쟁	145
원의 내정 간섭	149
공민왕의 개혁과 왜구의 침입	153
고려의 멸망	156

PART 04. 조선

조선 건국	162
세종대왕의 통치	165
세조와 성종	169
훈구와 사림의 대립	172
조광조와 두 차례 사화	176
서원과 향약, 이황과 이이	179
붕당 정치의 시작	184
임진왜란 전 조선의 대외 관계	187
임진왜란과 정유재란	191
광해군의 중립 외교와 인조반정	194
정묘호란과 병자호란	198
예송 논쟁	202
숙종과 환국	205
영조의 탕평 정치	208
정조의 개혁 정치	211
세도 정치와 백성의 고통	214
삼정의 문란	217

PART 05. 근대

흥선 대원군 집권기	222
병인박해와 병인양요	226
제너럴셔먼호 사건과 신미양요	229
청과 일본의 개항	232
운요호 사건과 강화도 조약	235
조선 외교의 전환	238
개화파의 형성과 정부의 개화 정책 추진	242
위정척사 운동	246
임오군란	250
갑신정변	254
거문도 사건과 조선의 외교적 노력	258
동학의 성장과 교조 신원 운동	261
제1차 동학 농민 운동	264
제2차 동학 농민 운동과 청일 전쟁	268
제1차 갑오개혁	271
제2차 갑오개혁과 홍범 14조	274
을미사변과 을미개혁	277
독립 협회와 만민 공동회	281
대한 제국과 광무개혁	285
러일 전쟁과 한일 협약	290
을사늑약과 국권 피탈	295

PART 06. 일제 강점기

- 무단 통치와 식민 지배 … 302
- 토지 조사 사업 … 306
- 회사령과 자원 수탈 … 309
- 문화 통치와 치안 유지법 … 312
- 산미 증식과 일본 자본 침투 … 315
- 병참 기지화와 민족 말살 통치 … 318
- 일제의 경제 침탈 … 321
- 국내 비밀 결사 운동 … 324
- 만주·연해주 독립운동 기지 건설 … 327
- 해외 독립운동 기지 … 331
- 3·1 운동 … 334
- 대한민국 임시 정부의 수립과 활동 … 339
- 봉오동 전투와 청산리 대첩 … 345
- 3부 성립과 통합 운동 … 350
- 의열단과 한인 애국단 … 354
- 만주의 독립군 전투와 항일 유격전 … 358
- 민족 혁명당과 조선 민족 전선 연맹 … 362
- 한국 광복군과 조선 의용군 … 365

PART 07. **현대**

광복과 분단의 씨앗	370
해방 후 혼란과 좌우 대립	374
미소 공동 위원회와 좌우 합작	377
한국 문제 유엔 상정과 남북 협상	381
제주 4·3과 여순 사건	384
5·10 총선거와 대한민국 수립	387
반민족 행위 처벌법과 반민 특위	391
농지 개혁과 귀속 재산 처리	394
북조선 임시 정부 수립	398
6·25 전쟁	401
이승만 정부의 등장과 몰락	405
장면 내각과 제2공화국	411
5·16 군사 정변과 한일 협정	414
베트남 파병과 3선 개헌	418
경제 개발 5개년 계획과 새마을 운동	421
10월 유신과 부마 항쟁	426
신군부 집권과 6월 민주 항쟁	430
직선제 이후 정권 교체 흐름	436

도판 출처 및 참고 자료	442

PART 01.

선사 &
고대 국가

구석기 시대

기원전 70만년경 ~ 기원전 8000년경

구석기인, 한반도에 첫발을 내딛다

지금으로부터 약 70만 년 전, 한반도와 만주 지역에는 처음으로 사람이 살기 시작하였습니다. 이 시기의 사람들은 자연 속에서 살아남기 위해 도구를 만들어 사용하였으며, 그중에서도 **뗀석기**와 **뼈도구**는 가장 대표적인 생존 수단이었습니다.

뗀석기는 단단한 돌을 깨뜨려 만든 도구로, 짐승을 사냥 하거나 가죽을 벗기는 데 사용되었습니다. 초기에는 **찍개**나 **주먹도끼**처럼 크고 단순한 석기가 사용되었으며, 하나의 도구로 다양한 작업을 수행하는 다목적 방식이 일반적이었습니다. 시간이 흐르면서 석기 제작 기술이 발달하고 경험이 축적되자, 도구는 점차 작고 정교한 형태로 발전하였습니다.

후기 구석기 시대에 접어들면서 **돌날**과 **좀돌날** 같은 세밀한 석기들이 제작되었습니다. 특히 '**슴베찌르개**'는 후기 구석기 시대를 대표하는 뗀석기 중 하나로, 칼이나 호미 등의 자루에 박히는 뾰족하고 긴 부분인 슴베를 자루에 연결하여 창끝이나 화살촉 등의 용도로 사용하였습니다. 슴베찌르개의 등장으로 사냥 도구의 효율성이 크게 향상되었고, 이는 구석기 후기에 접어들며 나타난 인간의 기술적 진보를 잘 보여줍니다.

구석기인들은 정착하지 않고 먹을 것을 찾아 무리를 지어 이동하며 살았습니다. 주로 동굴이나 바위 그늘에서

◎— 주먹도끼   ◎— 슴베찌르개

지내거나, 강가에 막집을 짓고 생활하기도 하였습니다. 이러한 생활의 흔적을 확인할 수 있는 대표적인 구석기 유적지로는 **황해북도 상원 검은모루 동굴, 충남 공주 석장리, 경기 연천 전곡리** 등이 있으며, 이곳에서는 당시 사용된 석기와 주거 흔적들이 발견되었습니다.

또한, **평안남도 덕천 승리산 동굴과 충북 청원 두루봉 동굴**에서는 구석기 시대 사람의 뼈, 즉 화석 인골이 발견되었습니다. 특히 1983년, 청원 두루봉 동굴에서 출토된 4~6세 어린아이의 유골은 발견자의 이름을 따 **'흥수아이'**라 불립니다. 유골 주변에서 국화과 식물의 꽃가루가 함께 발견되었는데, 이는 단순한 매장이 아닌 구석기인들이 죽은 이를 기리는 장례 풍습을 갖고 있었음을 보여주는 중요한 증거로 평가되고 있습니다.

후기 구석기 시대에는 보다 정비된 집터가 나타납니다. 보통 3~10명 정도가 함께 생활할 수 있는 크기로, 기둥을 세운 자리, 담을 둘러친 흔적, 불을 피운 자국 등이 남아 있어 비교적 조직적인 주거 형태를 이루고 있었음을 알 수 있습니다. 이 시기의 사회는 계급이 존재하지 않았으며, 연장자나 경험이 많은 이가 무리를 이끄는 **평등한 구조**였습니다. 이는 생존을 위한

협력이 매우 중요했던 환경적 조건과도 관련이 있습니다.

이후 빙하기가 끝나고 날씨가 점차 따뜻해지면서 구석기에서 신석기로 넘어가는 변화의 시기가 도래합니다. 기온 상승은 생태계 변화로 이어졌고, 숲이 우거지고 동물의 종류도 변화하였습니다. 특히 토끼, 여우, 새처럼 작고 빠른 동물들이 늘어나면서, 사람들은 사냥을 위해 석기를 더욱 작고 정교하게 만들어 사용하기 시작하였습니다. 이렇게 제작된 작은 잔석기는 나무나 뼈에 끼워 창이나 칼처럼 사용하는 '이음 도구'로 활용되었으며, 이는 신석기 문명으로 나아가는 또 하나의 중요한 발걸음이 되었습니다.

로빈의 역사 KICK

구석기 시대 특징

- 주요 도구: 초기 – 뗀석기(찍개, 주먹도끼 등), 후기 – 돌날, 좀돌날, 슴베찌르개 등 정교한 도구
- 생활 방식: 이동 생활 – 무리지어 사냥·채집, 주거지 – 동굴, 바위 그늘, 강가 막집
- 사회 구조: 평등한 공동체, 경험 많은 연장자가 무리를 이끎
- 대표 유적지: 황해북도 상원 검은모루 동굴, 충남 공주 석장리, 경기 연천 전곡리, 평남 덕천 승리산 동굴, 충북 청원 두루봉 동굴 – 흥수아이(장례 풍습 유추 가능)

신석기 시대

기원전 8000년경 ~ 기원전 1500년경

신석기인의 삶과 농경의 시작

기원전 8000년경부터 한반도와 그 주변 지역에서는 신석기 시대가 시작되었습니다. 이 시기의 사람들은 기존의 뗀석기와는 다른 방식으로 도구를 제작하였으며, 돌을 갈아 만든 간석기를 사용하여 더 정교하고 다양한 작업을 수행하였습니다.

신석기인들은 먹을 것을 따라 이동하던 구석기인들과 달리, 한곳에 정착하여 살아가기 시작하였습니다. 이들은 주로 **강가나 해안가에 움집**을 짓고, 가족 단위의 소규모 공동체를 이루어 생활하였습니다. 움집은 보통 4~5명이 거주할 수 있는 크기로, 바닥 모양은 원형 또는 모서리가 둥근 방형이었습니다. 움집의 중앙에는 화덕이 있어 취사나 난방에 사용되었고, 출입문 옆에는 식량과 도구를 보관할 수 있는 저장 구덩이가 마련되었습니다.

신석기인들은 곡물의 저장과 조리를 위해 토기를 제작하였습니다. 이 시기를 대표하는 **빗살무늬 토기**는 표면에 평행한 빗살무늬가 새겨져 있고 바닥

◎— 빗살무늬 토기

이 뾰족한 것이 특징으로, 서울 암사동, 제주 고산리, 부산 동삼동 등 한반도 전역에서 출토되었으며, 대부분 강가나 바닷가에서 발견되었습니다. 특히 1925년 한강에서 발생한 대홍수로 인해 암사동 유적이 처음 세상에 알려졌고, 이후 발굴을 통해 20여 기의 집터와 함께 다수의 빗살무늬 토기가 출토되었습니다. 이로 인해 암사동 유적은 한국의 신석기 시대를 대표하는 유적으로 평가받고 있습니다

◎― 뼈바늘
◎◎― 가락바퀴

농경은 신석기 사회를 지탱하는 핵심적인 생계 방식이었습니다. 황해도 봉산 지탑리 유적에서 발견된 탄화된 좁쌀은 신석기인들이 잡곡을 재배하고 있었음을 보여주는 중요한 고고학적 증거입니다. 이들은 돌을 갈아 만든 돌괭이, 돌삽 같은 간석기뿐만 아니라, 동물의 뼈나 뿔로 만든 농기구를 함께 사용하여 땅을 일구었습니다.

농경 외에도 **목축**이 이루어졌으며, 사냥과 채집, 물고기잡이 역시 계속해서 중요한 식량 확보 수단으로 유지되었습니다. 신석기인들은 활과 창으로 짐승을 사냥하고, 그물이나 작살, 뼈로 만든 낚시 도구를 이용해 물고기를 잡았습니다.

또한 신석기인들은 **가락바퀴**나 **뼈바늘**을 이용해 옷을 짓거나 그물을 만들었습니다. 가락바퀴는 중앙에 구멍이 뚫린 원반형 도구로, 긴 막대를 끼워 돌리며 실을 뽑는 데 사용되었고, 뼈바늘은 짐승의 뼈를 깎아 만든 도구로, 옷을 꿰매거나 수선하는 데 사용되었습니다.

신석기인들은 실용적인 도구뿐 아니라 장식용 혹은 상징적인 의미를 지닌 물품도 제작하였습니다. 흙을 빚어 만든 가면, 조개껍데기를 가공한 예술품, 짐승의 뼈나 이빨로 만든 **치레걸이**(장신구) 등이 대표적입니다.

이 시기 사람들은 원시 신앙도 갖고 있었는데, 태양, 물, 바람과 같은 자연물이나 자연현상에 정령이 깃들어 있다고 믿는 **애니미즘**, 무당이 주술을 통해 인간과 초자연적 존재를 연결한다고 여기는 **샤머니즘**, 특정 동식물을 집단의 상징이자 수호신으로 삼아 숭배하는 **토테미즘** 등이 대표적이었습니다.

로빈의 역사 KICK

신석기 시대 특징

- 주요 도구: 간석기(돌괭이, 돌삽 등), 토기 제작 – 대표: 빗살무늬 토기, 이른 민무늬 토기, 가락바퀴, 뼈바늘 등
- 생활 방식: 정착 생활 시작 – 강가·해안가 움집(원형 또는 방형), 가족 단위(4~5인)의 소규모 생활, 농경(좁쌀 등 잡곡 재배), 목축 병행, 사냥(활·창), 물고기잡이(그물·작살·뼈낚시) 유지
- 사회 구조: 평등한 공동체, 분업과 협업 존재, 원시적 수공업, 장신구 제작 등 생활문화 발달
- 신앙: 애니미즘, 샤머니즘, 토테미즘
- 대표 유적지: 서울 암사동(빗살무늬 토기 출토), 경남 김해, 황해 봉산 지탑리(탄화 좁쌀 출토)

기원전 2000년경 ~ 기원전 300년경	# 청동기 시대
	청동의 시대, 권력이 태어나다

    기원전 2000년경부터 기원전 1500년경 사이, 한반도와 만주 지역에는 청동기 문화가 보급되었습니다. 청동은 제작이 까다롭고 귀한 자원이었기 때문에, 일상적인 농기구보다는 주로 무기, 제사용 도구, 장식품 등에 한정되어 사용되었습니다. 이 시기 대표적인 청동 유물로는 **비파형 동검, 거친무늬 거울, 청동 방울** 등이 있습니다. 반면 농기구는 여전히 석기로 제작되었습니다. 당시 사람들은 **반달 돌칼** 같은 정교한 석기를 이용해 곡식을 수확하고, **미송리식 토기**나 **민무늬 토기**에 곡물을 저장하였습니다.

◎— 반달 돌칼

◎◎— 민무늬 토기

청동기 시대의 주거지는 주로 배산임수의 원리에 따라, 뒤로는 산을 등지고 앞으로는 강이나 물을 마주한 구릉 지대에 조성되었습니다. 이러한 입지는 농경과 생존에 유리한 환경을 제공하였습니다. 집터는 대체로 사각형 또는 원형 구조를 띠었으며, 마을의 규모는 신석기 시대보다 훨씬 커졌습니다. 이는 인구 증가와 함께 정착 생활이 더욱 확대되었음을 보여줍니다.

농업은 주로 조, 피, 보리, 수수 등 밭농사를 중심으로 이루어졌으며, 일부 저습지에서는 **벼농사**도 시작되었습니다. 다양한 곡물이 재배되고, 생산성이 높은 벼농사가 도입되었다는 점은, 신석기 시대와 달리 농업 생산력이 크게 향상되고 잉여 생산물이 생겨났음을 의미합니다.

◎— 비파형 동검

잉여 생산물의 증가는 사회 구성원 간의 **빈부 격차와 계급 분화**를 초래하였으며, 정치·경제적 권력을 가진 지배 계층의 형성으로 이어졌습니다. 이러한 사회적 차이는 무덤의 크기나 껴묻거리의 구성에서 확인할 수 있습니다. 청동기 시대를 대표하는 무덤인 **고인돌**(지석묘)은 당시 지배층의 무덤으로, 그 규모나 구조를 통해 지배자의 권력과 부를 짐작할 수 있습니다. 정치·경제적 우위를 점한 부족은 청동제 무기를 바탕

◎— 탁자식 고인돌

으로 주변 지역을 정복하였으며, 이 과정에서 등장한 지도자는 **'군장'** 또는 '족장'이라 불리며, 정치와 종교를 주관하였습니다. 군장은 자신이 하늘의 자손, 즉 신성과 혈통을 지닌 존재임을 자처하며, 청동 검, 청동 거울, 청동 방울 등을 통해 자신의 권위를 상징적으로 표현하였습니다.

청동기 시대 사람들은 사냥, 고기잡이, 농사의 풍요를 기원하며 바위에 그림을 새겼습니다. 대표적으로 울산 울주 대곡리 반구대 바위그림에는 고래, 물고기, 호랑이, 사슴 등 약 300여 개의 형상이 생생하게 묘사되어 있으며, 경북 고령 장기리 바위그림에는 동심원과 곡선 등 기하학적 무늬가 새겨져 있어 그들의 신앙과 염원을 엿볼 수 있습니다.

> **로빈의 역사 KICK**
>
> ### 청동기 시대 특징
> - 도구: 청동기 – 무기, 제기, 장신구 등, 석기 – 농기구 등 생활 도구
> - 토기: 민무늬 토기, 미송리식 토기 등
> - 무덤: 고인돌, 돌널무덤, 돌무지무덤
> - 경제: 벼농사 시작, 밭농사 중심
> - 유물: 비파형 동검, 반달 돌칼, 거친무늬 거울
> - 대표 유적지: 부여 송국리, 여주 흔암리

기원전 5세기경 ~ 기원전 1세기경

철기 시대

농업의 도약과 계층 분화, 그리고 연맹 왕국의 등장

기원전 5세기경부터 만주와 한반도 지역에는 철기가 보급되기 시작하였습니다. 초기에는 청동기와 철기가 병용되었으나, 시간이 흐르면서 철기가 점차 일상생활과 생산 활동에 널리 사용되었고, 청동기는 주로 제사용 도구나 장신구 등 특수한 목적에 한정되어 사용되었습니다. 이 무렵, 한반도에서는 중국과 구별되는 독자적인 청동기 문화가 발전하여, **세형 동검**(한국식 동검)과 **잔무늬 거울** 등이 만들어졌습니다. 청동기를 주조하는 데 사용된 **거푸집**의 출토는 한반도 내 청동기 제작 기술의 존재를 뒷받침합니다.

철은 청동에 비해 원료를 확보하기 쉬웠고, 재질이 단단하고 날카로워 다양한 분야에서 널리 활용되었습니다. 특히 농업 분야에서는 괭이, 낫, 쟁기, 쇠스랑 등 다양한 **철제 농기구가 보급**되면서 농업 생산력이 크게 향상되었고, 그에 따라 벼농사도 더욱 발전하였습니다. 동시에 목축업도 성행하여 식량 자원이 풍부해졌고, 이는 인구 증가로 이어졌습니다. 그러나 철제 무기의 확산은 **부족 간 전쟁을 빈번**하게 만들었으며, 무력을 갖춘 세력

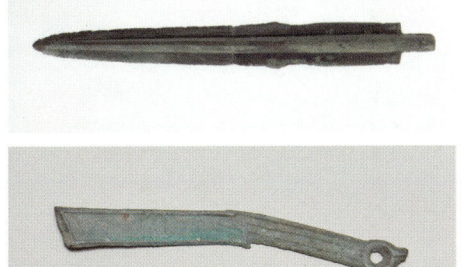

◎— 독무덤　　◎— 세형동검　◎◎— 명도전

이 우위를 점하게 되면서 지배층과 피지배층 사이의 계층 분화가 뚜렷해졌습니다. 이러한 정치·사회적 변화는 부여, 고구려, 삼한 등과 같은 **연맹 왕국의 형성**으로 이어졌고, 이는 고대 국가로의 발전을 이끄는 중요한 전환점이 되었습니다.

이 시기 사람들은 생활 도구로 민무늬 토기를 사용하였고, 그 외에도 입술 부분에 흙 띠를 덧댄 **덧띠 토기**나 표면을 문질러 윤기를 낸 **검은 간 토기** 등을 사용하였습니다. 무덤 양식에서도 변화가 나타나, 구덩이를 파고 나무로 만든 널에 시신을 담아 묻는 **널무덤**과, 두 개의 항아리를 연결해 시신을 담은 **독무덤**이 대표적인 예입니다. 이러한 무덤 양식과 함께 출토된 유물들은 당시 사람들의 생활 방식은 물론, 의례 문화나 사회 조직을 이해하는 데 중요한 단서를 제공합니다.

한편, 이 시기는 중국과의 교류가 활발하게 이루어지던 시기이기도 합니다. **명도전, 반량전, 오수전과 같은 중국 화폐**가 한반도에서 출토되었으며, 이를 통해 당시 중국과의 경제적·문화적 접촉이 활발하였음을 알 수 있습니다. 또한, 경남 창원 다호리 유적에서 발견된 붓은, 한자가 한반도로 전래되었을 가능성을 보여주는 단서로 평가됩니다. 이처럼 철기의 보급은 단순한 기술 발전을 넘어 사회 전반에 걸쳐 큰 변화를 일으켰으며, 한반도가 고대 국가로 나아가는 데 있어 중요한 전환점이 되었습니다.

> **로빈의 역사 KICK**
>
> **철기 시대 특징**
> - 도구: 철제 농기구 및 무기, 거푸집
> - 토기: 민무늬 토기, 덧띠 토기, 검은 간 토기 등
> - 무덤: 널무덤, 독무덤
> - 경제: 벼농사 발전, 목축 성행
> - 유물: 세형동검, 잔무늬 거울, 명도전, 창원 다호리 유적 출토 붓

고조선의 성립과 멸망

기원전 2333 ~108년

청동 검과 신화로 시작된 최초의 나라

    청동기의 사용이 확산되면서 랴오닝 지방과 한반도 서북부 지역에는 상징적인 권위와 실질적인 권력을 함께 갖춘 지배층, 즉 군장이 등장하였습니다. 이들 중 일부는 세력을 확장하며 주변 여러 부족 사회를 통합하였고, 이러한 과정을 거쳐 우리 민족이 세운 최초의 국가, 고조선이 등장하였습니다. 고려 충렬왕 때 승려 일연이 저술한 『삼국유사』에는 단군이 농경 문화를 바탕으로 기원전 2333년에 고조선을 건국하였다는 기록이 전해집니다.

> 옛날 환인의 아들 환웅이 천부인 3개와 3,000여 명의 무리를 이끌고 신단수 밑에 내려왔는데 이곳을 신시라 하였다. 그는 풍백, 우사, 운사로 하여금 인간의 360여 가지의 일을 주관하게 하였는데 그중에서도 곡식, 생명, 질병, 형벌, 선악 등 다섯 가지 일이 가장 중요한 것이었다. 이로써 인간 세상을 교화하고 인간을 널리 이롭게 하였다. 이때 곰과 호랑이가 사람이 되기를 원하므로 환웅은 쑥과 마늘을 주고 이것을 먹으면서 100일간 빛을 보지 않는다면 사람이 될 것이라고 하였다. 곰

은 금기를 지켜 21일 만에 여자로 태어났고 환웅과 혼인하여 아들을 낳았다. 이가 곧 단군왕검이다. – 『삼국유사』

고조선 건국 신화에서 '환인의 아들 환웅'이라는 표현은 고조선의 지배층이 하늘에서 유래한 신성한 존재, 즉 천손(天孫)을 자처하였음을 보여주며, 이로부터 선민사상의 단초를 엿볼 수 있습니다. 또한, 환웅이 데리고 온 풍백(바람), 우사(비), 운사(구름)는 자연 현상을 관장하는 존재들로, 고조선이 **농경 사회**였음을 상징적으로 나타냅니다.

'널리 인간을 이롭게 하였다'는 구절은 고조선의 건국 이념이자 통치 이념인 **홍익인간** 사상의 근거로 해석되며, 곰과 호랑이 이야기에서는 이들이 각각 토착 부족이 숭배하던 수호신, 즉 **토테미즘** 신앙의 흔적을 담고 있음을 짐작할 수 있습니다. 또한, 곰 부족과 환웅 부족의 결합은 천손 세력과 토착 세력의 연합, 즉 **부족 통합**에 기반한 국가 형성을 상징적으로 나타냅니다.

'단군왕검'이라는 호칭에서는, '단군'은 제사장을, '왕검'은 정치적 통치자를 의미한다는 해석이 일반적입니다. 이를 통해 고조선이 정치와 종교가 통합된 **제정일치 체제**를 갖추고 있었음을 유추할 수 있습니다.

고조선은 초기에는 랴오닝 지방을 중심으로 성장하였으며, 이후 대동강 유역으로 중심지를 옮기고 한반도 북부까지 세력을 확장하였습니다. 고조선의 문화 범위는 **비파형 동검, 탁자식 고인돌**이 출토된 지역을 통해 확인할 수 있습니다.

기원전 4세기경, 고조선은 통치자를 '왕'이라 칭하며 중국의 연나라와

대등하게 맞설 정도의 강국으로 성장하였습니다. 하지만 기원전 3세기 초, 연나라 장수 진개의 침입으로 서쪽 영토를 상실하게 되었고, 이로 인해 수도를 평양 지역의 왕검성으로 옮긴 것으로 보입니다.

기원전 3세기경부터, 부왕과 그의 아들 준왕 등 강력한 왕들이 등장하였으며, 정치 조직이 정비되고 왕권이 세습되는 등 조직이 안정화 되었습니다.

◎─ 고조선의 문화 범위

건국 신화에 등장하는 풍백·우사·운사에 해당하는 관직은 농업과 치안, 형벌 등을 관리한 것으로 보입니다. 이후 고조선은 비왕, 상, 경, 대부, 대신, 장군, 박사 등의 관직을 두고, 일정 수준의 중앙 관료 조직을 갖춘 국가 체계를 운영하였습니다. 이중 '상'은 국무를 관장하던 최고위 관리로, 왕과 함께 중요한 국정 회의에 참여하였으며, 경우에 따라 자신의 관할 지역과 백성을 직접 다스리는 등 독립적인 정치·행정 권한을 행사했던 것으로 보입니다.

고조선에는 '8조법(범금 8조)'으로 불리는 법이 존재하였으며, 그중 세 가지 조항이 전해지고 있습니다.

대개 사람을 죽인 자는 즉시 죽이고, 남에게 상처를 입힌 자는 곡식으로 갚는다. 도둑질을 한 자는 노비로 삼는다. 용서를 받고자 하는 자는 한 사람마다 50만 전을 내게 한다. 비록 용서를 받아 보통 백성이 되어도 풍속에 역시 이를 부끄럽게 여겨 혼인을 하고자 해도 짝을 구할 수 없다. 이러해서 백성은 도둑질을 하지 않아 대문을 닫고 사는 일이 없었다. 여자는 모두 정숙하여 음란하고 편벽된 짓을 하지 않았다. -『한서』

이 법은 관습법적 성격을 지니면서도 형벌과 배상 규정이 함께 존재한다는 점에서, 초기 국가의 법체계로서 일정한 조직성과 실용성을 갖춘 것으로 평가됩니다. '사람을 죽인 자는 즉시 사형에 처한다'는 조항은 생명에 대한 강력한 보호 의지를 드러내며, '남에게 상해를 입힌 경우 곡식으로 배상한다'는 조항은 고조선이 농업을 기반으로 한 경제 구조를 갖추고 있었음을 보여줍니다. 또한, '도둑질한 사람은 노비로 삼거나, 50만전을 배상한다'는 규정은 고조선 사회에 사유재산 개념이 존재했으며, 노비가 존재하는 신분제 사회였음을 알 수 있습니다.

이후 중국의 진·한 교체기에는 중국의 혼란을 피해 위만이 수천 명의 무리를 이끌고 고조선으로 들어왔습니다. 당시 고조선을 다스리던 준왕은 그에게 서쪽 변경 지역의 수비를 맡겼으나, **위만**은 그 지역에서 세력을 확장하며 고조선 내부로 영향력을 넓혀 나갔고, 마침내 기원전 194년, 준왕을 몰아내고 스스로 왕위에 올라 **위만 조선**을 세웠습니다. 위만 조선은 고조선의 전통을 계승하면서도, 철기 문화를 본격적으로 수용하였습니다. 특히, **철제 농기구와 무기**의 사용은 농업 생산력과 군사력을 동시에 향상시켰고, 이를 바탕으로 진번과 임둔 등 주변 소국을 복속시키며 정복 활동을 확대해 나갔습니다.

또한 위만 조선은 한반도 남부의 진 지역과 중국 한나라 사이에 위치한 지리적 이점을 활용하여 중계 무역을 주도하였습니다. 이를 통해 경제 기반을 강화하고 외교적 영향력 또한 확대할 수 있었습니다.

그러나 위만 조선이 중계 무역의 이익을 독점하고, 나아가 북방의 흉노와 외교 관계를 맺으며 한나라를 견제하자, 한 무제는 대군을 보내 고조선을 침공하였습니다. 이에 맞서 고조선의 우거왕은 패수 전투 등에서 승리를 거두며 1년 이상 한나라의 공격에 강력히 저항하였습니다. 하지만 지배층 내부의 갈등과 장기전에 따른 국력 소모로 인해 고조선은 결국 수도 왕검성을 지켜내지 못하고, 기원전 108년에 멸망하고 말았습니다.

고조선이 멸망한 이후, 한나라는 그 영토 일부에 낙랑군을 비롯한 군현을 설치하여 새로 복속된 토착민들을 효과적으로 통제하고자 하였습니다. 이를 위해 법률 체계를 대폭 정비하고, 60여 조항에 이르는 상세한 법 조항을 마련하였으나, 이러한 강도 높은 통치는 현지 사회의 전통적인 풍속과 충돌을 일으키며 토착민들의 강한 반발에 직면하게 되었습니다.

이후 한 군현의 세력은 점차 약화되었으며, 마침내 313년 고구려의 공격으로 낙랑군이 축출되면서 한의 지배는 종식되었습니다.

로빈의 역사 KICK

고조선의 성립과 멸망 과정

항목	내용
성립 배경	• 청동기 사용과 군장의 등장 • 강력한 군장이 부족 통합 → 국가 출현
건국 신화	• 『삼국유사』: 단군왕검, 기원전 2333년 건국 • 홍익인간 이념, 선민사상(하늘의 자손) • 제정일치 체제(제사장 + 정치 지도자)
문화 범위	• 중심: 랴오닝 지방, 대동강 유역 • 유물: 비파형 동검, 탁자식 고인돌
정치 발전	• 기원전 4세기 '왕' 칭호 사용 • 진개의 침입(기원전 3세기 초) → 왕검성으로 수도 이전 • 부왕·준왕 등장 - 세습 왕권과 관직 체계 정비 • 주요 관직: 상, 경, 대부, 장군 등
법 제도	• 범금 8조: 살인 → 사형, 상해 → 곡식 배상, 절도 → 노비, 곡식 배상 - 생명·사유 재산·노동력 중시, 농경·계급 사회 모습
위만 조선	• 기원전 194년 위만이 준왕 몰아내고 집권 • 철기 문화 도입, 중계 무역 발전 • 진번·임둔 정복, 고조선 최대 전성기
멸망 과정	• 한 무제의 침공(기원전 109) → 우거왕의 저항 • 패수 전투 승리했지만 지배층 내분으로 왕검성 함락 • 기원전 108년 멸망
이후 영향	• 한(漢)이 낙랑군 등 군현 설치, 법 60여 조로 강화 • 토착민 반발 심화 → 고구려에 의해 축출됨

기원전 2세기 ~ 5세기

부여, 옥저, 동예, 삼한

연맹 왕국에서 삼한까지,
철기 시대를 수놓은 나라들

철기 문화를 바탕으로 만주와 한반도 전역에는 고조선의 뒤를 잇는 여러 나라들이 나타나기 시작하였습니다. 대표적으로 부여, 고구려, 옥저, 동예, 삼한이 있으며, 이들은 각각의 지역적 특성과 환경에 따라 독자적인 정치 체제와 문화를 발전시켜 나갔습니다.

부여는 만주 송화강 유역의 넓은 평야 지대에 자리 잡고 성장한 나라로, 기원전 2세기경부터 성립된 것으로 보입니다. 중국 군현과 우호적인 관계를 유지하며 활발하게 교류하며 남쪽으로는 고구려, 서쪽으로는 선비족과 경계를 이루고 있었습니다. 부여는 다섯 부족이 연합한 연맹 왕국의 형태를 띠고 있었으며, 마가, 우가, 저가, 구가 등의 대가들이 각각 '**사출도**'라 불리는 지방을 맡아 다스렸습니다. 이들은 각 지역에서 독립적인 권한을 행사하면서도 왕 아래에서 상호 견제와 협력을 이루었습니다. 왕권은 절대적이지 않았기 때문에, 흉년이 들면 왕에게 책임을 물어 폐위시키는 일도 있었습니다. 국가의 중대한 사안은 대가들 간의 회의를 통해 결정되었습니다.

부여의 지배층은 왕과 **가**(加), **호민**으로 구성되었으며, 피지배층은 **하호와 노비**로 이루어져 있었습니다. 이들은 신분에 따라 생활 방식과 권한이 크게 달랐습니다. 한편, 부여 사회는 전체적으로 법이 매우 엄격하였으며, 강력한 형벌이 적용되었습니다. 살인을 저지르면 범인은 사형에 처하고, 그 가족은 노비가 되었으며, 도둑질을 한 경우에는 훔친 물건의 열두 배를 배상하는 **1책 12법**이 있었습니다. 또한 간통을 하거나 질투가 심한 여성은 사형에 처하였습니다.

또한, 부여에는 왕이나 귀족이 죽었을 때 살아 있는 사람을 함께 무덤에 묻는 순장과, 형이 죽으면 그 아내를 동생이 아내로 맞는 **형사취수제**와 같은 독특한 풍습도 존재하였습니다.

부여의 경제 활동은 농경과 목축이 함께 이루어지는 반농반목의 형태였습니다. 말, 모피, 주옥 등 부여의 특산물이 생산되었으며, 이는 주변 국가와의 교역에서도 중요한 자원이 되었습니다. 부여에서는 국가에 중대한 일이 있을 때 소의 발굽 모양을 보고 길흉을 점치는 우제점법이 시행되었고, 해마다 12월에는 영고라 불리는 제천 행사를

◎— 고대 국가 지형

열어 하늘에 제사를 지냈습니다.

부여는 1세기 초에 '왕'이라는 칭호를 사용하며 성장하다 3세기 말 북방 **유목 민족인 선비족의 침입으로 크게 약화**되었고, **5세기 말에는 고구려에 완전히 병합**되며 연맹 왕국 단계에서 멸망하였습니다. 고구려와 백제의 건국 세력이 자신들의 뿌리를 부여라고 여긴 점에서, 부여는 고조선 이후 민족 정체성의 중요한 축으로 여겨집니다.

한편, 함경도 동해안 지역의 옥저와 강원도 북부 동해안을 기반으로 성장한 동예는 읍군과 삼로라 불리는 **군장**이 각 부족을 다스렸으며, 중앙집권적인 왕권 체제는 존재하지 않았습니다.

옥저는 어물과 소금 등 해산물 자원이 풍부하였고, 토지가 비옥하여 농사도 잘 이루어졌습니다. 옥저에는 **민며느리제**라는 독특한 혼인 풍습이 있었는데, 이는 어린 여자아이를 남자의 집에 데려가 키우다가 성인이 되면 예물을 주고 아내로 맞이하는 제도였습니다. 또한 사람이 죽으면 먼저 매장한 뒤 일정 시간이 지난 후 뼈만 추려내어 공동 무덤인 큰 목곽에 함께 안치하였고, 목곽 입구에는 쌀을 담은 질그릇을 걸어두는 풍습도 있었습니다.

동예는 **토지가 비옥하고 해산물이 풍부**하여 경제 생활이 비교적 윤택하였습니다. 이 지역의 특산물로는 단궁, 과하마, 반어피 등이 유명하였습니다. 단궁은 짧고 강한 활, 과하마는 키가 작은 말, 반어피는 바다표범 가죽을 뜻합니다. 동예 사람들은 **철(凸)자형이나 여(呂)자형의 집**에서 거주하였으며, 산천을 신성하게 여겨 타 부족이 이를 침범하는 행위를 경계와 질서를 어기는 것으로 간주하였습니다. 이에 따라 각 부족 간의 생활권을 엄격히 구분하였고, 다른 부족의 영역을 침범할 경우 **'책화'**라는 관습에 따라 노비나 가축 등으로 배상해야 했습니다. 또한 같은 부족 내에서는 혼인을 금지하는 족외혼 풍습도 엄격히 지켰습니다. 동예는 10월이 되면 무천이라 불리는 제천 행사를 열어 하늘에 제사를 지내고, 술을 마시며 춤과 노래로 축제를 즐겼습니다.

◎— 철자형 집터

◎— 여자형 집터

그러나 동예와 옥저는 지리적으로 변방에 위치해 있었고, 일찍부터 고구려와 낙랑군 등 주변 강대국의 압박을 받아 고립되었습니다. 이로 인해 선진 문물의 수용이 제한되었으며, 정치적으로도 연맹 왕국 단계로 발전하지 못한 채 고구려에 복속되어 역사 속에서 사라졌습니다.

한편, 한반도 중남부 지역에는 삼한이라 불리는 부족 연맹체가 형성되었습니다. 본래 이 지역의 진국은 고조선과의 관계 속에서 교역에 제약을 받았으며, 이후 진·한 교체기의 혼란을 피해 남하한 유이민들에 의해 새로운 문화가 전파되면서 사회가 점차 발달하였습니다. 이 과정에서 등장한 **마한, 진한, 변한**은 각각 54개, 12개, 12개의 소국으로 이루어진 연맹체로 성장하였습니다.

마한은 현재의 천안·익산·나주 지역, 진한은 대구·경주 중심 지역, 변한은 김해·창원 지역에 형성되었으며, 각 소국은 자율적인 군장들에 의해 통치되었습니다. 이 중에서 마한의 세력이 가장 강하였고, 그 가운데 목지국의 지배자가 '진왕'으로 추대되어 삼한 전체를 대표하였습니다.

삼한 사회는 정치 권력을 담당하는 군장과 종교 의례를 주관하는 제사장이 분리된 **제정 분리 체제**였습니다. 신지, 견지, 부례, 읍차 등의 군장들이 각 소국을 다스렸으며, 천군이라 불리는 제사장은 소도라는 신성한 공간을 중심으로 제사를 주관하며 종교적 권위를 행사하였습니다. 소도는 군장의 권력이 미치지 않는 독립적인 종교 공간으로, 죄인이 들어가더라도 체포할 수 없는 금역으로 여겨졌습니다.

삼한은 철기 문화를 바탕으로 한 농경 사회였습니다. 철제 농기구를 사용하였으며, 비옥한 평야를 기반으로 벼농사가 발달하였습니다. 매년 씨를 뿌리는 5월과 추수 이후인 10월에는 계절제를 열어 하늘에 제사를 지냈습니다. 이와 함께 공동체 중심의 농업 조직인 두레, 그리고 남녀가 몸에 문신을 새기는 풍습도 삼한 사회의 문화적 특징 중 하나입니다. 이 시기에는 밭과 논뿐 아니라 수로, 보, 저수지까지 갖춘 고도화된 농업 기반이 등장하기 시작하였으며, **제천의 의림지**와 **밀양의 수산제**는 이러한 기반 시설의 대표적인 예로 꼽힙니다.

마한 지역에서는 **초가지붕의 흙방**(토실)에서 생활하였으며, 변한 지역에서는 **철이 풍부하게 생산**되어 덩이쇠가 화폐처럼 사용되거나, 낙랑과 왜 등지로 수출되기도 하였습니다.

또한 마한에서는 장례를 치를 때 소나 말을 함께 묻는 순장이 이루어졌으며, 진한과 변한에서는 사람이 죽으면 새의 깃털을 함께 묻어 영혼이 하늘로 날아오르기를 기원하는 풍습이 있었습니다.

> 로빈의 **역사 KICK**

부여, 옥저, 동예, 삼한의 특징

구분	위치	정치	경제	풍속	제천 행사
부여	만주 쑹화강 유역	• 연맹 왕국 • 사출도	• 농경, 목축 • 말, 주옥, 모피	• 순장 • 1책 12법	영고(12월)
옥저	함경도 동해안 지방	군장 통치 (읍군, 삼로)	해산물, 소금 풍부	• 민며느리제 • 가족 공동 무덤	
동예	강원도 북부 동해안 지방	군장 통치 (읍군, 삼로)	단궁, 과하마, 반어피	• 족외혼 • 책화	무천(10월)
삼한	한강 이남	제정 분리 (-군장: 신지, 견지, 부례, 읍차 -제사: 천군, 소도)	변한 철 생산 - 낙랑, 왜에 수출	• 두레 • 문신	계절제 (5월, 10월)

PART 02.

삼국 시대 &
남북국 시대

고구려의 시작과 전성기

기원전 37년~ 5세기 중엽

산과 강을 넘은 정복 국가

    고구려는 기원전 37년 주몽이 이끄는 부여 계통 이주민과 압록강 유역 졸본 지방의 토착 세력이 결합하면서 건국되었습니다. 부여처럼 5개 부족이 연합한 연맹 왕국의 형태였으며, 계루부, 절노부, 소노부, 관노부, 순노부로 이루어진 5부족 중 계루부 출신 고씨가 왕위를 계승하였습니다.

    고구려의 지배 체제는 부여와 유사하여 왕 아래에 상가, 고추가, 대로, 패자 등의 제가(대가)들이 있었고, 이들은 사자, 조의, 선인 등의 관리를 거느렸습니다. 중요한 국정은 제가 회의를 통해 합의로 결정하였으며, 회의의 수장을 대대로 또는 막리지라 불렀습니다.

    고구려에는 형이 죽으면 형수를 아내로 맞는 **형사취수제**, 신랑이 신부 집에 별채(서옥)를 지어 살다가 자식이 자라면 처자식을 데리고 자기 집으로 돌아가는 **서옥제**라는 독특한 혼인 풍습이 있었습니다. 또한 국내성에서 동쪽으로 17km 떨어진 곳에 위치한 **국동대혈**이라는 동굴에서 주몽과 유화 부인에게 제사를 지냈으며, 매년 10월에는 제천 행사인 **동맹**을 열어 하늘에 풍요를 기원하고 온 나라 백성이 어울려 노래하고 춤추는 시간을 가졌습니다.

  고구려가 자리 잡은 졸본 지역은 산간 지역으로 농토가 넉넉하지 않았기에 곡식은 집집마다 **부경**이라는 창고에 저장하였고, 일찍부터 주변 부족을 약탈하여 생계를 유지하는 약탈 경제를 기반으로 삼았습니다. 이러한 배경에서 고구려는 일찍부터 정복 활동을 활발히 펼쳤고, 사회 기강을 유지하기 위해 형법을 엄격히 적용하였습니다. 부여와 마찬가지로 **1책 12법**이 있어 도둑질한 자는 물건 값의 12배를 배상해야 했습니다. 반역을 꾀하거나 반란을 일으킨 자는 화형에 처한 뒤 목을 베었으며, 그 가족은 노비로 삼았습니다.

> **로빈의 역사 KICK**
>
> ### 고구려의 성립
> - 정치 : 제가 회의
> - 경제 : 약탈 경제, 부경(창고)
> - 제천행사 : 국동대혈(주몽과 유화 부인 제사), 동맹(10월)
> - 풍속 : 서옥제, 형사취수제

  고구려의 지배층은 왕족인 고씨를 중심으로 5부 출신 귀족들로 구성되었으며, 이들은 관직을 독점하며 세습하였습니다. 1세기 초 **유리왕** 때에는 **졸본에서 국내성으로 수도를 옮기며 세력을 확장**하였고, 태조왕은 옥저를 정복하고 청천강 유역까지 영토를 넓혔습니다. 또한 현도군을 공격하여 요동 진출을 시도하고, 계루부 고씨가 왕위를 독점 세습(형제 상속)하며 중앙 집권 체제를 강화하였습니다. 2세기 후반 고국천왕은 부자 상속의 왕위 계승을 확립하여 왕권을 강화하였습니다. 부족적 성격의 5부는 중앙의 행정 구역으로 바뀌었고 5부의 지배자는 중앙 귀족으로 편입되었습니다. 또 국상인 을파소를 통해 진대법을 실시하여 농민 몰락을 방지하였는데, 이는 봄에 국가가 백성에게 곡식을 빌려주었다가 추수한 뒤 갚게 하는 제도를 말합니다.

3세기 중엽 **동천왕** 때는 위나라 장수 관구검의 침입으로 일시적 위기를 겪었지만, 4세기 초 **미천왕**은 중국 5호 16국 시대의 혼란을 틈타 압록강 하류의 서안평을 점령하며 낙랑군과 대방군을 몰아내고 대동강 유역을 확보하였습니다. 그러나 4세기 중엽 **고국원왕** 때에는 전연 모용황과 백제 근초고왕의 침략으로 수도가 함락되고 왕이 전사하는 등 위기를 맞았습니다.

이러한 상황에서 즉위한 **소수림왕**은 국가 체제 정비에 나서 중국 전진의 승려 순도를 통해 불교를 수용하고, 왕이 곧 부처라는 왕즉불 사상을 내세워 지방 세력을 통합하는 등 중앙 집권 체제를 강화하였습니다. 또한 수도에 최고 교육 기관인 태학을 설립하여 유교 경전과 역사를 가르치며 인재를 양성하였고, 율령을 반포하여 국가 체제를 정비하였습니다. 율령이란 형률과 법령을 함께 이르는 말인데, '율'은 사회 질서를 유지하기 위한 형률이며, '령'은 행정 체계를 바로잡기 위한 법령을 말합니다. 소수림왕의 이러한 개혁으로 고구려의 중앙 집권 체제는 더욱 강화되었습니다.

4세기 말 즉위한 **광개토 대왕**은 이러한 기반을 바탕으로 정복 활동을 펼치며 요동과 만주 남부, 두만강 하류, 한강 이북, 심지어 신라와 가야까지 영향력을 확대하였습니다. 또한 아신왕이 다스리던 백제를 공격하여 **한강 이북 지역을 차지**한 뒤 신라 내물왕의 요청을 받아들여 신라에 침입한

◎─ 호우명 그릇

왜를 물리쳤으며 왜와 우호적인 금관가야를 공격하였습니다. 경주의 호우총에서 출토된 **호우명 그릇**을 통해 신라에 대한 고구려의 영향력을 확인할 수 있습니다. 그는 광활한 영토 확장의 결과로 만주와 한반도 중부에 걸치는 강대국을 건설할 수 있었고 '영락'이라는 독자적 연호를 사용하여 강력한 왕권과 자주성을 표현하였습니다.

광개토 대왕의 뒤를 이어 즉위한 아들 **장수왕**은 아버지의 업적을 기리기 위해 중국 지린성 지안 지역에 **광개토 대왕릉비**를 건립하였습니다. 비문에는 고구려의 건국 신화, 광개토 대왕의 영토 확장과 왜군 격퇴 과정, 묘지기(수묘인)에 대한 규정이 기록되어 있습니다.

5세기에 즉위한 장수왕은 중국이 남조와 북조로 분열된 상황을 이용하여 실리를 추구하는 외교 정책을 펼쳤습니다. 또한 국내성을 기반으로 한 귀족 세력을 약화시키고 백제와 신라를 압박하고자 427년 국내성에서 대동강 유역의 평양으로 수도를 옮겼습니다. 대부분 평양 천도 이후 설립된 것으로 추정되는 지방 교육 기관인 경당에서는 청소년들에게 한학과 무술을 가르쳤습니다.

장수왕은 평양 천도 후인 475년 백제를 공격하여 개로왕을 죽이고 수도 한성을 함락해 남한강 유역으로

◎─ 광개토 대왕릉비

◎— 광개토 대왕과 장수왕의 영토 확장

진출하였습니다. 그 결과 아산만에서 죽령, 경북 동해안을 연결하는 지역까지 영토를 확장했는데, 이 사실은 **충주 고구려비**를 통해 알 수 있습니다. 충주 고구려비는 장수왕 때 세워진 것으로 추정되며 국내에 유일하게 남아 있는 고구려의 비석입니다. 이를 통해 **고구려의 남한강 유역 진출을 확인**할 수 있고, 신라를 '동이(동쪽 오랑캐)', 신라의 왕을 '매금'으로 표현한 것을 통해 장수왕 시기 고구려와 신라의 관계를 짐작할 수 있습니다.

고구려의 성장은 백제와 신라의 위축으로 이어졌습니다. 장수왕의 남진 정책으로 **백제는 웅진으로 천도**하였고, 신라와 동맹을 맺어 대응하였습니다. 신라 역시 고구려의 간섭에서 벗어나고자 하였으며 백제와 화친하는 등 고구려의 남진 정책을 경계하였습니다.

장수왕의 뒤를 이어 즉위한 문자왕은 494년 부여를 병합하고 부여의 왕과 일족을 고구려에 편입시켰습니다. 또한 나제 동맹을 맺은 신라·백제와 일진일퇴를 거듭하며 최대 영토를 확보하였고 광개토 대왕, 장수왕의 업적을 이어 고구려의 전성기를 누릴 수 있었습니다. 이렇게 5세기에 만주와 한반도 중부에 이르는 강대국으로 성장한 고구려는 왕을 '태왕'이라 부르고 독자적인 연호를 사용함으로써 고구려가 천하의 중심이자 중국과 대등한 나라라는 자부심을 가졌습니다.

> **로빈의 역사 KICK**

고구려 왕별 주요 업적

왕	주요 업적	키워드
주몽	고구려 건국(부여계 이주민 + 졸본 토착민 결합)	건국, 연맹 왕국
유리왕	수도를 졸본에서 국내성으로 옮김	수도 이전
태조왕	옥저 정복, 현도군 공격, 계루부의 독점적 왕위 세습 확립	정복 활동, 왕권 강화
고국천왕	부자 상속 원칙 확립, 부족적 5부 → 행정적 5부 개편, 진대법 실시	행정 개혁, 민생 안정
동천왕	위나라 관구검 침입에 맞섬(일시적 후퇴)	외침 대응
미천왕	서안평 점령, 낙랑·대방군 축출, 대동강 유역 장악	한반도 중부 확보
고국원왕	백제 근초고왕의 공격으로 수도 함락, 전사	위기, 왕 전사
소수림왕	불교 수용, 태학 설립, 율령 반포 → 중앙 집권 강화	불교 공인, 유교 교육, 법률 정비
광개토 대왕	요동·만주·한강 이북 정복, 왜 격퇴, '영락' 연호 사용	강대국 건설
장수왕	평양 천도, 백제 한성 함락(개로왕 전사), 충주 고구려비 건립	남진 정책, 강력한 왕권
문자왕	부여 병합, 나제 동맹과 항쟁, 최대 영토 달성	부여 통합, 태왕 칭호

기원전 1세기~ 7세기

고구려의 사회와 문화

중앙 집권, 벽화 무덤, 그리고 활짝 핀 문화의 꽃

    기원전 1세기부터 7세기까지 지속된 고구려는 왕족인 계루부 고씨를 중심으로 5부 출신의 귀족들이 정치를 주도하였습니다. 국정을 총괄하는 **대대로**(또는 막리지)를 중심으로, 10여 관등으로 관리 체계를 나누어 국가를 운영하였으며, 행정 구역은 **수도 5부와 지방 5부**로 구분하고, 지방에는 **욕살**과 **처려근지** 등을 파견하여 행정과 군사 업무를 함께 맡겼습니다. 이러한 중앙 집권 체제의 정비와 함께 학문도 크게 발달하였고, 일찍이 『**유기**』라는 역사서가 편찬되었습니다. 이후 영양왕 대에 이문진이 『유기』 100권을 간추려 『**신집**』 5권을 편찬하였으며, 이는 고구려가 자체적으로 역사 인식을 정리했다는 점에서 큰 의의가 있습니다.

    고분에서도 찬란한 고구려 문화를 엿볼 수 있습니다. 건국 초기에는 돌을 층층이 쌓아 만든 **돌무지무덤**을 주로 만들었는데, 이는 청동기 시대부터 삼국 시대까지 널리 사용된 무덤 형태로, **장군총**이 대표적입니다. 장군총은 중국 지린성 지안에 위치한 7층 계단식 무덤입니다. 호석이라 불리는 둘레돌이 무덤을 감싸고 있으며, 무덤 옆에는 배총이라 불리는 딸린 무덤이 함께 자리하고 있는 것이 특징입니다. 이후 고구려는 돌무지무덤 대신 **굴식 돌방무덤**을 주로 만들게 되었는데, 이는 만주 지안, 평안남도 용강, 황해남도 안악 등지에 널리 분포

◎― 장군총

하고 있습니다. 굴식 돌방무덤은 외부에서 내부로 이어지는 널길과 시체를 안치하는 널방을 돌로 만들고, 널방 안에 시신을 담은 널을 안치한 후, 흙을 덮어 봉분을 만든 구조입니다. **강서 대묘, 무용총, 각저총** 등이 대표적인 예로, 천장을 점차 모서리를 좁혀가며 쌓아 올리는 모줄임천장 구조가 특징적입니다.

고구려 사람들은 현세의 삶이 사후 세계에서도 이어진다고 믿었기 때문에 시신과 함께 껴묻거리를 넣고 무덤 내부에 화려한 벽화를 그려 넣었습니다. **강서대묘의 「사신도」, 무용총의 「무용도」, 각저총의 「씨름도」** 등이 그 예이며, 이 중 강서대묘의 「사신도」는 도교의 방위신들을 묘사한 그림으로, 동쪽은 청룡, 서쪽은 백호, 남쪽은 주작, 북쪽은 현무를 그려넣었습니다. 이러한 도교 사상은 불교와 함께 삼국 시대 귀족 사회에서 널리 수용되었으며, 도교는 산천 숭배나 신선 사상과 결합하여 불로장생과 현세 구복을 추구하는 성격을 띠게 되었습니다. 특히 후대의 연개소문은 불교 세력을 견제하고자 국왕에게 **도교의 수입과 진흥을 건의**하였고, 도교는 국가

종교로서 주도적인 위치를 차지하기도 하였습니다.

  고구려는 중국을 비롯한 주변 국가들과 활발히 교류하며 다양한 문화를 수용하고 전파했습니다. 고분 벽화에는 중국 신화에 등장하는 신과 동물이 그려졌고, 중국 수·당 왕조의 궁중에서는 고구려악이 연주되었으며, 연회 자리에서는 고구려 무용이 흥을 더하기도 하였습니다. 나아가 고구려는 서역과도 활발하게 교류하였는데, 고구려의 고분 벽화에 서역계 인물이 묘사되는가 하면, 서역의 궁전 벽화에는 고구려 사신이 등장하기도 합니다.

  고구려는 건축과 불상 또한 발달하였는데, 장수왕이 평양에 건설한 **안학궁**은 고구려 건축 기술의 대표적 사례이며, 안악 3호분의 벽화를 통해 당시의 가옥 형태를 유추할 수 있습니다. 대표적인 불상으로 **금동 연가 7년명 여래 입상**이 있는데, 불상은 뒷면의 명문을 통해 고구려 때의 작품임을 확인할 수 있었습니다.

◎― 무용총 「무용도」

◎― 강서대묘 「사신도-현무」

고구려는 일본에 다양한 문화를 전파하였습니다. 7세기 초 승려 **담징**은 왜에 **종이와 먹의 제조법을 전수**하였고, **호류사 금당 벽화**를 남겼습니다. 승려 **혜자**는 왜 **쇼토쿠 태자의 스승**으로 활동하였으며, 일본 다카마쓰 고분 벽화와 고구려 수산리 고분 벽화의 내용이 유사하다는 점에서도 두 문화권 간의 긴밀한 교류를 확인할 수 있습니다.

로빈의 역사 KICK

고구려의 사회·문화 핵심

구분	내용
정치·행정 문화	계루부 고씨 중심 5부 귀족 정치, 대대로 중심 회의 체제, 수도·지방 5부 체계 정비
역사 인식	자체 역사서 편찬: 『유기』 → 『신집』(이문진)
무덤 양식	• 초기: 돌무지무덤(장군총) • 후기: 굴식 돌방무덤(강서대묘, 무용총, 각저총 등)
벽화 예술	• 벽화에 무용, 씨름, 사신도 등 생생히 표현 • 사신도: 도교적 방위신 (청룡·백호·주작·현무)
종교	• 불교: 소수림왕 때 수용 • 도교: 연개소문 시기 진흥, 신선 사상·불로장생 추구
조각 예술	금동 연가 7년명 여래 입상
대외 교류	• 수·당 궁중: 고구려악·무용 유행 • 서역과 교류 – 벽화에 서로 등장 • 왜에 종이·먹·벽화 전수(담징), 쇼토쿠 태자 교육(혜자)

590~668년 | 고구려의 항쟁과 멸망

수·당의 침략을 막아낸 동아시아 최강국의 최후

    6세기 말 중국을 통일한 수나라가 동북아의 패권을 장악하며 세력을 키우자, 고구려는 북방의 돌궐과 손을 잡고 남으로는 백제·왜와 연합해 신라·수와 맞섰습니다. 이로써 6세기 말 이후 국제 질서는 고구려·백제·왜·돌궐의 남북 세력과 신라·수·당의 동서 세력으로 나뉘게 됩니다.

    수 문제는 고구려에 복속을 요구하는 국서를 보내지만, 고구려의 **영양왕**은 이를 거절하고 598년 요서 선제 공격에 나섰습니다. 이에 분노한 수는 30만 대군을 동원해 침략했지만, 군량 부족과 자연재해로 실패하고 물러났습니다. 이후 즉위한 **수 양제**는 무려 113만 명의 대군을 이끌고 요동성 공격에 나섰지만 큰 성과를 내지 못했습니다. 이에 수 양제는 우중문 등에게 전군에서 추린 30만의 별동대를 맡겨 평양성을 노리게 하였습니다.

    하지만 이때 **을지문덕**이 등장하여 평양으로 가는 수군의 보급로를 끊고 퇴각 중인 수군을 청천강(살수)에서 대파하는데, 이것이 바로 612년 **살수대첩**입니다. 이후 수는 계속해서 고구려 침략을 시도했지만, 전쟁과 토목 공사로 민심을 잃고 각지에서 반란이 일어나며 결국 멸망하고 말았습니다.

수의 뒤를 이어 중국을 통일한 당나라는 한동안 고구려와 우호 관계를 유지했지만, 돌궐을 제압한 뒤부터는 고구려를 다시 압박하기 시작했습니다. 당의 침략에 대비하기 위해 고구려는 국경에 **천리장성**을 쌓고 군사력을 강화했습니다. 이 시기 연개소문이 정변을 일으켜 권력을 잡고 보장왕을 옹립하며 신라와 당에 강경한 외교로 맞섰습니다.

당 태종은 연개소문의 정변과 신라 공격을 구실 삼아 645년 직접 대군을 이끌고 고구려를 침략했습니다. 요동성과 백암성을 함락한 당군은 안시성까지 진격하지만, 성주와 백성들의 강한 저항에 부딪혀 결국 퇴각할 수밖에 없었습니다. 이 **안시성 전투**는 고구려가 성곽 중심의 전술과 군사력으로 당의 공세를 막아낸 대표적 전투로 기록됩니다.

한편 고구려가 수·당과 전쟁을 치르는 동안 백제의 **의자왕**은 신라를 공격해 대야성을 비롯한 40여 성을 빼앗고, 당으로 통하는 길목인 당항성까

◎― 고구려와 수의 전쟁

◎— 고구려와 당의 전쟁

지 노렸습니다. 위기에 처한 신라는 **김춘추**를 고구려에 파견했지만, 연개소문이 과거 신라가 점령한 고구려 땅을 돌려줄 것을 요구하며 협상이 결렬되었습니다. 이에 김춘추는 당에 직접 건너가 **나당 동맹**을 제안하게 되고, 결국 당은 신라와 손을 잡고 백제·고구려 정벌에 나섰습니다.

660년 나당 연합군은 먼저 백제를 공격했습니다. 백강(기벌포)에서는 당군이, 황산벌에서는 김유신이 이끄는 신라군이 백제군을 격파하고, **수도 사비성 함락으로 의자왕이 항복**하며 백제는 멸망했습니다.

백제를 멸망시킨 나당 연합군은 그 여세를 몰아 고구려 공격에 나섰습니다. 고구려는 오랜 전쟁으로 국력이 약해진 상태였지만, 연개소문의 지휘하에 이를 잘 물리쳤습니다. 하지만 연개소문이 사망하자 그의 세 아들이 후계자 계승을 둘러싸고 권력 다툼을 벌였고, 정권의 구심점이 약해지자 귀족 세력과 지방 세력마저 분열하며 정치 혼란이 가중되었습니다. 기회를 엿보던 당은 지배층의 내분을 틈타 대대적인 공격을 감행하였습니다. 나당 연합군은 고구려의 성들을 차례로 무너뜨렸고, 결국 **668년 평양성이 함락**되며 **보장왕**이 **항복**함으로써 고구려는 역사 속으로 사라지고 말았습니다.

고구려가 멸망하자 고구려 유민들은 곳곳에서 나라를 다시 찾기 위한 부흥 운동을 일으켰습니다. **고연무**는 오골성을 중심으로 부흥 운동을 일으켰고, **검모잠**은 **안승**을 왕으로 추대하여 한성(황해남도 재령)을 근거지로 고구려를 다시 세우고자 하였습니다. 이후 안승이 이끈 고구려 유민들은 신라에 투항하고 금마저(전북 익산)에 **보덕국**을 세워 전통을 이어가려 하였습니다.

한편 한반도 전체를 차지하려는 당의 의도를 파악한 신라는 고구려 부흥 운동을 지원하기도 하였습니다. 그러나 당의 공세가 거세지고 지도층의 분열이 일어나면서 고구려 부흥 운동은 결국 실패로 돌아가고 말았습니다.

로빈의 역사 KICK

고구려의 대외 항쟁

구분	핵심 내용
수나라 침략 대응	• 598년 영양왕, 수 문제의 복속 요구 거절 → 요서 선제 공격 • 수 양제, 113만 대군 침공 → 612년 살수 대첩에서 을지문덕이 수군 대파
당나라 침략 대응	• 초기 우호 관계 → 돌궐 정복 후 압박 시작 • 연개소문 집권 후 강경 노선 • 645년 안시성 전투에서 당 태종 침공 저지
신라와의 외교 갈등	신라가 백제·고구려 사이에서 생존 전략 모색 → 김춘추의 동맹 요청 거절(과거 영토 요구) → 김춘추가 당과 나당 동맹 성사
고구려 최후의 항전	연개소문 생전까지 방어 성공 → 연개소문 사후 아들들 간 권력 다툼 → 귀족·지방 세력 분열 → 668년 평양성 함락, 보장왕 항복
부흥 운동	• 고연무 - 오골성 중심 • 검모잠·안승 - 한성 중심 재건 시도 → 신라에 투항 후 보덕국 건국 (금마저/익산)

기원전 18년~384년

백제의 시작과 전성기

한강에서 피어난 왕국

백제는 기원전 18년 부여와 고구려에서 내려온 이주민 세력과 한강 유역의 토착 세력이 결합해 성립된 나라입니다. **도읍은 한강 유역의 위례성**(한성)이었으며, 백제의 건국자는 주몽의 아들 **온조**로 알려져 있습니다.『삼국사기』에 기록된 이 내용과 더불어, 백제 왕족의 성씨가 부여씨였다는 점, 서울 석촌동 무덤 양식이 고구려식 돌무지무덤과 유사하다는 점은 백제가 부여·고구려 계통과 밀접한 관련이 있음을 말해줍니다.

비옥한 한강 유역에 자리 잡은 백제는 **농경과 철기 문화가 발달**했을 뿐 아니라, **바닷길을 통해 중국의 선진 문물을 빠르게 수용**할 수 있는 위치적 이점도 지니고 있었습니다. 이러한 조건은 백제가 삼국 가운데 비교적 빠르게 성장하는 데 큰 힘이 되었습니다.

3세기 중엽 **고이왕**은 형제 상속을 통한 왕위 계승 체계를 마련하고, 율령을 반포하여 중앙 집권적 국가의 기틀을 다졌습니다. 또 관제를 정비하여 **6좌평** 제도를 마련하였는데, 내신좌평은 왕명 전달, 내두좌평은 물자·

창고 관리, 내법좌평은 예법·의식 주관, 위사좌평은 국왕 호위와 왕궁 경비, 조정좌평은 형벌과 재판, 병관좌평은 일반 군사 업무 등 분야별로 권한을 맡았습니다. 이와 함께 **16관등제를 시행**하고 관등에 따라 자주색, 붉은색, 푸른색 옷과 은 장식을 착용하도록 규정해 관료 체계의 위계질서를 명확히 했습니다. 고이왕은 외교·군사적으로도 활발히 활동했습니다. 북쪽으로는 낙랑·대방군과, 남쪽으로는 마한의 중심지 목지국과 맞서 싸우며 **한강 유역의 패권을 장악**해 나갔습니다. 또한 중국과의 교류를 통해 선진 문물을 적극적으로 수용하면서 국가 기반을 더욱 탄탄히 다졌습니다.

4세기 중엽에 즉위한 **근초고왕**은 **왕위를 부자 세습으로 전환하여 왕권을 더욱 강화**하였고, 군사적·문화적 전성기를 이끌었습니다. 그는 마한의 남은 영역을 정복하여 호남 평야와 남해안까지 세력을 확대하고, 가야

◎— 백제의 영토 확장과 교류 활동

의 낙동강 유역까지 영향력을 넓혀 왜로 가는 교통로를 장악했습니다. 또한 **북으로는 고구려의 평양성을 공격하여 고국원왕을 전사**(371)시키며 황해도 일대를 차지했습니다. 이로써 백제는 경기도, 충청도, 전라도, 황해도, 강원도 일부를 아우르는 광대한 영토를 거느리게 됩니다. 또한 강력한 수군력을 바탕으로 중국 동진과 활발히 교류하며 선진 문화를 받아들였고, 왜의 규슈 지방과의 교류도 활발했습니다. 나아가 중국 요서 지방에까지 진출하며 해상 교역국으로서의 위상도 확보하였습니다. 이 시기의 상징적 유물인 **칠지도**는 이러한 백제와 왜의 활발한 교류를 보여줍니다. 길이 75cm의 칼날에는 가지처럼 뻗은 날이 좌우로 3개씩 달려 있고 금으로 61개의 문자가 새겨져 있는데, 의례용으로 제작된 것으로 보입니다. 1953년 일본의 국보로 지정된 이 칠지도는 현재 이소노카미 신궁에 보관되어 있습니다.

백제는 384년 **침류왕** 때 **불교를 공식적으로 수용**하게 됩니다. 이는 인도의 승려 **마라난타**가 중국 동진을 거쳐 백제에 전한 것으로, 백제는 불교를 통해 왕을 중심으로 하는 집권 체제를 정신적으로 뒷받침하고 중앙 집권을 더욱 공고히 할 수 있었습니다.

◎ㅡ 칠지도

로빈의 역사 KICK

백제 왕별 주요 업적

왕	주요 업적	키워드
온조왕	• 백제 건국(부여·고구려계 이주민 + 한강 유역 토착민) • 위례성(한성)을 도읍으로 삼음	건국, 위례성, 부여계
고이왕	• 왕위 형제 상속 체계 정비 • 율령 반포, 6좌평·16관등제 도입 • 관등에 따른 복색·은 장식 규정 • 낙랑·대방·목지국과 대결하며 한강 유역 장악	율령, 관등제, 중앙 집권 기틀
근초고왕	• 왕위 부자 세습 확립, 왕권 강화 • 마한 정복 → 호남·남해안 확보 • 고구려 평양성 공격 → 고국원왕 전사(371) • 왜·동진과 해상 교류 확대, 칠지도 전달 • 중국 요서 진출로 교역국 위상 확보	전성기, 한반도 중서부 통일, 해상 교역, 칠지도
침류왕	• 인도 승려 마라난타 통해 불교 공식 수용 • 왕권 중심의 통치 이념 정당화, 중앙 집권 강화	불교 공인, 사상 통합

백제의 사회와 문화

기원전 18년~ 660년

우아함과 세련미가 돋보이는 문화

백제는 일찍부터 **중국과 교류하며 선진 문화를 적극적으로 수용**하였고, 고구려와 유사하게 씩씩한 기풍을 지녔으며, 말타기와 활쏘기를 즐기는 풍습이 있었습니다. 지배층은 왕족인 **부여씨와 8성의 귀족들**로 구성되었는데, 이들은 중국의 역사책을 즐겨 읽고 관청의 실무에도 능할 뿐 아니라 투호, 바둑, 장기 등 다양한 오락을 즐겼습니다.

백제는 법 집행이 엄격하여 도둑질한 자에게는 훔친 물건의 2배를 배상하게 하고 귀양을 보냈으며, 반역자, 전쟁에서 패한 자, 살인자는 사형에 처했습니다. 관리가 뇌물을 받거나 공금을 횡령하면 3배를 배상하게 하고, 죽을 때까지 금고형에 처하기도 했습니다. 학문 면에서는 유학 경서에 능통한 자에게 **박사**라는 칭호를 주었으며, 『역경』·『시경』·『서경』·『예기』·『춘추』의 오경에 능통한 이들을 '**오경박사**'로 불렀습니다.

농경 사회였던 삼국 시대에는 천문 현상이 국가 운영 및 왕권과 밀접히 연결되어 있었기에 백제 역시 이를 중요하게 여겼습니다. 『삼국사기』에는 일식, 월식, 혜성 등 다양한 기상 이변이 기록되어 있으며, 이를 연구하기 위해 역법 전문가인 '역박사'와 천체·기상을 관측하는 '일관'이란 기술관을 두었습니다. 또한 의학 업무를 담당하는 '의박사'도 존재하였는데, 후대로 갈수록 의약의 분업이 이루어져 '채약사'와 분리되었습니다.

 백제는 고구려와 마찬가지로 역사서 편찬에 힘썼습니다. 전성기를 이끈 근초고왕 대에는 박사 고흥이 『**서기**(書記)』를 편찬하여 백제 최초의 역사서를 남겼습니다. 사상적으로는 불교와 도교 모두 발달하였는데, 의자왕 대에 대좌평을 지낸 사택지적이 절을 세우고 남긴 '**사택지적비**'에서는 인생무상의 도교적 세계관이 드러납니다. 또한 **산수 무늬 벽돌**이나 **금동 대향로** 같은 유물에서도 백제인들의 산천 숭배와 신선 사상을 엿볼 수 있으며, 이는 불로장생과 현세 구복을 추구하는 그들의 정신세계를 보여줍니다.

◎― 금동 대향로
◎◎― 산수 무늬 벽돌

무덤 양식 역시 시기에 따라 다양하게 발전했습니다. 한성 시대에는 **고구려식 돌무지무덤**이 사용되었는데, 이는 백제의 건국 세력이 고구려 계통임을 보여줍니다. 대표적인 예로는 서울 석촌동 고분이 있습니다. 수도를 웅진으로 옮긴 시기에는 **굴식 돌방무덤**이 유행하였습니다. 이 시기의 무덤은 규모는 크지만 장식은 소박하다는 특징이 있으며, 공주 송산리 고분군(1~5호분)이 대표적입니다. 중국 남조의 영향을 받은 벽돌무덤도 이 시기에 등장하였는데, 공주 송산리 6호분과 무령왕릉이 대표적입니다.

　무령왕릉은 1971년 장마철을 대비해 다른 고분의 배수 공사를 하다가 우연히 발견되었고, 내부에서 무덤 주인을 알 수 있는 지석이 출토되어 제25대 **무령왕**의 무덤임이 밝혀졌습니다. 무령왕릉은 중국 남조식 벽돌무덤의 형태를 띠고 있고 남조의 화폐인 오수전이 출토되어 백제와 남조 간의 교류를 입증합니다. 이 외에도 금제 관 장식, 무덤을 지키는 진묘수 등 다양한 유물이 함께 출토되었습니다. 굴식 돌방무덤의 유형은 수도를 사비로 옮긴 후에도 이어졌습니다. **부여 능산리 고분군**이 이 시기 굴식 돌방무덤의 대표적인 사례입니다. 이 고분들은 규모는 작지만 내부에 정교하고 세련된 벽화가 있는 것으로 유명합니다.

◎— 정림사지 5층 석탑

백제는 건축 기술 역시 뛰어났습니다. **익산 미륵사**는 무왕 대에 건립된 백제 최대의 사찰로, 중앙의 목조탑을 중심으로 동서 석탑을 배치한 독특한 구조를 가지고 있었습니다. 현재는 다른 건물과 탑들은 모두 사라지고 **미륵사지 석탑**으로 불리고 있습니다. 이 미륵사지 석탑의 해체 복원 과정에서 금제 사리 봉안기 등 다양한 유물이 출토되었습니다. 한편 부여에는 목탑 양식을 계승한 석탑인 **정림사지 5층 석탑**이 남아 있습니다. 이 탑의 1층 탑신에는 백제 멸망 후 당나라 장수 소정방이 승리를 기념하며 새긴 글귀가 남아 있어 '평제탑'이라 불리기도 합니다.

불상 조각도 크게 발달하였습니다. 대표적인 **서산 용현리 마애 여래 삼존상**은 절벽에 새겨진 불상으로 부드러운 자태와 온화한 미소로 유명하며, '백제의 미소'라 불릴 만큼 백제 불상의 아름다움을 잘 보여줍니다. 백제 문화는 일본에도 전해져 야마토 정권의 성립과 아스카 문화 형성에 큰 영향을 주었습니다. 학자 **아직기**는 일본 태자에게 한자를 가르쳤고, 박사 **왕인**은 『천자문』과 『논어』를 전했으며, 성왕 때 승려 **노리사치계**는 일본에 불경과 불상을 전파하였습니다. 이렇게

◎— 서산 용현리 마애 여래 삼존상

백제는 세련된 문화와 높은 예술성, 활발한 대외 교류를 통해 동아시아 문명사에 깊은 흔적을 남긴 나라였습니다.

> 로빈의 **역사 KICK**

백제의 사회·문화 핵심

구분	핵심 내용
사회 구조	• 왕족 부여씨 + 8성 귀족 중심 지배층 • 중국 책 즐겨 읽고, 실무 능력 우수, 오락 문화 발달(투호·바둑 등)
법과 제도	• 도둑질은 2배 배상 + 귀양 • 뇌물·횡령 시 3배 배상 + 금고형 • 반역·살인·전쟁 패배는 사형
학문과 관직	• 유교 경전(오경)에 능한 자 '오경박사'로 임명 • 역법 – 역박사 / 천문·기상 관측 – 일관 / 의학 – 의박사
사상과 종교	• 불교 공인(침류왕), 도교 신앙(사택지적비), 산천 숭배·신선 사상 → 금동 대향로, 산수 무늬 벽돌 등
역사 편찬	근초고왕 대 박사 고흥이 『서기』 편찬
무덤 양식	• 한성 – 고구려식 돌무지무덤(석촌동 고분) • 웅진 – 굴식 돌방무덤(송산리 1~5호), 벽돌무덤(무령왕릉) • 사비 – 굴식 돌방무덤(능산리 고분군)
건축·불상	• 익산 미륵사 – 백제 최대 사찰, 미륵사지 석탑 • 정림사지 5층 석탑 – '평제탑'으로도 불림 • 서산 용현리 마애 여래 삼존상 – '백제의 미소'
대외 교류	• 아직기·왕인 – 일본에 한자·『논어』 전파 • 노리사치계 – 일본에 불경, 불상 전파 • 백제 문화 → 아스카 문화 형성에 기여

백제의 멸망과 부흥 운동

4세기 후반 ~ 663년

사비에서 꺼진 마지막 불꽃

백제는 4세기 후반부터 고구려 광개토 대왕의 공격을 받으며 위기를 맞았습니다. 왜와 가야의 지원을 받으며 저항했지만, 결국 고구려에 항복하고 한강 이북 지역을 상실하게 됩니다. 이어 즉위한 고구려의 장수왕은 남하 정책을 펼쳤고, 이에 백제는 신라와 손잡고 **나제 동맹**(433)을 맺었습니다. 하지만 475년 **장수왕의 침입으로 수도 한성이 함락**되고 **개로왕**이 전사하면서 백제는 한강 유역을 완전히 빼앗기고 맙니다. 이후 왕위에 오른 **문주왕**은 **수도를 웅진**(공주)으로 옮겼지만, 전쟁의 상처가 깊은 데다 왕권 약화로 귀족 중심의 정치가 이어지며 대외 교류와 무역도 위축되었습니다.

이후 즉위한 **동성왕**은 신라와 혼인 관계를 맺으며 동맹을 강화했고, 탐라를 복속하며 왕권 회복을 시도했습니다. 하지만 뜻을 이루지 못한 채 결국 귀족 세력에게 암살당했습니다. 뒤를 이은 **무령왕**은 **지방의 22담로에 왕족을 파견**해 지방 세력 견제에 나섰고, **중국 양나라와 교류**하며 문화적 중흥을 이끌었습니다. 무령왕릉의 벽돌무덤 양식은 당시 중국 남조 문화의 **영향을 보여주는 대표 유산**입니다.

538년 즉위한 **성왕**은 수도를 다시 사비(부여)로 옮기고 국호도 한때 '남부여'로 **변경**했습니다. 또한 수도 5부, 지방 5방으로 행정 구역을 정비하고 중앙 관청은 22부로 정비하며 중앙 집권을 강화하려 노력했습니다. 불교를 바탕으로 외교도 활발히 전개했는데, 백제 승려 노리사치계가 일본에 불경과 불상을 전해주는 등 동아시아 불교 전파의 핵심 역할을 수행하게 됩니다.

성왕은 신라 진흥왕과 함께 고구려를 공격, **551년 한강 유역을 일시적으로 되찾지만**, 진흥왕의 기습으로 한강을 다시 빼앗기고 나제 동맹은 파탄을 맞게 되었습니다. 이에 분노한 백제군은 신라의 관산성을 공격하지만, 전투에서 성왕이 전사하며 중흥의 불씨도 꺼지고 말았습니다.

> **로빈의 역사 KICK**
>
> **백제의 중흥 노력**
> 1. **무령왕**
>   - 지방 통제 강화 : 지방 22담로에 왕족 파견
>   - 중국 남조와 국교 강화
> 2. **성왕**
>   - 사비 천도(538) : 국호를 '남부여'로 변경
>   - 중앙 관청 확대 : 22부
>   - 한강 하류 일시 회복 → 진흥왕의 공격으로 빼앗김 → 관산성 전투(554)에서 전사

이후 7세기, 서동요 설화로 유명한 **무왕**은 익산에 **미륵사를 창건**하며 불교를 통해 국력을 기르려 시도했습니다. 다음으로 즉위한 **의자왕**은 윤충을 보내 **대야성을 비롯해 신라의 40여 성을 빼앗는 등** 공격적인 전략으로

눈부신 전과를 올렸지만, 결국 660년 나당 연합군의 공격으로 사비성이 함락되고 웅진으로 피신했던 의자왕이 항복하면서 백제는 멸망합니다.

하지만 백제의 불꽃은 쉽게 꺼지지 않았습니다. 백제 유민들은 각지에서 부흥 운동을 벌입니다. 왕족인 **복신**과 승려 **도침**은 일본에 있던 의자왕의 아들 부여풍을 왕으로 추대하고 주류성에서 부흥 운동을 시작하였지만 그 과정에서 살해당했고, **흑치상지** 역시 임존성에서 군사를 일으켜 백제의 부흥을 꾀하였지만 결국 당나라에 귀화하였습니다. 이렇게 700년 백제 역사는 막을 내리고 말았습니다.

로빈의 역사 KICK

백제 부흥 운동

구분	핵심 내용
배경	660년 나당 연합군 침공으로 사비성 함락 → 의자왕 항복 → 백제 멸망
주요 인물 및 활동	• 복신·도침 – 일본에 있던 부여풍을 왕으로 추대, 주류성에서 항전 시작 • 흑치상지 – 임존성 중심으로 독자적 저항
결과	신라와 당의 협공, 내부 갈등, 일본의 미온적 지원 → 663년 부흥 운동 실패

| 2세기~
668년	**철의 나라 가야**
	연맹의 시작과 마지막 유산

    2세기경 낙동강 하류의 농업 생산력이 증가하고 철기 문화가 발전함에 따라 변한 지역의 소국들이 성장하기 시작했습니다. 이들은 점차 통합되어 **가야 연맹 왕국으로 발전**하였고, 첫 중심은 3세기경 김해 지역의 **금관가야**가 맡게 되었습니다.

> 북쪽 구지봉에 신비한 기운이 있어 사람들이 모이니 하늘에서 나라를 세워 임금을 모시라는 소리가 들렸다. 얼마 후 하늘에서 붉은 보자기에 싸인 금으로 만든 상자가 내려와 열어보니 황금 알 여섯 개가 있었다. 여섯 알은 얼마 후 어린아이가 되었는데 첫 번째 아이를 왕으로 모셨다. 세상에 처음 나타났다고 하여 이름을 수로(首露)라고 하였다. -『삼국유사』

    이 건국 신화를 통해 우리는 금관가야의 시조가 **김수로왕**임을 알 수 있습니다. 금관가야는 뛰어난 제철 기술로 철제 무기와 도구를 제작했고, 덩이쇠를 화폐처럼 사용하기도 했습니다. 이 철이 낙랑, 왜 등지에 수출되며 가야는 중계 무역의 중심지로 떠올랐고, 다양한 외래 문물을 수용하면서도 독창적인 문화를 꽃피웠습니다.

하지만 4세기 말 가야는 백제, 왜와 함께 신라를 공격하다 고구려의 개입을 초래하게 됩니다. 광개토 대왕이 신라를 돕기 위해 5만 군사를 보내 왜군을 몰아냈고, 이 과정에서 금관가야도 공격을 받아 심각한 타격을 입은 것입니다. 결국 금관가야는 연맹의 맹주 지위를 상실하고, 전기 가야 연맹은 해체되어 낙동강 서쪽 지역으로 세력이 축소됩니다.

그 뒤 고령 지역의 **대가야**가 연맹의 새로운 중심으로 떠오릅니다. **이진아시왕**을 시조로 하는 대가야는 철 생산과 농업에 유리한 입지 조건을 바탕으로 성장했고, 정교한 갑옷, 투구, 금동관 등을 제작하며 **뛰어난 금속 기술**을 보여주었습니다. 5세기 후반 대가야는 세력을 소백산맥 서쪽과 섬진강 유역까지 확장했고, 중국 남조와 외교를 맺어 고구려의 침공을 방어하기도 했습니다.

그러나 가야는 연맹 왕국의 약한 결속력과 백제와 신라 사이에 끼인 지리적 한계로 인해 점차 쇠퇴하게 됩니다. 이를 타개하고자 대가야는 **신라와 혼인 동맹**을 맺기도 했습니다. 그 같은 노력에도 불구하고 532년 전기 가야 연맹의 맹주였던 금관가야가 **신라 법흥왕에게 항복, 신라에 병합**되었습니다. 이때 가야 왕족은 신라 귀족으로 편입되었습니다.

> 금관가야의 왕인 김구해가 왕비와 세 명의 아들, 즉 큰 아들인 노종, 둘째 아들인 무덕, 막내 아들인 무력을 데리고 나라의 창고에 있던 보물을 가지고 와서 항복하였다. 왕이 예로써 대접하고 상등(上等)의 벼슬을 주었으며, 본국을 식읍으로 삼게

하였다. 아들인 무력은 벼슬이 각간(角干)에 이르렀다. -『삼국사기』

이후 562년 진흥왕이 대가야까지 병합하면서 가야 연맹은 완전히 해체되고, 중앙 집권 국가로 발전하지 못한 채 역사 속으로 사라지게 됩니다.

하지만 가야는 뛰어난 문화유산을 남겼습니다. 대표적으로 대가야의 **우륵**은 가야금과 가야 음악을 신라에 전해 예술의 맥을 이었고, 일부 가야 세력은 일본으로 건너가 일본의 고대 문화 발전에 기여했습니다. **도기 바퀴 장식 뿔잔**, **기마 인물형 뿔잔** 등에서는 가야의 섬세한 미감과 수준 높

◎― 도기 바퀴 장식 뿔잔

◎― 금동관

◎― 기마 인물형 뿔잔
◎◎― 판갑옷

은 토기 제작 기술을 알 수 있습니다. 또한 여러 고분에서 출토된 판갑옷과 금동관은 당시 가야의 금속 기술 수준이 상당했음을 보여주는 귀중한 유산입니다.

> 로빈의 **역사 KICK**

가야의 성립과 발전 핵심

구분	핵심 내용
성립 배경	2세기경 낙동강 하류 지역에서 농업 생산력이 증가하고 철기 문화 발달 → 여러 정치 집단 등장
금관가야 중심기	• 3세기경 김해의 금관가야가 가야 연맹 주도 • 김수로왕 건국 신화(구지봉, 황금 알) • 우수한 제철 기술, 철 무기·덩이쇠 화폐 사용 • 낙랑·왜와 중계 무역
쇠퇴 원인	4세기 말 신라 공격 중 고구려 개입 → 광개토 대왕의 공격으로 큰 타격 → 금관가야 중심 약화, 전기 가야 연맹 해체
대가야 중심기	• 고령의 대가야 부상(이진아시왕 시조) • 우수한 금속 문화: 갑옷, 투구, 금동관 등 • 외교 활동: 중국 남조 교류, 신라와 혼인 동맹
멸망	• 532년 금관가야, 신라 법흥왕이 병합 • 562년 대가야, 신라 진흥왕이 병합 → 가야 연맹 완전 해체
문화유산	• 우륵: 가야금과 가야 음악을 신라에 전파 • 정교한 토기와 금속 유물

| 기원전 57년~ 7세기 중반 | # 신라의 성장과 도약

불리한 땅에서 찬란한 문화를 꽃피우다

신라의 역사는 기원전 57년 진한의 소국 중 하나였던 사로국에서 시작됩니다. 알에서 태어난 **박혁거세**가 신라의 첫 왕으로 전해지는데 경주 지역의 토착 세력과 남하한 유이민 세력이 힘을 합쳐 나라를 세운 것으로 보입니다. 신라는 뛰어난 **철기 기술**을 바탕으로 주변의 진한 세력을 정복하면서 점차 발전하였지만, 한반도 동남쪽에 치우친 지리적 약점 때문에 중국의 선진 문물을 받아들이기 어려워, 국가 체제 정비와 통합은 비교적 늦게 이루어졌습니다.

초기 신라는 **여섯 부족이 연맹**을 이루는 체제였으며, 각 부족의 대표들이 회의를 통해 국가를 운영하였습니다. 이 시기에는 **박, 석, 김의 세 성씨가 교대로 왕위를 계승**하였고, 왕의 칭호도 **거서간, 차차웅, 이사금, 마립간, 왕으로 변화**해 갔습니다. 거서간은 군장 혹은 제사장을, 차차웅은 군장과 분리된 제사장을, 이사금은 연장자를, 마립간은 대군장을 의미하였으며, 칭호의 변화는 통치 체제의 정비와 왕권 강화 과정을 반영합니다.

신라는 4세기 후반 **내물왕** 대에 고대 국가의 기틀을 다졌습니다. 내물왕은 **김씨 왕위 계승 체제를 확립**하고, **왕의 칭호를 이사금에서 마립간으로** 바꾸었습니다. 그는 낙동강 동쪽의 진한 지역을 정복하며 국토를 확장하였고, 고구려를 통해 **중국의 문화를 수용**했습니다. 이 무렵 가야와 왜의 연합 세력이 신라를 침입하자 고구려의 광개토 대왕에게 군사 지원 요청을 하기도 했습니다. 이 사건 이후 신라는 일정 기간 고구려의 정치적 간섭을 받게 되었지만, 자주성 회복을 위한 노력이 계속되었습니다. **눌지왕**은 고구려의 영향력에서 벗어나기 위해 백제와 **나제 동맹**을 맺었으며, **소지왕** 때에는 백제와 혼인 동맹을 체결하여 관계를 더욱 강화하였습니다.

6세기 초 **지증왕**은 본격적인 제도 정비를 실시하였는데, 나라 이름을 덕업이 날로 새로워진다는 의미의 '신(新)'과 사방을 망라(網羅)한다는 의미의 '라(羅)'를 합쳐 신라로 정하고, 왕의 칭호도 마립간에서 **중국식 명칭인 왕으로 변경**하였습니다. 그는 수도와 지방의 행정 구역을 정비하고 **주·군 체제를 도입**하였으며, **이사부**를 보내 **지금의 울릉도 지역인 우산국을 정복**하고 경상도 북부로 영토를 넓혔습니다. 또한 소를 이용해 농사를 짓는 **우경을 장려**하고 순장을 금지하며, 수도에는 동시를 설치하고 이를 감독하는 **동시전까지 두어 상업을 진흥**했습니다.

6세기 전반 지증왕의 뒤를 이은 **법흥왕**은 중앙 집권 체제를 더욱 강화하였습니다. **율령을 반포**하여 국가 통치 기반을 마련하는 한편 귀족 회의체인 **화백 회의를 상대등 중심으로 운영**하였습니다. 또한 **골품제를 정비**하고 관등제를 17등급으로 나누어 복색으로 서열을 구분하였으며, 병부를 설치하여 군사권도 장악하였습니다. 김해 지역의 **금관가야를 병합**하고, 독자적인 연호인 '건원'을 사용하여 중국과 대등한 국가임을 천명하였습니다. **이차돈**의 순교를 계기로 **불교를 공식적으로 수용**하며 사상적 통합도 이끌었습니다.

6세기 중반 **진흥왕**에 이르러 신라는 더욱 큰 발전을 이루었습니다. 그는 **황룡사를 건립**하고, 불교 집회를 통해 나라의 안정과 발전을 기원하였으며, **화랑도**를 국가적인 청소년 수련 조직으로 개편하여 교육·군사·사교 기능을 강화하였습니다. 진흥왕은 백제 성왕과 연합하여 한강 상류를 차지한 뒤, 백제로부터 한강 하류를 빼앗아 **한강 유역 전체를 확보**하였습니다. 이어 낙동강 유역의 **대가야를 정복**하고, 북쪽으로는 동해안을 따라 함흥평야까지 진출하는 등 영토를 크게 넓혔습니다. 이를 널리 알리고 기념

◎— 신라의 영토 확장

하기 위해 각지에 비석을 세웠는데, **단양 신라 적성비, 창녕 척경비, 북한산 순수비, 황초령 순수비, 마운령 순수비**가 그것입니다. '순수'란 본래 천자가 천하를 순회하며 제사를 지내고 민심을 살피는 행위였는데, 진흥왕은 이를 모방하여 확장한 영토를 직접 시찰하고 그 기념으로 비석을 세운 것입니다. 그는 왕권 강화와 국력 과시를 위해 스스로를 '**태왕**'이라 부르고 '짐'이라는 왕의 일인칭 표현을 사용하였으며, 개국, 태창, 홍제 등 독자적인 연호도 사용하였습니다. 또 거칠부로 하여금 역사서인 『**국사**』를 편찬하게 하였습니다.

신라는 한강 유역 확보를 통해 삼국 간 항쟁의 주도권을 장악할 수 있었으며, 당항성을 통해 중국과 직접 교류할 수 있는 교역로를 확보하면서 지리적 한계를 극복하였습니다. 또한 비옥한 한강 유역을 기반으로 농업 생산력을 높이고 경제 기반을 안정시켰습니다. 이후 즉위한 **진평왕**은 수나라의 힘을 빌려 고구려를 공격하고자 **승려 원광에게 수나라에 군사를 청하는 글인 「걸사표」를 짓게** 하였습니다.

이어 여성으로서 처음 즉위한 **선덕 여왕**은 천문 관측을 위해 **첨성대**를 세우고, 왕권 강화와 사회 통합을 위해 **황룡사 9층 목탑과 분황사 모전 석탑**을 건립하였습니다. 하지만 선덕 여왕 재위 중 백제 의자왕의 공격으로 대야성을 포함한 40여 개의 성이 함락되며 신라는 국가적 위기를 맞이하였고, 김춘추가 고구려에 동맹을 요청하였으나 실패하고 말았습니다. 그 뒤를 이은 **진덕 여왕**은 삼국 통일의 기반을 마련하였습니다. 그녀는 집사부를 설치하고 장관에게 중시라는 칭호를 부여하는 등 **중앙 집권을 강화**하였으며, 김춘추를 당나라에 파견하여 **나당 동맹을 성립**시키는 등 친당 외교에도 힘을 쏟았습니다.

> **로빈의 역사 KICK**

신라 왕별 주요 업적

왕	주요 업적	키워드
박혁거세	신라 건국(사로국 시작, 경주 중심), 알에서 태어난 시조 전설	건국, 알 탄생 신화
내물왕	김씨 왕위 세습 확립, '마립간' 칭호 사용, 광개토 대왕 도움으로 왜 격퇴	김씨 왕통, 마립간, 고구려 원조
눌지왕	고구려 영향 벗어나 백제와 나제 동맹 체결	자주 외교, 동맹
소지왕	백제와 혼인 동맹, 6촌 → 6부 행정 구역화	혼인 외교, 행정 정비
지증왕	국호 '신라' 제정, '왕' 칭호 사용, 우산국 정복, 우경 장려, 동시·동시전 설치	국호 확정, 중앙 집권 초석
법흥왕	율령 반포, 골품제·관등제 정비, 병부 설치, 불교 공인(이차돈 순교), 금관가야 병합, 연호 사용	율령 국가, 불교 수용, 연호 사용
진흥왕	한강 전 지역 확보, 대가야 정복, 동해안 북진, 화랑도 국가 조직화, 황룡사 건립, 순수비 건립, 연호·'태왕'·'짐' 사용, 『국사』 편찬	영토 확장, 왕권 강화, 문화 진흥
진평왕	승려 원광에게 「걸사표」 짓게 함(수나라에 원군 요청)	걸사표, 대외 외교 시도
선덕 여왕	첨성대 건립, 황룡사 9층 목탑·분황사 모전 석탑 조성, 백제의 대야성 침공으로 위기	최초 여성 왕 즉위, 천문·불교 문화
진덕 여왕	집사부 설치, 중시 임명, 김춘추 파견 → 나당 동맹 체결	중앙 집권 강화, 나당 동맹

신라의 사회와 문화

기원전 57년~ 7세기 후반

골품, 화랑, 그리고 금관의 나라

신라는 초기 부족 사회의 전통을 오랫동안 유지하며 발전하였습니다. 귀족 회의체인 **화백 회의**는 부족 대표들이 모여 국왕의 추대와 폐위를 비롯한 국가의 중요한 사안을 결정하는 정치 기구였으며, 만장일치제로 운영되었습니다. 이는 신라가 건국 초기부터 부족 연맹적 전통을 기반으로 정치 질서를 유지해 왔음을 보여주는 제도입니다.

신라 사회에는 혈연을 기반으로 한 엄격한 신분 제도인 **골품제**가 존재하였습니다. 골품제는 신라의 지방 부족장이 중앙 귀족으로 편입되는 과정에서 형성된 폐쇄적 제도로, 성골과 진골, 그리고 6두품부터 1두품까지의 품계에 따라 정치적·사회적 활동의 범위가 철저히 제한되었습니다. 관직 진출은 물론, 가옥의 규모나 장식, 복식, 수레와 같은 일상생활 요소들까지도 골품에 따라 차등이 정해졌습니다.

이러한 체제 속에서도 신라는 인재 양성을 위한 독특한 조직을 발전시켰는데, 그것이 바로 **화랑도**입니다. 화랑도는 원래 원시 사회 청소년 집단에서 유래되었으며, 계층 간의 갈등을 조정하고 청년들을 교육하는 역할을 하였습니다. 승려 원광이 제시한 세속 5계는 화랑도의 규범으로 받아들여졌고, 진흥왕 때에는 국가적 조직으로 개편되어 정치·군사·교육의 기능을 수행하게 됩니다.

◎— 신라 금관

신라의 상업 활동은 대도시를 중심으로 발달하였습니다. 지증왕 때 수도 금성(경주)에 시장이 열렸고, 이를 감독하는 동시전이라는 관청도 설치되었습니다. 초기에는 고구려와 백제를 경유하여 중국과 무역을 했으나, 당항성을 확보한 이후에는 중국과 직접적인 교역이 가능해졌습니다.

신라의 중앙 집권 체제는 삼국 중 가장 늦은 6세기 이후에야 정비되었습니다. 수도는 6부, 지방은 5주로 나뉘었고, 진골 귀족 대표인 상대등이 화백 회의를 주관하며 국정을 총괄하였습니다. 관리는 이벌찬 이하 17관등으로 구분되어 행정을 분담하였으며, 복색으로 신분 서열을 구별하는 체제도 도입되었습니다.

신라는 고구려와 백제처럼 유학이 발달하였고, 이를 뒷받침하는 자료로 임신서기석이 있습니다. 이 비석은 두 청년이 충(忠)을 실천할 것을 맹세하며 유교 경전인 『시경』, 『상서』, 『예기』, 『춘추좌씨전』 등을 공부하겠다고 서약한 내용으로, 진평왕 34년(612년) 임신년에 세워진 것으로 추정됩니다. 서약문의 각 구절마다 '맹세할 서(誓)' 자를 반복해 새겨 유교 도덕과 실천 의지를 강조하고 있습니다.

불교는 처음에는 귀족들의 반대로 공인을 받지 못하였으나, 법흥왕 때 **이차돈의 순교를 계기로 527년에 공인**되며 국가 종교로 정착하였습니다. 이후 왕들은 불교식 왕명을 사용하며 불교와 왕권을 밀접히 결합하였습니다. 신라도 자체 역사서를 편찬하였습니다. 진흥왕은 왕실의 권위를 높이고 정통성을 강화하고자 **거칠부에게 『국사』 편찬을 명**하였습니다.

신라는 농경 사회로서 천문 관측에도 관심이 많았으며, 선덕 여왕 때 동양에서 가장 오래된 천문대인 **첨성대를 건립**하였습니다. 또한 금 세공 기술이 뛰어나 금관 등에서 정교한 금속 가공 기술의 발달을 엿볼 수 있습니다. 무덤 양식 또한 독특하여, 신라는 고구려나 백제와 달리 **돌무지덧널무덤**을 주로 사용하였습니다. 이 무덤은 땅 위나 지하에 나무 덧널을 놓고 그 위에 돌을 쌓아 흙으로 덮는 구조이며, 벽화는 없지만 도굴이 어려워 껴묻거리가 잘 보존되어 있습니다.

황남대총에서 출토된 서역산 유리병과 유리잔 등은 신라가 서역과도 교류하였음을 보여줍니다. 천마총에서는 말다래에 그려진 「천마도」가, 호우

◎— 천마도

총에서는 고구려 광개토 대왕의 영향력을 보여주는 '호우명' 그릇이 출토되었습니다. 건축 또한 발달하여 6세기 진흥왕은 **황룡사를 건립**하였고, 선덕 여왕은 **황룡사 9층 목탑**을 세워 신라의 불교 건축을 완성하였습니다. 이 목탑은 고려 시대 몽골 침입 때 소실되었습니다. 신라는 불상 조각에서도 뛰어났는데, 신라 불상을 대표하는 경주 배동 석조 여래 삼존 입상은 살찐 뺨과 온화한 표정, 푸근한 자태로 신라 불상의 미적 특징을 잘 보여주고 있습니다.

비문 문화도 발달하였습니다. 지증왕 때의 포항 냉수리 신라비는 개인의 재산 상속 문제를, 법흥왕 때의 울진 봉평리 신라비는 율령 시행 사실을 기록하고 있고, 영천 청제비는 저수지의 축조와 보수에 대해, 단양 신라 적성비는 한강 상류 진출과 지역 백성 회유에 대해 전하고 있습니다. 서울 북한산 진흥왕 순수비는 진흥왕이 정복한 한강 유역을 둘러본 후 세운 것으로, 조선 후기 김정희가 『금석과안록』에서 진흥왕 순수비임을 밝혀냈습니다.

◎― 진흥왕 순수비

신라는 배를 만드는 조선술, 제방을 쌓는 축제술 등 일본에 다양한 기술을 전파하였고, 일본에서는 이러한 이유로 신라 기술로 만든 연못을 '한인(韓人, 한반도 출신 이주민을 지칭)의 연못'이라 불렀습니다.

신라의 사회·문화 핵심

구분	핵심 내용
정치 제도	• 화백 회의: 귀족 대표 회의체, 만장일치제 • 상대등이 주재
신분 제도	골품제: 성골·진골·6~1두품으로 신분을 구분, 출신에 따른 관직·복식·생활 제한
교육·인재 양성	화랑도: 원광의 세속 5계, 진흥왕 때 국가 조직화(교육·군사 기능)
경제 활동	지증왕 때 금성(경주)에 동시 설치, 동시전으로 시장 관리
유학·학문	• 임신서기석: 두 청년이 유교 경전 학습 맹세(충 강조) • 『국사』 편찬(진흥왕)
불교	• 법흥왕 때 이차돈 순교 계기로 불교 공인 • 선덕 여왕 때 황룡사 9층 목탑
천문·과학	첨성대 건립(선덕 여왕) – 동양에서 가장 오래된 천문대
예술·공예	• 금 세공 기술 발달 – 금관, 금귀고리 등 • 배동 석조 여래 삼존 입상: 온화하고 푸근한 신라 불상 양식
무덤 양식	• 돌무지덧널무덤 – 도굴 어려움, 유물 보존 우수 • 황남대총·천마총 출토품: 서역 유리잔, 천마도
비석 문화	포항 냉수리 신라비, 울진 봉평 신라비, 영천 청제비, 단양 신라 적성비, 북한산 순수비 등
해외 교류	• 당항성 확보 후 중국과 직접 교역 • 일본에 조선술·축제술 전파('한인의 연못' 유래)

676년~8세기 | 통일 신라의 체제 정비

왕권 강화와 유교 국가로의 길

백제와 고구려가 멸망한 이후 당은 한반도 전역에 대한 지배를 꾀하였습니다. 옛 백제 땅인 웅진에는 웅진도독부, 신라의 금성에는 계림도독부, 고구려의 평양에는 안동도호부를 설치하였고, 실질적인 지배권을 행사하려 하였습니다. 이에 신라는 고구려 부흥 운동을 지원하며 유민을 포섭하고 백제 유민과 연합하여 사비에 주둔하고 있던 당군을 몰아내었습니다. 익산 금마저 지역에는 보덕국을 세우고 **안승**을 왕으로 추대하며 고구려의 부흥을 도왔고, 백제 땅의 실질적 지배권을 확보해 웅진도독부를 요동으로 밀어냈습니다.

675년에는 **매소성 전투**에서 당의 20만 대군을 격파하며 나당 전쟁의 주도권을 장악하였고, 676년 **기벌포 전투**에서는 당의 수군을 섬멸하고 안동도호부를 축출하는 데 성공하였습니다. 이로써 신라는 대동강 이남 지역에서 당의 세력을 완전히 몰아내었고, **676년 마침내 삼국 통일을 실현**하였습니다.

물론 신라의 삼국 통일은 외세인 당의 힘을 빌려 이루어진 것이며, 대동강 이북의 고구려 본토 대부분을 상실했다는 한계를 지닙니다. 그러나 고구려·백제 유민과 함께 당군을 몰아내는 데 성공함으로써 자주적인 통일의 성격을 갖게 되었고, 세 나라의 문화를 수용·통합하여 새로운 민족 문화 발전의 기반을 다졌다는 점에서 큰 의의를 가집니다.

신라는 당을 축출하고 676년에 자주적인 통일을 이룬 후, 확장된 영토와 인구 증가를 바탕으로 크게 성장하였습니다. 대외 관계가 안정되면서 생산력이 증대되었고, 군사력을 바탕으로 정치적 안정도 점차 이루어졌습니다. 신라 제29대 왕인 **태종 무열왕**은 **최초의 진골 출신 왕**으로, 통일 전쟁 과정에서 왕권을 강화하였으며, 이후 직계 자손의 왕위 세습을 확립하여 왕권의 안정에 기여하였습니다. 그는 왕을 보좌하는 집사부와 그 책임자인 중시의 기능을 강화하였고, 당과 연합해 **백제를 멸망**시키는 데 중요한 역할을 하였습니다.

뒤를 이어 제30대 **문무왕**은 **고구려를 멸망**시키고, **675년 매소성 전투와 676년 기벌포 전투에서 당군을 물리침으로써 삼국 통일을 완성**하였습니다. 그 뒤를 이은 제31대 **신문왕**은 즉위 첫 해인 681년에 **'김흠돌의 난'을 진압**하였습니다. 이는 신문왕의 장인이었던 김흠돌이 파진찬 흥원, 대아찬 진공 등과 함께 반역을 도모한 사건으로, 『삼국사기』에는 다음과 같은 기록이 남아 있습니다.

> 반란의 괴수 흠돌과 흥원, 진공 등은 그들의 재능이 훌륭하여 지위가 올라간 것이 아니며, 관직도 실로 은전에 힘입었다. 그런데도 의롭지 못한 행동으로 관료를 능멸하고 상하를 기만하였으며, 흉악하고 사악한 자들을 끌어모아 거사일을 정하

여 반란을 일으키려 하였다. …… 이제 요사한 무리가 진압되어 근심이 없어졌으니 병사들을 속히 돌려보내고, 사방에 포고하여 이 뜻을 알도록 하라. -『삼국사기』

　　신문왕은 이 난을 진압하며 진골 귀족 세력을 숙청하였고, 이를 계기로 왕권을 더욱 강화할 수 있었습니다. 그는 중앙 정치 기구와 지방 행정 조직을 정비하면서 **9주 5소경** 체제를 완성하였고, 주요 군현에는 태수와 현령을 파견하였습니다. 또한 귀족들의 경제적 기반을 약화시키기 위해 687년에 문무 관리에게 **관료전을 지급**하고, 689년에는 **녹읍을 폐지**하였습니다. 이와 더불어 유교 정치 이념을 확립하고 유교적 소양을 갖춘 인재를 양성하기 위해 **국학을 설립**하였으며, 군사 조직도 **중앙군 9서당과 지방군 10정으로 정비**하였습니다. 이렇게 왕권이 강화되면서 진골 귀족 세력은 점차 약화되었고, 그 틈을 타 **6두품 출신들이 왕의 정치적 조언자로 활약하며 두각을 나타내기 시작**하였습니다.

　　신문왕은 문무왕의 유지를 이어 감은사를 창건하였으며, 이에 얽힌 **만파식적** 이야기도 전해집니다. 『삼국유사』에는 다음과 같은 기록이 남아 있습니다.

용이 검은 옥대를 바쳤다. 왕이 놀라고 기뻐하여 오색 비단·금·옥으로 보답하고, 사람을 시켜 대나무를 베어서 바다로 나오자, 산과 용은 홀연히 사라져 보이지 않았다. 왕이 감은사에서 유숙하고 행차에서 돌아와 그 대나무로 피리를 만들어 월성의 천존고에 보관하였다. 이 피리를 불면 적병이 물러가고 병이 나으며, 가물 때 비가 오고 비올 때 개며, 바람이 잦아들고 파도가 평온해졌다. 이를 만파식적(萬波息笛)이라 부르고 국보로 삼았다. -『삼국유사』

◎─ 성덕 대왕 신종

이처럼 감은사와 만파식적의 전설은 신문왕의 신권과 왕권의 상징으로 여겨졌습니다. 이후 제33대 **성덕왕**은 당과의 외교 관계를 회복하기 위해 빈번하게 사신을 파견하였고, 722년에는 **백성에게 정전을 지급**하여 국가의 재정과 토지 지배력을 강화하고자 하였습니다.

제35대 **경덕왕**은 집사부 장관의 명칭을 중시에서 시중으로 바꾸었고, 중앙 관부의 관직명과 9주의 군현 명칭을 중국식으로 개칭하는 등 **적극적인 한화 정책을 추진**하였습니다. 국학의 명칭을 태학감으로 바꾸고, 박사와 조교를 두어 유학 교육을 강화하였으며, 성덕 대왕 신종 제작에도 착수하였습니다. 그러나 이 시기에는 전제 왕권에 대한 귀족 세력의 반발이 거세졌고, 757년에는 폐지되었던 녹읍이 다시 부활하였습니다.

로빈의 **역사 KICK**

통일 신라 주요 왕들의 업적

시기	왕	핵심 내용 및 업적
654~661년	태종 무열왕 (김춘추)	• 최초의 진골 출신 왕 • 직계 자손의 왕위 세습 확립 • 집사부와 중시(시중)의 기능 강화 • 백제 멸망(660)
661~681년	문무왕	• 고구려 멸망(668) • 매소성(675), 기벌포(676) 전투 승리로 당군 축출 및 삼국 통일 완성
681~692년	신문왕	• 김흠돌의 난 진압(681) → 진골 귀족 세력 약화, 왕권 강화 • 9주 5소경 행정 체제 확립 • 관료전 지급(687), 녹읍 폐지(689) • 유교 이념 도입 및 국학 설립 • 중앙군 9서당, 지방군 10정 정비 • 감은사 창건과 만파식적 설화
702~737년	성덕왕	• 당과 외교 관계 회복 • 백성에게 정전 지급(722)
742~765년	경덕왕	• 집사부 장관 명칭을 시중으로 변경 • 관직명과 지방 행정 구역 명칭을 중국식으로 개칭 - 한화 정책 추진 • 국학을 태학감으로 개칭 • 녹읍 부활

676년~ 8세기 | 통일 신라의 통치 체제

집사부 중심의 중앙 집권과 지방 통합 전략

통일 신라는 중앙 통치 조직을 정비하며 본격적인 중앙 집권 체제를 구축해 나갔습니다. 왕명을 받들어 기밀 사무를 담당하던 **왕의 직속 기구인 집사부의 역할이 확대**되었고, 귀족 회의의 수장인 상대등의 권한은 축소되었습니다. 집사부 아래에는 **위화부를 비롯한 13부가 설치**되어 행정 업무를 분담하였으며, 무열왕 때에는 관리들의 비리와 부정을 감찰하기 위해 **사정부**가 설치되었습니다.

지방 행정 조직은 넓어진 영토를 효과적으로 다스리기 위해 **9주 5소경 체제**로 정비되었습니다. 신라는 고구려, 백제, 신라의 옛 땅을 기준으로 전국에 9개의 주를 설치하고, 그 아래 군과 현을 두어 지방관을 파견해 행정을 수행하게 하였습니다. 주 장관의 명칭은 기존 '군주'에서 '총관'으로 바뀌었는데, 이는 군사적 기능을 약화하고 행정적 기능을 강화하기 위한 조치였습니다. 또한 **수도 금성**(경주)**이 동남쪽에 치우쳐 있는 지리적 한계를 보완**하고 고구려·백제·가야 등 피정복민의 불만을 무마하기 위해 군사·

행정상의 요충지에 **5소경이 설치**되었습니다. 서원경(청주), 남원경(남원), 북원경(원주), 중원경(충주), 금관경(김해)이 바로 5소경으로, 각 지역의 정치와 문화 중심지 역할을 담당하였습니다.

신라는 또 반란이 있었던 지역이나 정복지에는 향·부곡 등 특수 행정 구역을 설치하여 일반 군현보다 더 많은 공물을 부담하도록 하였습니다. 군현, 소경 아래

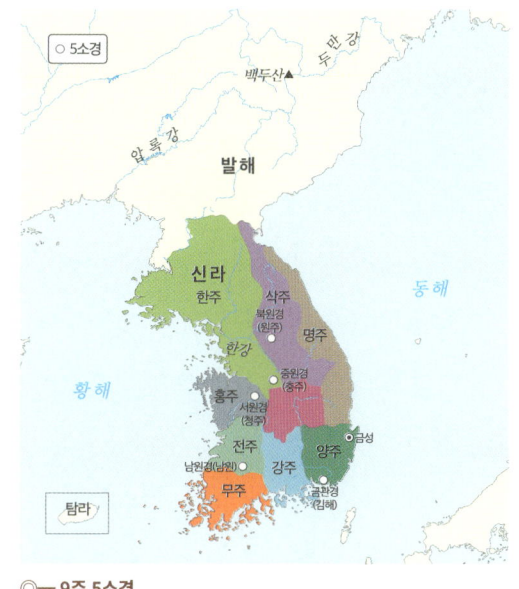

◎— 9주 5소경

에는 가장 말단 행정 단위인 촌이 있었으며, 촌은 몇 개의 자연 촌락이 모인 것으로 토착 세력인 촌주가 지방관의 통제를 받으며 관리하였습니다.

지방 세력을 견제하기 위한 제도로는 **상수리 제도**가 시행되었습니다. 이는 지방 향리나 그 자제를 수도 금성의 여러 관청에 일정 기간 동안 머무르게 하는 일종의 인질 제도였습니다. 아래 기록을 통해 상수리 제도의 형태와 운영 방식을 유추할 수 있습니다.

> (거득공이) 거사의 차림으로 도성을 떠나 무진주를 순행하니, 주의 향리 안길이 그를 정성껏 대접하였다. 이튿날 아침 거득공이 떠나면서 말하기를 "도성에 올라오면 찾아오라" 하였고, 서울로 돌아와 재상이 되었다. 나라의 제도에 해마다 외주(外州)의 향리 한 사람을 도성에 있는 여러 관청에 올려 보내 지키게 하였다. 지금의 기인이다. 안길이 올라가 지킬 차례가 되어 도성으로 왔다. – 『삼국유사』

또한 신라는 문무왕 때인 673년에 외사정을 설치하여 지방관을 감찰하였고, 군사 조직은 **중앙군 9서당과 지방군 10정으로 정비**하였습니다. 9서당은 국왕 직속 부대인 중앙군으로, 신라인뿐만 아니라 고구려·백제·말갈인 등 다양한 출신을 포함시켜 민족 통합의 성격도 지니고 있었습니다. 지방의 10정은 각 주에 하나씩 배치되었으며, 국경 지대이자 관할 면적이 넓었던 한주(漢州)에는 2개의 정을 두어 총 10정을 구성하였습니다.

유교 정치 이념 정착을 위해 신문왕 때인 682년에 **국학을 설립**하고 박사와 조교를 두어 『논어』, 『효경』 등 유교 경전을 가르쳤습니다. 이후 제38대 **원성왕** 시기에는 **유교적 소양을 평가 기준으로 삼아 관리를 선발하는 독서삼품과가 시행**되었습니다. 이에 대한 내용은 다음과 같습니다.

> 『춘추좌씨전』과 『예기』, 『문선』을 읽어서 그 뜻에 능통하고, 겸하여 『논어』와 『효경』에 밝은 자를 '상품'으로 하고, 『곡례』와 『논어』, 『효경』을 읽은 자를 '중품'으로 하고, 『곡례』와 『효경』을 읽은 자를 '하품'으로 하였다. - 『삼국사기』

독서삼품과는 유학의 보급에 이바지하였지만, 진골 귀족들의 반발로 인해 본래의 취지대로 제대로 시행되지는 못하였습니다. 이후 경덕왕 시기에는 관청과 행정 구역의 명칭을 중국식으로 변경하며 관료 조직을 재정비하였으나, 혜공왕 때 일부 명칭이 원래대로 돌아가는 모습을 보이기도 하였습니다.

로빈의 역사 KICK

통일 신라의 통치 체제 주요 키워드

1. 중앙 정치 기구
- 집사부 중심 체제(왕명 집행, 기밀 담당)
- 집사부 권한 강화, 상대등 권한 축소
- 관리 감찰 기구: 사정부(무열왕), 외사정(문무왕) 설치

2. 지방 행정 제도
- 9주 5소경 체제(전국을 9주로 나누고 각 주에 군현 설치, 수도 편재성 보완과 지방 통합 목적)
- 특수 행정 구역(향·부곡): 공물 부담이 일반 군현보다 많음
- 상수리 제도: 지방 향리나 자제를 수도에 머무르게 하는 인질 제도(지방 견제 목적)

3. 군사 제도
- 중앙군 9서당, 지방군 10정 정비

통일 신라의 사회와 경제

676년 ~ 9세기 중반

골품의 한계와 해상 무역의 확장

　신라는 통일 전쟁 과정에서 민족 통합을 위해 다양한 노력을 기울였습니다. 백제와 고구려 유민에게 신라의 관등을 주어 포용하였고, 지방 조직을 개편할 때에도 신라, 고구려, 백제의 옛 땅에 각 3개씩의 주를 할애하여 총 9개의 주를 설치함으로써 삼국의 지역 균형을 고려하였습니다. 수도의 치안과 방위를 담당하던 중앙군 9서당에도 신라인뿐 아니라 고구려인, 백제인, 말갈인까지 포함시켜 편성하였고, 이로써 삼한이 하나가 되었다는 의식이 확산되었습니다.

　그러나 통일 이후에도 신라 사회는 여전히 골품제에 의해 유지되었습니다. 진골 귀족들은 중앙과 지방의 장관직을 독점하며 정치적·경제적 특권을 누렸지만, 시간이 흐르면서 진골 내부에서도 권력 다툼과 갈등이 심화되었습니다. 이러한 상황 속에서 6두품 출신의 인물들, 대표적으로 진성 여왕에게 **시무책 10여 조를 올린 최치원**은 학문적 식견과 실무 능력을 바탕으로 정치에 참여하였으나, 신분적 한계로 인해 승진에는 제약이 있었습니다. 이에 일부 6두품들은 신라를 떠나 **당나라의 빈공과**에 응시하기도 하였습니다.

빈공과는 당에서 외국인을 대상으로 실시한 과거 시험으로, 이를 통해 신라인과 발해인 유학생 다수가 당의 관리로 임명되었고, 양국 인재들이 수석 자리를 두고 경쟁하기도 하였습니다. 이처럼 당나라는 외국인에게도 관직을 부여할 정도로 인재 등용에 있어 개방적인 태도를 보였습니다. 한편 골품제는 하층 신분층에서부터 점차 희미해지기 시작하였는데, 4두품은 평민과 비슷한 취급을 받았고, 3두품 이하의 품계는 점차 소멸되어 갔습니다.

국가는 백성으로부터 조세, 역, 공물의 세 가지 형태로 세금을 거두었습니다. 조세는 농업 생산량의 10분의 1 정도였고, 역은 15세부터 60세까지의 남성에게 부과되는 군역과 노동력 제공 의무인 요역이 포함되었습니다. 공물은 촌락 단위로 직물이나 지역 특산물을 바치는 형태였습니다. 신라는 이러한 수취 체제를 보다 안정적으로 운영하기 위해 **촌락문서를 작성**하였습니다. 이 문서는 **촌주가 해마다 인구수, 토지 면적, 가축 수, 과실 수, 토산물 등의 증감 사항을 조사한 뒤 3년마다 문서화하여 보고**한 것이었습니다.

통일 이후 신문왕은 왕권 강화를 위해 귀족들에게 식읍을 제한하고, 관료들에게는 관료전을 지급하면서 **녹읍을 폐지**하였습니다. 식읍이나 녹읍은 해당 토지에 거주하는 사람들의 노동력을 징발할 수 있었던 데 반해, 관료전에서는 노동력 징발이 금지되어 있어 왕권은 강화되고 귀족의 농민 지배력은 약화되는 결과를 낳았습니다. 이후 성덕왕은 백성의 안정적인 생계를 보장하고 왕권을 강화하기 위해 정전을 지급하였는데, 이는 농민 경제를 안정시키고 귀족을 견제하려는 정책이었습니다. 그러나 경덕왕 때에 귀족들의 반발로 녹읍이 부활하고 정전은 유명무실화되고 말았습니다.

통일 이후 경주 인구가 급격히 증가하고 농업 생산력과 상품 생산이 확대되면서 상업도 눈에 띄게 성장하였습니다. 기존의 동시만으로는 수요를 감당할 수 없어 서시와 남시를 추가로 설치하고, 시전이라는 관청을 두어 이를 감독하였습니다. 왕실과 귀족의 생활용품은 전문 관청을 통해 제작되었고, 관청 소속 기술자와 노비들이 물품 생산을 담당하였습니다.

당과의 관계가 밀접해지면서 공적인 사신 왕래 외에도 사무역이 활발히 이루어졌습니다. 일본과의 무역은 초기에는 제한되었으나 8세기 이후 점차 확대되었고, 일본은 쓰시마섬에 신라와의 교류에서 통역을 담당하는 '신라 역어'를 설치하기도 하였습니다. 9세기 초에는 **장보고가 완도에 청해진을 설치하여 해적을 소탕하고, 신라·당·일본을 연결하는 동아시아 해상 무역의 중심지를 형성**하였습니다. 주요 무역항으로는 울산항, 청해진, 당항성(남양만) 등이 있었으며, 이 중 신라 최대의 국제 무역항이었던 울산항에는 이슬람 상인들까지 드나들 정도로 국제적 활기가 넘쳤습니다.

당과의 활발한 교류로 인해 중국 산둥반도와 양쯔강 하류 지역에는 신라인 거주지인 신라방과 신라촌, 관청인 신라소, 여관인 신라관, 사찰인 신라원 등이 조성되어 해외에까지 신라 문화가 확장되었습니다.

통일신라의 사회·경제 핵심

구분	핵심 내용
신분 제도	• 골품제 유지: 진골이 권력 독점, 6두품은 정치 진출 제약 • 하위 골품은 점차 소멸 → 골품제 흔들림
6두품 활동	• 최치원: 시무 10여 조 제출, 당 빈공과 응시 • 일부는 당 관직 진출, 한계 돌파 시도
조세 제도	• 조세(농산물), 역(군역·요역), 공물(특산물) • 촌락문서로 수취 관리, 촌주가 3년마다 보고
토지 제도 개편	• 신문왕: 녹읍 폐지 → 관료전 지급, 노동력 징발 금지 • 성덕왕: 정전 지급으로 농민 안정 추구 • 경덕왕: 녹읍 부활, 정전은 유명무실화
대외 무역	• 당·일본과 해상 무역 활성화 • 장보고, 청해진 설치(완도), 해적 소탕 + 무역 주도
무역 항구	울산항(최대 국제 무역항), 청해진, 당항성
해외 거점	중국에 신라방·신라촌(주거), 신라소(관청), 신라관(여관), 신라원(사찰) 조성

676년~9세기 후반

통일 신라의 문화

불교와 유학,
그리고 예술로 꽃피운 찬란한 시대

삼국을 통일한 신라는 이후 불교와 유학을 중심으로 문화와 사상을 크게 발전시켜 나갔습니다. 통일 이후 신라의 불교는 고구려·백제·신라의 삼국 불교 전통에 당과의 교류가 더해지면서, 사상적으로 한층 더 다양하고 깊어진 모습을 보였습니다. 교리 연구가 활발해지며 학문적이고 철학적인 성격도 강화되었습니다.

이 시기 불교 사상의 발전을 이끈 대표적인 인물은 **원효**와 **의상**이었습니다. 원효는 "모든 것이 한마음에서 나온다"는 **일심 사상**을 바탕으로, 종파 간의 사상적 갈등을 해소하고자 **화쟁 사상**을 주장하였습니다. 그는 『대승기신론소』, 『**십문화쟁론**』, 『금강삼매경론』 등 여러 저서를 남기며 불교 사상의 깊이를 더했습니다. 또한 '나무아미타불'만 열심히 외우면 극락에 갈 수 있다는 **아미타 신앙을 전파하고, 불교 가요인 무애가를 널리 퍼뜨리며 불교의 대중화에 크게 기여하였습니다.**

일심이란 사람의 마음, 즉 사람의 주관적인 의식을 가리키지 않는다. 그것은 세계의 원을 이루면서 자연과 사회와 사람을 뛰어넘는 절대적인 정신 실체를 가리킨다. - 『십문화쟁론』

의상은 19세 때 경주의 황복사에서 출가한 뒤 당나라로 유학을 떠났고, 그곳에서 스승 지엄 아래에서 **화엄 사상**을 공부하였습니다. 화엄 사상은 모든 존재가 서로 의존하고 조화를 이룬다는 철학으로, 의상은 귀국 후 이를 바탕으로 **화엄종을 개창하고 낙산사와 부석사 등을 창건**하였습니다. 그는 지통, 표훈 등 수많은 제자를 길러냈으며, 화엄의 세계관을 압축해 그림 시로 표현한 「**화엄일승법계도**」를 남겼습니다.

하나 속에 모두가 있고 모든 것 속에 하나가 있다. 하나가 곧 모두이며, 모두가 곧 하나이다. 한 작은 티끌 속에 우주 만물을 머금고 티끌 속이 또한 이와 같다. - 「화엄일승법계도」

이와 같이 화엄 사상의 출발점이라는 평가를 받고 있는 『화엄일승법계도』는 방대한 화엄 세계의 내용을 압축하여 보여주고 있습니다. 또한 의상은 '자비로 중생의 괴로움을 구제하고 왕생의 길로 인도한다'는 관세음보살을 믿는 '관음 신앙'을 전파하며 통일 직후 신라 사회를 통합하는 데 크게 기여하였습니다.

통일 신라의 또 다른 대표 승려 **혜초**는 **인도와 중앙아시아를 순례한 후 그 기록을 담은 기행문 『왕오천축국전』**을 남겼습니다. 이는 인도 불교와 문화를 접한 후 남긴 생생한 자료로 오늘날까지도 중요한 사료로 평가받습니다.

◎― 석굴암 본존불

신라 말기에는 교리 이해를 중시하던 교종 중심의 불교와는 달리, **참선과 실천 수행을 강조하는 선종이 널리 유행**하였습니다. 선종은 **지방의 호족 세력과 밀접하게 연결되며 성장**했고, 이 과정에서 '9산 선문'이라 불리는 9개의 선종 종파가 각 지방에 자리 잡게 되었습니다. 또한 이 시기에는 도선을 비롯한 선종 승려들에 의해 풍수지리설이 중국으로부터 전래되었습니다. 풍수지리설은 지형과 수세를 살펴 도읍과 묘지의 입지를 정하는 학설로, 신라가 오랫동안 고수해 온 경주 중심의 공간 개념에서 벗어나는 계기가 되었습니다.

이러한 사상과 더불어 불교 예술도 크게 발달하였습니다. 통일 신라 불교 예술의 정수로 꼽히는 **불국사와 석굴암**은 불교의 이상 세계를 구현하고자 조성된 대표 건축물로, 경덕왕 때 김대성이 창건하였습니다. 이 두 유산은 현재 유네스코 세계 문화유산으로 등재되어 있습니다.

궁궐 건축에서도 높은 기술을 보여주었는데, 문무왕 때 조성된 것으로 추정되

◎― 경주 감은사지 3층석탑

는 동궁과 월지는 신라 조경술의 극치로, 인공 연못인 월지는 오랫동안 안압지라는 이름으로 불려왔습니다.

석탑 건축도 크게 발달하여, **감은사지 동·서 3층 석탑, 불국사 3층 석탑(석가탑), 불국사 다보탑** 등이 대표적입니다. 특히 **석가탑에서는 현존하는**

◎― 불국사 3층 석탑(석가탑)

◎― 불국사 다보탑

세계 최고(最古)의 목판 인쇄물인 『무구정광대다라니경』이 발견되어 세계적인 주목을 받았습니다. 또한 신라 말기에는 승려들의 사리를 모신 승탑과 그들의 생애를 기록한 탑비가 유행하였는데 화순 쌍봉사 철감선사탑이 그 대표적인 예입니다. 금속 기술도 발달하여 통일 신라의 대표적 청동종인 **성덕 대왕 신종**(에밀레종, 봉덕사종)이 만들어졌습니다.

통일 신라는 불교 사상의 발전으로 화장이 유행하였습니다. 대표적으로 문무대왕릉은 화장한 뼛가루를 수중 바위에 모신 예입니다. 이와 함께 **둘레돌과 12지신상이 있는 굴식 돌방무덤**을 만드는 전통도 이어졌는데, 김유신 묘가 대표적입니다.

신라는 불교와 함께 유교도 발전시켰으며, 이를 통해 왕권 강화를 도모하였습니다. **신문왕**은 유학 교육 기관인 **국학을 설립**하였는데, 경덕왕 때 이름을 태학감으로 바꾸었다가, 혜공왕 때 다시 국학으로 환원하였습니다. 국학에서는 **박사와 조교를 두어 『논어』, 『효경』 등의 유교 경전과 문학서를 가르치며 충효를 비롯한 유교 윤리를 강조**했습니다. 국학의 교육 기간은 무려 9년으로 정해졌습니다.

원성왕은 유학적 소양을 갖춘 인재를 등용하기 위해 **독서삼품과를 실시**하였습니다. 진골 귀족들의 반발로 오래가지 못했지만, 학문 보급과 유학 진흥에 일정한 기여를 하였습니다.

이러한 유교 진흥 정책 속에서 뛰어난 학자들이 배출되었고, 그 중심에는 주로 6두품 출신 인물들이 있었습니다. **강수**는 당나라에 보내는 외교 문서를 효과적으로 작성하여 삼국 통일에 이바지했고, 원효의 아들이었던 **설총**은 **이두 문자를 체계화**하고 유교 경전을 쉽게 풀이하여 백성들의 이해를 도왔습니다.

또한 **최치원**은 당나라의 과거 시험인 빈공과에 급제하고 문장가로 이름을 떨쳤으며, 귀국 후 『계원필경』을 저술하였습니다. 그는 **진성 여왕에게 시무책 10여 조를 올려 개혁을 제안**하였으나 받아들여지지 않자 은둔한 채 저술 활동에 전념하였습니다. 진골 귀족 출신의 **김대문**은 『화랑세기』, 『고승전』 등 다양한 책을 집필하며 신라의 문화와 역사에 대한 자긍심을 표현하고자 하였습니다.

로빈의 **역사 KICK**

통일 신라 대표 승려 & 학자의 업적과 저술

인물	주요 업적	대표 저술·작품
원효	• 일심 사상, 화쟁 사상 정립 • 아미타 신앙과 무애가로 불교 대중화 • 종파 간 사상 갈등 완화	『대승기신론소』 『십문화쟁론』 『금강삼매경론』
의상	• 당 유학 후 화엄종 개창 • 낙산사·부석사 창건 • 화엄 사상 정립 및 제자 양성 • 관음 신앙 전파	「화엄일승법계도」
혜초	• 인도와 중앙아시아 불교 세계 순례 • 불교 문화 교류 확대	『왕오천축국전』
설총	• 이두 체계 정립 • 유교 경전을 백성 눈높이에 맞게 해석	『화왕계』(설화 형식)
최치원	• 당 빈공과 급제, 문장가로 명성 • 시무책 10여 조 제안	『계원필경』
김대문	• 진골 출신 문장가 • 화랑과 고승에 대한 기록 남김 • 신라 문화에 대한 자긍심 표현	『화랑세기』 『고승전』

9~10세기 통일 신라의 쇠퇴와 고려의 건국

통일의 그늘 아래서 무너진 질서와
새로운 나라의 탄생

　통일 이후 안정된 듯 보였던 신라는 8세기 후반에 접어들며 진골 귀족들 사이의 권력 다툼으로 급격히 흔들리기 시작했습니다. 왕위를 차지하려는 치열한 싸움 속에서 반란이 끊이지 않았고, 결국 혜공왕이 피살되는 사건까지 벌어지며 정국은 혼돈에 빠졌습니다. 이로 인해 무려 155년간 20명의 왕이 교체되는 극심한 혼란이 이어졌습니다.

　중앙 정치의 불안정은 지방에까지 파장을 일으켰습니다. 웅주(공주) 도독이었던 **김헌창**은 자신의 아버지가 왕위에서 밀려난 것에 불만을 품고 반란을 일으켰고, 청해진의 **장보고** 역시 왕위 쟁탈전에 뛰어들었습니다. 정치 혼란은 깊어졌고, 국정 운영 능력은 점차 상실되어 갔습니다.

　중앙 정부의 통제력이 약해지자 귀족들은 향락과 사치에 빠졌고, 사적인 예속민을 늘리는 동시에 대규모 토지를 차지하며 권력을 강화했습니다. 반면 농민들은 무거운 세금에 시달렸고, 설상가상으로 자연재해까지 겹치며 삶은 점점 피폐해졌습니다. 많은 이들이 땅을 잃고 노비나 초적(도적)으로 전락하기도 했습니다.

이처럼 절망적인 상황 속에서 9세기 말 진성 여왕 시대에는 전국 각지에서 농민 봉기가 들불처럼 일어났는데 **'원종과 애노의 난'**(889)과 **'적고적의 난'**(896)이 대표적입니다.

> 나라 안의 여러 주군(州郡)에서 공부(貢賦)를 바치지 않으니 창고가 비어버리고 나라의 쓰임이 궁핍해졌다. 왕이 사신을 보내어 독촉하자, 이로 말미암아 곳곳에서 도적이 벌떼처럼 일어났다. 이때 원종과 애노 등이 사벌주를 근거로 반란을 일으켰다. - 『삼국사기』

중앙의 힘이 약해지고 혼란이 깊어지자 지방에서는 새로운 세력이 떠올랐습니다. **호족들이 각지에서 성을 쌓고 군사를 거느리며 '성주'나 '장군'이라 불리며 독자적인 지배력을 행사**한 것입니다. 동시에 선종 승려였던 **도선**은 중국에서 유행하던 풍수지리설을 들여와 지방의 중요성을 부각했고, 이는 중앙이 아닌 지방 중심의 새로운 시각을 제공하며 호족들에게 큰 환영을 받았습니다.

또한 골품제의 벽에 가로막혀 고위 관직에 오를 수 없었던 **6두품**들은 당나라에 유학을 다녀와 신라 사회를 비판하고 새로운 정치 이념을 제시했지만 진골 귀족들은

◎— 지방민의 봉기와 호족의 성장

이를 받아들이지 않았고, 6두품들 중 일부는 은둔하거나 지방 호족과 손잡고 새로운 사회 질서를 꿈꾸게 됩니다.

이렇게 신라의 중심이 약해진 틈을 타 10세기 초 지방의 두 인물, **견훤**과 **궁예**가 새로운 세력으로 성장했습니다. 상주 출신의 군인이었던 견훤은 전라도 일대의 군사력과 호족의 지지를 기반으로 나주와 무진주(광주)를 차례로 점령한 뒤, **완산주**(전주)**에 도읍**을 정하고 **후백제를 세웠습니다**(900). 그는 백제 부흥을 내세우며 충청도와 전라도를 기반으로 군사력을 강화했고, 6두품 세력을 끌어들여 체제를 정비하는 동시에 중국과의 외교에도 힘을 기울였습니다.

한편 신라 왕족 출신이었던 궁예는 원주의 도적 양길의 무리에서 힘을 길러 강원도, 경기도, 황해도까지 세력을 확장했습니다. 고구려의 부흥을 내세운 그는 **송악**(개성)**에 도읍**을 정하고 후고구려를 세웠으며(901), 이후 **국호를 마진으로 바꾸었다가 철원으로 천도하면서 다시 태봉이라 칭했습니다.** 궁예는 중앙 관부인 **광평성을 설치**하고 독자적인 관제를 마련하는 등 국가 체제를 정비해 갔습니다. 하지만 그는 왕권 강화를 위해 호족을 탄압했고, **스스로를 미륵불**이라 부르며 **독단적인 전제 정치**를 펼쳤습니다. 이에 호족들은 정변을 일으켜 그를 몰아내고 송악 호족 출신인 **왕건**을 왕으로 추대했습니다.

왕건은 자신이 고구려의 계승자임을 내세우며 918년 **국호를 고려로 정하고 연호를 천수**라 하였습니다. 이듬해인 919년에는 태봉의 수도 철원을 떠나 송악(개성)을 수도로 삼고 개경이라 불렀습니다.

왕건이 고려의 태조로 즉위한 이후 후백제와의 대립은 격화되었습니다. 웅주(공주) 일대가 후백제에 귀속되고 서원경(청주)에서는 반란이 발생하는 등 긴장이 고조되자, 태조는 지방 호족들의 지지를 얻기 위해 그들과 혼인 동맹을 맺는 등 유화책을 펼쳤습니다. 또한 신라와의 화친 정책을 통해 신라계 호족의 협력을 얻는 데도 힘썼습니다. 이런 전략은 결정적인 순간에 효과를 발휘했습니다. 고려와 후백제가 격돌하던 중, 고창(안동) 지역 호족들의 지원을 받은 고려군은 대승을 거두며 통일의 주도권을 확보하게 된 것입니다(**고창 전투**).

그러는 동안 후백제는 내부 분열로 약화되었습니다. **견훤**이 넷째 아들 금강에게 왕위를 물려주려 하자, 장남 신검이 반란을 일으켜 아버지를 금산사에 가두고 스스로 왕이 되었습니다. **견훤은 탈출해 고려로 망명**했고, 신라의 마지막 왕인 **경순왕**도 더 이상 나라를 유지할 수 없다고 판단해 **왕건에게 항복**하게 됩니다(935). 결국 936년 **일리천**(구미) **전투**, 황산 전투에서 왕건은 신검이 이끄는 후백제군을 무찌르며 후삼국을 통일하였습니다. 오랜 분열의 시대가 끝나고, 고려라는 새로운 왕조가 한반도에 들어선 순간이었습니다.

◎― 후삼국의 통일

로빈의 역사 KICK

통일 신라의 붕괴와 후삼국 성립, 고려 건국까지의 흐름

단계	핵심 내용	주요 사건 및 변화
중앙 세력의 붕괴	진골 귀족 간 왕위 다툼 → 왕권 약화	혜공왕 피살 → 155년간 20명의 왕 교체
	지방 반란 발생	김헌창의 난(공주), 장보고의 난(청해진)
	귀족의 타락과 민중 몰락	귀족의 향락·토지 확대 vs 농민 피폐화·초적화
	농민 봉기 확산	원종·애노의 난, 적고적의 난
신흥 세력의 성장	호족의 등장과 자립	각지에서 성 쌓고 군사 조직화 → '성주', '장군' 자칭
	풍수지리 사상의 유입	도선이 도입 → 지방 중심 정당화 → 호족 지지 확대
	6두품의 비판과 분화	당 유학 후 신라 비판 → 일부는 은둔, 일부는 호족과 연대
후삼국의 성립	후백제 건국(900)	견훤이 전주에 도읍, 전라도·충청도 기반, 백제 부흥 주장
	후고구려 → 태봉 건국(901~918)	궁예가 송악 → 철원 천도, 국호 태봉, 전제 정치 시행
	고려 건국(918)	궁예 축출 → 왕건 추대 → 송악(개성)에서 고려 건국
통일 과정	고려의 세력 확장	혼인 동맹, 신라와 화친, 호족 포섭 전략 전개
	후백제 내분	견훤이 금강에게 왕위 계승 시도 → 신검의 반란, 견훤 고려 망명
	신라 멸망(935)	경순왕이 왕건에게 항복
	후삼국 통일(936)	일리천 전투에서 후백제 멸망 → 고려가 후삼국 통일 완성

7~9세기 발해의 건국과 발전

사라진 제국의 기억과 새로운 제국의 부상

고구려가 멸망한 뒤 당나라는 대동강 이북의 옛 고구려 땅을 장악하고 고구려 유민들을 랴오허강 서쪽의 영주 등지로 강제로 이주시켰습니다. 이 지역에서는 고구려인뿐 아니라 말갈인과 거란인 등 여러 민족이 함께 당의 통제를 받으며 살아야 했습니다.

하지만 당의 통제력이 거란의 반란을 계기로 약화되자, 고구려 유민 출신인 **대조영**은 698년 **말갈인들과 함께 중국 지린성 동모산 지역에 정착하여 새로운 나라, 발해를 세웠습니다.** 신라 북쪽에 발해가 등장하면서 한반도는 남쪽의 신라와 북쪽의 발해가 나란히 존재하는 **'남북국'의 형세**를 이루었습니다. 대조영은 일본에 보낸 국서에서 자신을 '고려(고구려) 국왕'이라 칭하며, 고구려의 후계자임을 분명히 했습니다.

이러한 인식은 조선 후기 실학자 유득공의 저서 『발해고』에 더욱 명확히 표현되어 있는데, 이는 발해가 고구려를 계승한 나라임을 분명히 강조하고 있습니다.

> 부여씨가 망하고 고씨가 망하자 김씨가 그 남쪽을 영유하였고, 대씨가 그 북쪽을 영유하여 발해라 하였다. 이것을 남북국이라 부르는 것으로 마땅히 남북국사가 있어야 했음에도 고려가 이를 편찬하지 않은 것은 잘못된 일이다. 무릇 대씨가 누구인가? 바로 고구려 사람이다. 그가 소유한 땅은 누구의 땅인가? 바로 고구려 땅이다. - 『발해고』

대조영의 뒤를 이어 왕위에 오른 **무왕**은 **연호를 '인안'**이라 정하고 북만주 일대를 장악하며 적극적인 영토 확장에 나섰습니다. 발해의 국력이 커지자 당은 흑수 말갈과 신라를 동원해 발해를 견제하려 했고, 이에 대응해 무왕은 동생 대문예에게 흑수 말갈 정벌을 명령합니다.

> 발해의 왕이 말하기를, "흑수 말갈이 처음에는 우리에게 길을 빌려 당과 통교하였다. 그런데 당이 지금 관직을 요청하면서 우리에게 알리지 않으니 이는 반드시 당과 함께 우리를 공격하려는 것이다"라고 하였다. 이어 동생 대문예와 외숙부 임아에게 군사를 거느리고 흑수를 공격하도록 명하였다. - 『구당서』

무왕은 또한 당을 견제하기 위해 돌궐, 일본과의 외교 관계를 적극 활용했으며, 732년에는 **장문휴가 이끄는 수군을 보내 산둥 지방을 기습 공격**하기도 했습니다.

하지만 이후 즉위한 **문왕**은 보다 유화적인 태도로 전환하여 당, 신라와의 관계 개선에 힘을 쏟았습니다. 또한 **연호를 '대흥'**으로 정하고 당의 선진 문물과 제도를 받아들여 발해의 정치 체제를 정비하였으며, **중앙에 3성 6부제를 도입**했습니다. 또 신라와의 교류를 확대하고자 '**신라도**'라는 상설

교통로를 개설해 사신을 오가게 하는 등 평화적 관계를 구축하려는 노력을 기울였습니다. 문왕은 중경 현덕부에서 상경 용천부로 수도를 옮기며 왕권 기반을 강화하기도 했습니다.

9세기 초에는 **선왕**이 즉위하여 발해의 전성기를 이끌었습니다. 그는 **연호를 '건흥'**으로 정하고 주변 말갈 세력을 복속시키면서 만주와 연해주, 요동, 대동강 이북까지 영토를 확장하여 발해는 최대 판도를 이룹니다. 이 시기 발해는 당으로부터 **'해동성국'**, 즉 '바다 동쪽의 번성한 나라'라 불릴 정도로 번영을 누렸습니다.

> 로빈의 **역사 KICK**

발해의 주요 왕들과 그 업적

시기	왕	핵심 내용 및 업적
698년	고왕(대조영)	• 고구려 유민과 말갈족 연합, 동모산에서 발해 건국 • 일본에 국서 전달, 스스로 '고구려 계승' 자처
8세기 초	무왕(대무예)	• 연호 '인안' 사용, 적극적인 영토 확장(북만주 일대) • 돌궐, 일본과의 연계 외교로 당 견제 • 장문휴의 산둥 공격(732), 흑수 말갈 공격
8세기 중~후반	문왕(대흠무)	• 연호 '대흥', 당과의 화친 및 선진 문물 수용 • 3성 6부제 정비(독자적 체제로 발전) • 수도를 중경 → 상경으로 천도, 왕권 강화 • 신라도 개설(신라와 교류 증진 노력)
9세기 초	선왕(대인수)	• 연호 '건흥', 발해 최대 영토 확보(만주, 연해주, 요동 등) • 당으로부터 '해동성국'이라 불릴 정도로 번성

발해는 왕을 중심으로 한 중앙 집권적 지배 체제를 구축했습니다. 당의 3성 6부제를 수용하면서도, 고유의 명칭과 운영 방식을 갖춘 독자적인 체제를 만들었습니다. 국왕 아래에는 정당성, 선조성, 중대성이 있었고, 이 중 정당성의 장관인 대내상이 국정을 총괄했습니다. 좌사정과 우사정 아래 6부를 두어 행정을 맡겼으며, 각 부는 유교적 덕목을 반영한 충·인·의·지·예·신의 명칭을 사용했습니다.

이외에도 발해는 관리 감찰을 위한 **중정대**, 최고 교육 기관인 **주자감**, 책과 문서 관리, 외교 문서 작성을 담당하는 **문적원**을 운영했습니다. 이러한 행정 체계는 단순히 당을 모방하는 데 그치지 않고 발해의 실정에 맞춘 독자적인 체계로 발전해 갔습니다.

◎— 발해의 최대 영역

지방 행정은 선왕 때 정비가 완료되어 **5경 15부 62주** 체제로 운영되었습니다. 군사적·행정적 중심지로는 **상경 용천부**, 중경 현덕부, 동경 용원부, 남경 남해부, 서경 압록부 등 5개의 수도급 도시가 설치되었고, 이 중 상경 용천부는 가장 오랫동안 수도 역할을 하였습니다. 각 부와 주에는 도독과 자사, 현에는 현승이 파견되어 지방을 다스렸으며, 가장 말단 단위인 촌락은 수령이라 불리는 토착 세력이 자치적으로 관리했습니다.

군사 체제 역시 정비되어 중앙군은 10위를 조직해 수도와 왕궁을 수비하게 했고, 지방의 중요 지역에는 지방군을 두어 각 지방관이 지휘하도록 했습니다. 이러한 탄탄한 체제는 발해가 고구려를 계승한 강국으로 자리 잡고 동북아시아에서 독자적인 위치를 차지할 수 있는 기반이 되었습니다.

9~10세기 발해의 사회와 문화

고구려의 뒤를 잇고 바다로 향한 나라

　　발해는 **고구려 유민과 말갈인**으로 구성된 나라였습니다. 지배층의 핵심은 왕족 대씨와 귀족 고씨 등 고구려 유민이었으며, 이들은 중앙의 주요 관직을 차지하고 노비와 예속민을 거느렸습니다. 반면 **피지배층은 말갈인이 다수**를 차지하였고, 지방의 촌락은 고구려인이 아닌 말갈 출신 수령이 통치하였습니다. 이에 따라 발해의 중앙 문화는 고구려 문화를 바탕으로 당 문화를 수용한 형태였으며, 지방은 말갈의 전통 문화가 유지되었습니다.

　　9세기에 이르러 발해는 정치적 안정과 함께 경제적으로도 큰 발전을 이루었습니다. 농업은 밭농사를 중심으로 이루어졌고, 일부 지역에서는 벼농사도 행해졌습니다. 특히 목축업이 활발하였으며, **솔빈부에서 기른 말은 대표적인 수출품**이 되었습니다. 수렵도 성행하여 **모피**, 녹용, 사향 등도 주요한 교역 품목이었습니다. 수공업도 다양한 분야에서 발달하였는데, 금속 가공업과 직물업, 도자기업 등이 그 중심이었고, 수도 상경을 비롯한 도시와 교통 요충지를 중심으로 상업도 활기를 띠었습니다.

발해는 당, 신라, 거란, 일본 등 여러 나라와 무역을 하였고, 이 중 대당 무역의 비중이 가장 컸습니다. 해로와 육로를 통해 비단과 서적을 수입하고, 모피, 철, 인삼, 말 등을 수출하였습니다. 당은 산둥반도 등주(덩저우)에 발해관을 설치하여 발해 사신들이 편리하게 이용할 수 있도록 하였습니다. 신라와는 문왕 때부터 신라도를 통해 교류하였습니다. 일본과는 친선 관계를 유지하며 사신 왕래가 빈번하였고, 한 번에 수백 명의 방문단이 오갈 정도로 무역도 활발하였습니다.

발해는 고구려의 불교를 계승하였고, 왕실과 귀족을 중심으로 불교가 성행하였습니다. 당에 유학 가는 승려도 많고 각지에 사원이 건립될 만큼 불교가 융성하였습니다. 이를 증명하듯 상경성과 중경성 일대의 절터에서는 불상, 석등, 기와 등 다양한 유물이 발견되었습니다. 또한 발해는 유학을 중시하며 이를 통치 이념에 반영하였고, 유학 교육 기관인 주자감을 설치해 유학 인재를 양성하였습니다. 당에 유학하여 빈공과에 합격한 발해인도 많았으며, 이들은 신라 유학생과 경쟁하거나 일본에 건너가 발해의 높은 한문학 수준을 보여주기도 하였습니다.

발해의 건축은 당의 영향을 받아 웅장하면서도 정연한 구조를 보였습니다. 대표적인 예로는 당의 벽돌탑과 유사한 **영광탑**이 있으며, 수도 상경성은 당의 장안성을 본떠 남북으로 이어진 주작대로를 중심으로

◎ㅡ 영광탑

◎— 돌사자상

◎— 치미

◎— 이불병좌상

외성을 두르고 궁궐과 사원을 배치하였습니다. 불상과 공예 역시 발달하여 이불 병좌상, 석등, 돌사자상, 치미 등 다양한 예술품들이 제작되었습니다. 발해의 무덤에서는 고구려 문화를 확인할 수 있는데, **정혜 공주 묘는 굴식 돌방무덤에** 삼각형의 돌로 모서리를 줄여나가면서 천장을 쌓는 고구려의 건축 양식인 **모줄임천장 구조를** 갖추고 있습니다. 정효 공주 묘는 **당의 벽돌무덤 양식과 고구려의 모줄임천장 구조가 혼합된 형태로, 벽화에서도 당 문화의 영향을** 엿볼 수 있습니다.

로빈의 역사 KICK

발해의 경제·사회·문화
- 경제 – 특산품 : 솔빈부의 말, 당의 발해관, 신라도
- 불교 – 왕실&귀족 중심, 수도 상경에서 절터 발굴
- 불상&공예 – 이불 병좌상, 돌사자상, 석등
- 건축과 탑 – 상경성(주작대로), 영광탑
- 고분 – 정혜공주 묘 : 굴식 돌방무덤, 모줄임천장 구조 → 고구려 계승

발해는 초기의 국제적 갈등이 해소되자 대외 교류를 적극적으로 추진하였습니다. 수도 상경에서 뻗어나가는 다양한 교통로를 통해 당, 신라, 일본, 거란 등과 활발히 교류하였고, 특히 문왕 이후 당과는 친선 관계를 유지하며 유학생과 승려, 상인의 왕래가 빈번하였습니다. 일본과는 목간과 외교 문서를 통해 문물 교류가 확인되며, 일본 궁중에서는 발해 음악이 연주되기도 하였습니다. 신라와의 교류는 다소 제한적이었으나, 때때로 사신을 파견하며 관계를 이어갔습니다.

이처럼 사회 전반에 걸쳐 발전하던 발해는 10세기 초부터 지배층의 권력 다툼으로 국력이 쇠퇴하기 시작하였습니다. 이 무렵 북방에서는 거란의 야율아보기가 부족을 통합하고 대규모 정복 활동을 시작하였고, 마침내 926년 거란의 침공으로 발해는 멸망하고 말았습니다. 발해가 멸망하자 왕족을 비롯한 유민들이 고려로 망명하였고, 남은 세력은 후발해나 정안국과 같은 발해 계승 정권을 세우며 부흥 운동을 이어갔지만, 끝내 발해의 역사를 이어가지는 못하였습니다.

로빈의 역사 KICK

발해와 주변국과의 관계

구분	핵심 내용
당나라	비단·서적 수입, 말·모피·인삼 수출, 등주에 '발해관' 설치, 유학생·사신·승려 빈번히 왕래
신라	문왕 때 '신라도' 통해 교류, 공식적 사신 왕래는 드물었지만 간헐적으로 이어짐
일본	사신 왕래 활발(수백 명 규모), 목간·외교 문서, 궁중에서 발해 음악 연주
거란	초기에는 무역·왕래, 10세기 초 거란의 침공으로 발해 멸망(926)

PART 03.

고려

10세기 | 고려의 통치 체제

혼란 속에서 질서를 세운 왕건의 리더십

936년 후백제를 완전히 무너뜨리고 통일을 이룬 고려의 **태조 왕건**은 백성들의 삶을 안정시키는 데 힘썼습니다. 지나친 세금으로 고통받는 백성을 위해 조세율을 10분의 1로 정하고, 호족이 자의적으로 세금을 걷지 못하도록 하였으며, 빚 때문에 노비가 된 백성 중 일부를 값을 치르고 해방시키기도 했습니다. 또한 빈민 구제 기관인 흑창을 설치해 직접적인 도움을 주었습니다.

정치 제도 면에서는 태봉, 신라, 중국의 제도를 참고하였고, 또한 '사심관 제도'와 '기인 제도'를 마련해 지방 통치를 안정화하고 호족을 견제하려 했습니다.

> 신라왕 김부(경순왕)가 와서 항복하자 신라국을 없애 경주라 하고, 김부를 경주의 사심(事審)으로 임명하여 부호장 이하 관직 등을 주관토록 하였다. -『고려사』

사심관 제도는 중앙의 고위 관료가 자신의 출신 지역의 향리를 직접 관리하게 하여 지방 자치를 통제할 수 있도록 만든 제도였습니다.

> 국초에 향리의 자제를 뽑아 개경에서 볼모로 삼고 또한 출신지의 일에 대한 자문에 대비하도록 하였는데, 이를 기인(其人)이라 하였다. - 『고려사』

기인 제도는 지방 호족의 자제를 개경에 데려와 중앙에서 교육 및 감시하면서, 동시에 출신 지역 관련 자문에도 활용하는 제도로 인질로서의 성격과 중앙과 지방을 잇는 중재자로서의 성격을 모두 띠고 있었습니다.

이러한 견제책과 함께, 태조는 호족에 대한 유화책도 병행했습니다. 호족의 딸과 혼인하는 '혼인 정책', 왕씨 성을 하사하는 '사성 정책'을 통해 유대 관계를 강화했고, **후삼국 통일에 기여한 이들에게 공로와 인품에 따라 토지를 분배하는 '역분전 제도'를 실시하여** 지지를 확보했습니다.

왕건은 고려를 하나의 강력한 국가로 만들기 위해 관리들이 지켜야 할 행동 기준을 담은 **『정계』**와 **『계백료서』**를 저술하고, 후대 왕들을 위한 유훈으로 '**훈요 10조**'를 남겼습니다. 또한 고구려, 백제, 신라 각 출신 세력을 포용하여 민족을 통합하고자 했으며, 발해 유민의 귀순도 적극 수용했습니다.

> 가을 7월 발해국의 세자 대광현이 무리 수만을 거느리고 와서 항복하자, 성명을 하사하여 '왕계(王繼)'라 하고 종실의 족보에 넣었다. - 『고려사』

『고려사』의 이 기록은 발해의 마지막 왕족 대광현이 귀순했을 때 태조가 그를 왕족으로 예우하며 받아들였던 장면입니다. 발해 유민 가운데에는 관리, 장군, 학자 등 유능한 인재가 많았고, 태조는 이들에게 적절한 관직을 주어 통일 이후 국가 운영에 적극 활용했습니다.

태조는 발해를 멸망시킨 거란에 대해 강한 반감을 가졌습니다. 942년 거란이 친선을 명분으로 보낸 낙타 50필을 개경의 만부교 아래에 묶어놓고 굶겨 죽인 '**만부교 사건**'이 대표적입니다.

또한 태조는 북진을 적극 추진했습니다. 서경(평양)을 중시해 남쪽 인구를 서경으로 이주시켰고, 이곳에 관청과 관리를 두어 행정력을 강화했습니다. 북진 정책과 발해 유민의 유입으로 고려는 청천강에서 영흥만에 이르는 광범위한 국경선을 확보하게 되었습니다.

> **로빈의 역사 KICK**
>
> **태조 왕건의 핵심 업적**
> - 고려 건국 및 후삼국 통일 완성
> - 호족 통제 및 포용: 기인 제도·사심관 제도 실시
> - 민생 안정책: 세율 조정, 흑창 설치
> - 북진 정책: 서경(평양) 중시, 청천강~영흥만에 이르는 국경선 확보

10~11세기 | 고려 초기 개혁과 중앙 집권의 기틀

왕권을 세우고 제도를 다진 왕들의 시대

    태조 왕건이 많은 아들을 남기고 세상을 떠난 후 고려는 왕위 계승을 둘러싼 갈등으로 혼란을 겪게 됩니다. 2대 **혜종**, 3대 **정종** 때에는 왕규의 난과 같은 사건이 발생하면서 왕권이 극도로 약해졌습니다.

    이러한 불안 속에서 즉위한 4대 **광종**은 강력한 왕권을 구축하고자 정치 개혁을 단행합니다. 그는 중국 후주 출신 유학자 **쌍기**를 등용하여 호족 세력을 억제하고 새로운 질서를 세우려 했습니다. 광종은 우선 혼란기에 불법으로 노비가 된 사람들을 다시 양인으로 되돌리는 **노비안검법**(956)을 실시해 호족의 경제적·군사적 기반을 약화시키고 국가의 재정 기반을 다졌습니다. 이어 쌍기의 건의로 **과거제**를 도입하여 유교적 교양과 문예 능력을 갖춘 인재를 선발하고, 이들을 자신의 정책을 뒷받침할 세력으로 키웠습니다. 또한 관등에 따라 관리의 옷 색을 4가지로 구분하는 **공복 제도**를 마련하여 관료 사회의 위계질서를 확립하였습니다.

    왕 9년 처음 과거를 시행하였다. 한림학사 쌍기에게 명하여 진사를 뽑았다.

…… 왕 11년 백관의 공복을 정하였다. 원윤 이상은 자색 옷, 중단경 이상은 붉은색 옷, 도항경 이상은 비색 옷, 소주부 이상은 녹색 옷으로 하였다. -『고려사』

광종은 국왕의 위엄을 높이기 위해 스스로를 황제라 칭하고 수도 개경을 황도, 서경을 서도라 부르는 한편, '**광덕**', '**준풍**'과 같은 독자적 연호를 **사용해 고려의 자주성을 강조**했습니다. 또 조세와 부역을 주현 단위로 부과하는 '주현공부법'을 도입하여 재정 기반을 확대했고, 농민 구제를 위해 '제위보'를 설치하는 등 민생 안정에도 힘썼습니다. 대외적으로는 거란을 견제하고 송과의 무역과 문화 교류를 확대했으며, 불교 진흥을 위해 화엄종 승려 균여를 통해 귀법사를 창건하였습니다.

하지만 광종의 강력한 개혁에는 부작용이 따랐습니다. 광종은 자신의 왕권에 위협이 된다고 판단하면 잔혹하게 숙청했고 심지어 아들인 경종마저 의심하였습니다. 뒤를 이은 5대 **경종**은 과도한 숙청을 멈추고, 개혁 추진 세력과 공신 세력을 고루 중용하며 정국 안정을 추구했습니다. 이 시기에는 **시정 전시과 제도**가 마련되어 **전·현직 관료에게 '전지**'(곡물 수취용 토지)**와 '시지**'(땔감 채취용 토지)**를 지급**하는 토지 분배 체계가 정립되었습니다.

이후 6대 **성종**은 유학자 최승로의 '시무 28조'를 수용하면서 **유교 이념을 바탕으로 중앙 집권 체제를 본격적으로 정비**하기 시작했습니다. 당나라의 3성 6부제를 바탕으로 고려 현실에 맞는 **2성 6부제**의 중앙 관제를 수립하였고, 지방에는 **12목**을 설치한 뒤 절도사를 파견해 직접 통치 기반을 마련하였습니다. 지방 세력 견제를 위해 중소 호족을 향리 체계에 편입해 통제하는 방식으로 **향리 제도도 확대**하였습니다.

　유교적 통치 기반 강화를 위해 성종은 **과거제를 확대**하고 **국자감**을 개경에 설립했는데, 국자감은 유학부와 기술학부로 구성되어 유학자와 관료를 양성하는 핵심 기관이었습니다. 지방에도 향교를 설치해 경학박사와 의학박사를 파견함으로써 교육을 통한 지배 이념 확산과 지방 호족 약화를 동시에 꾀했습니다.

　유교를 장려한 성종은 한편으로는 연등회와 팔관회 같은 불교 행사를 축소하고 폐지하여 유교적 통치를 강화하고자 했습니다. 동시에 유학 교육을 받은 지방 인재들을 과거제를 통해 대거 등용하고, 유교적 이상에 부합한 인물들을 표창함으로써 통치의 정당성을 강화했습니다.

로빈의 역사 KICK

고려 초기 주요 왕들의 업적

왕	핵심 내용 및 업적
광종	• 노비안검법(956): 불법 노비 양인화(호족 견제) • 과거제(958): 쌍기의 건의, 유교적 인재 등용 • 제위보 설치: 빈민 구제 기관 설립 • 독자적 연호 사용(광덕, 준풍), 황제 칭호 사용
경종	• 시정 전시과 제도 마련: 관료에게 토지 지급, 전지와 시지
성종	• 최승로의 시무 28조 수용: 유교적 중앙 집권화 추진 • 2성 6부제 중앙 관제 정비 • 12목 설치: 지방관(절도사) 파견 통한 지방 직접 통치 • 국자감 설치(개경): 최고 교육 기관(유학부·기술학부)
현종	• 지방 행정 체제 정비: 전국을 경기와 5도, 양계로 편성(3경, 4도호부, 8목) • 도병마사 설치: 군사 및 국방 논의 합의 기구

◎— 고려의 5도 양계

성종과 목종에 이어 즉위한 **현종**은 연등회와 팔관회를 부활시키는 등 자주적이고 절충적인 문화를 지향했습니다. 그는 전국을 **경기와 5도, 양계로 나누고** 그 안에 3경, 4도호부, 8목 등의 체계를 구축해 지방 행정의 틀을 마련하였고, 군사와 국방 문제를 논의할 '도병마사', 국왕 친위 부대인 '2군', 그리고 향리 자제의 과거 응시 자격을 보장하는 '주현 공거법'을 도입함으로써 제도적 완성도를 높였습니다.

10~11세기 | 거란과의 전쟁

세 번의 침입과 귀주에서의 대승

10세기 초 당나라가 멸망한 뒤 중국 대륙은 혼란에 빠졌고, 이 틈을 타 등장한 인물이 바로 거란족의 지도자 야율아보기였습니다. 그는 분열돼 있던 부족들을 통합하여 916년 **요를 건국**하고, 점차 그 세력을 확장해 926년에는 발해까지 멸망시켰습니다.

세력을 키워가던 요나라는 주변 국가들과 외교 관계를 맺는 한편, 고려와의 접촉도 시도하였습니다. 942년 요는 사신 30명과 낙타 50필을 고려에 보냈지만 태조 왕건은 이를 단호히 거절합니다. 그는 요를 "발해를 멸망시킨 무도한 나라"라며 사신들을 섬으로 유배시키고, 만부교 사건을 일으키기도 했습니다.

이후 태조는 세상을 떠나기 전 후대의 왕들을 위해 남긴 **『훈요십조』**에서 요를 "금수의 나라"라 표현하면서 그들의 언어와 제도를 본받지 말라고 경고하였습니다.

태조와 혜종의 뒤를 이은 **정종**은 947년, 농민으로 구성된 예비군 조직인

광군을 창설해 거란 침입에 대비하는 군사 기반을 닦았습니다. 고려는 이후 중국을 통일한 송과의 관계를 강화하면서, 자연스럽게 거란을 배척하는 북진 정책을 추진하게 됩니다. 그러자 **성종** 대인 993년 고려의 북진을 견제하고 나아가 송과 고려의 관계를 끊고자 거란은 장수 **소손녕**을 앞세워 고려를 침공했습니다. 이것이 **1차 거란 침입**이었습니다.

이때 고려의 고위 관리이자 지휘관이었던 **서희**는 소손녕과 담판을 벌였습니다. 그는 고려가 고구려의 후계자임을 밝히고, 압록강까지 북진하는 대신 송과의 교류를 끊고 거란과 관계를 맺겠다고 설득하였습니다. 이에 거란은 압록강 동쪽 이남의 **강동 6주를 고려 영토로 편입**하는 것을 승인하게 됩니다.

> 거란의 장수 소손녕이 서희에게 말하기를 "그대의 나라는 신라 땅에서 일어났고, 고구려 땅은 우리의 소유인데 어찌하여 그대의 나라가 차지하고 있는가? 또 우리와 국경을 맞대고 있으면서 바다를 건너 송을 섬기고 있다. …… 지금 땅을 떼어 바치고 통교한다면 아무 일 없을 것이다." 이 말을 듣고 서희가 말하기를, "우리나라가 곧 고구려의 옛 땅이다. 그러므로 국호를 고려라 하고 평양에 도읍하였다. 만일 국경 문제를 논한다면, 거란의 동경도 모조리 우리 땅에 있는데, 어찌 우리가 침범하였다는 말을 할 수 있겠는가?" 라고 하였다. – 『고려사』

하지만 하지만 거란과 관계를 맺은 뒤에도 고려는 몰래 송과 사신을 교환했고 거란은 이를 주시하고 있었습니다. 그러던 중 고려에서 **무관 강조가 정변을 일으켜** 7대 **목종**을 폐위하고 **현종**을 옹립합니다. 이를 구실로 삼은 거란은 1010년 두 번째 침입에 나섰습니다(**2차 침입**).

거란의 2차 침입 당시 고려는 수도 개경을 빼앗기고 현종은 나주까지 피난을 떠나는 등 큰 피해를 입었습니다. 하지만 고려의 무장 **양규**가 후방에서 거란군의 보급선을 위협하고, 결국 현종이 친조를 조건으로 화친을 요청하자 거란이 이를 수락하여 회군하게 됩니다. 양규는 회군

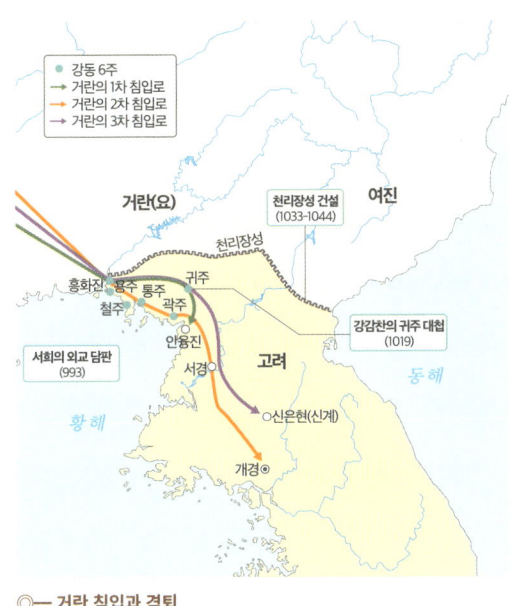

◎― 거란 침입과 격퇴

중인 거란군을 기습 공격하여 막대한 타격을 입혔습니다.

거란은 이후 고려에 약속한 친조를 이행하라 요구했으나, 현종은 병을 핑계로 거절하였습니다. 동시에 고려는 강동 6주를 절대 내줄 수 없는 전략 요충지로 인식하고 있었고, 결국 양국의 긴장이 고조되며 1018년 **3차 침입**이 시작되었습니다. 이번에는 거란의 장수 **소배압**이 10만 대군을 이끌고 고려를 침공했지만 고려는 뛰어난 전략가 **강감찬**을 앞세워 1019년 **귀주에서 대승**을 거두었습니다.

> 거란의 병사가 귀주를 지나자 강감찬 등이 동교에서 맞아 싸웠다. …… 아군이 추격하여 석천을 건너 반령에 이르니 시신이 들을 덮고 사로잡은 사람과 노획한 말·낙타·갑옷·무기는 모두 헤아릴 수 없었다. 살아서 돌아간 자가 (십만여 명 중) 겨우 수천 명이니 거란이 패한 것이 이보다 심한 적이 없었다. -『고려사』

이 전투 이후 고려는 **수도 개경에 나성을 쌓아 도성 방비를 강화**하고 북쪽 국경에는 **압록강 어귀에서 동해 도련포에 이르는 천리장성을 축조**해 외침에 대비했습니다. 또한 전쟁 중 부처의 힘으로 적을 물리치려는 염원으로 **초조대장경을 조판**하기도 했습니다.

이후 고려는 거란과 친선 관계를 수립하고, 송과 거란 사이의 균형 외교를 통해 자주적 외교 노선을 유지해 나갔습니다.

로빈의 역사 KICK

거란의 세 차례 침입

구분	1차 침입	2차 침입	3차 침입
연도	993년	1010년	1018~1019년
왕	성종	현종	현종
침입 배경	고려의 송나라 외교와 북진 정책 견제	강조의 정변으로 인한 왕위 교체(목종 폐위)	고려의 친조 거부와 강동 6주 반환 요구
대응	서희의 외교 담판 → 강동 6주 확보	개경 함락, 현종 나주 피난 → 화친 요청 + 양규의 기습 타격	강감찬의 전략적 방어 → 귀주 대첩 대승
결과	외교적 승리, 영토 확장	피해 크지만 군사적 반격 성공	대패한 거란 회군 → 이후 침입 중단
추가 조치	북방 방어 강화	개경 환도	개경 나성 축조, 천리장성 축조, 초조대장경 조판

12세기 여진과의 충돌

별무반의 북방 원정과 동북 9성의 그림자

　시기에 따라 '숙신' 또는 '말갈'로 불렸던 여진은 오랜 세월 동안 발해의 옛 땅인 만주와 두만강 일대에서 부족 단위로 흩어져 살아왔습니다. 시간이 흐르면서 그들은 점차 남쪽으로 내려와, 10세기 초에는 고려 국경 근처까지 모습을 드러내게 됩니다.

　당시 여진은 고려를 '부모의 나라'로 여기며 공물로 토산물을 바치고, 말과 모피를 고려의 식량, 농기구, 포목, 무기 등과 교환하였습니다. 한편으로 고려에 적대적인 여진 부족은 고려의 북방과 동해안을 약탈하기도 하였습니다. 이에 고려는 적대적인 여진족은 격퇴하면서도 우호적인 여진의 추장에게는 벼슬과 물품을 하사하는 회유책을 펼쳤습니다. 그리고 귀순해 온 이들은 자치주를 통해 간접적으로 통치하며 통제하였습니다.

　그러나 12세기 초 여진 내에서도 특히 강성한 완옌부(完顔部)가 중심이 되면서 상황은 급변하였습니다. 추장 잉게를 중심으로 한 여진은 군사적 조직력을 갖추며 고려와 충돌하기 시작했고, 이에 **숙종**은 정벌을 시도했지만 크게 패배하고 말았습니다. 고려의 무장 **윤관**이 이끈 북벌군도 여진의 기병을 이기지 못했습니다. 이에 윤관은 숙종에게 **'별무반'** 창설을 건의하였습니다. 별무반은 기병인 신기군, 보병인 신보군, 승려로 구성된 항마군으로 이루어진 새로운 군대였습니다.

> 윤관이 말하기를 "신이 패한 바는 적은 기병이고 우리는 보병이어서 가히 대적할 수 없었기 때문입니다"라고 하였다. 이에 건의하여 처음으로 별무반을 세우고 말을 가진 자는 신기군으로 삼았고, 말이 없는 자는 신보군에 속하게 하였다. 또한 승려를 선발하여 항마군을 편성하였다. - 『고려사』

그러던 중 숙종이 병으로 세상을 떠나고, 뒤를 이은 **예종**은 1107년 윤관에게 별무반을 이끌고 여진을 정벌하도록 명했습니다. 고려군은 천리장성 이북의 동북 방면으로 영토를 확장하고, 새로 점령한 지역에 **동북 9성**을 쌓은 뒤 남쪽의 백성들을 이주시켜 수비를 강화했습니다. 그러나 여진의 지속적인 침입과 지형적 어려움으로 방어가 힘들어졌고, 여진이 해마다 조공을 바치겠다는 조건을 제시하자 고려는 결국 1년 7개월 만에 9성을 여진에게 반환하게 되었습니다. 동북 9성이 위치한 정확한 지점은 현재까지도 확정되지 않았습니다. 학계에서는 크게 세 가지 설이 제기되어 왔는데, 첫째는 두만강 북쪽의 공험진 일대로 보는 견해이며, 둘째는 길주 내지 마운령 이남에서 정평에 이르는 함경남도 일대로 보는 견해, 셋째는 함관령 이남, 정평 이북의 함흥 평야 일대로 보는 견해가 있습니다.

이후 완옌부가 중심이 된 여진은 급격히 세력을 확장해 만주 전역을 장악하였고, 1115년에는 '금(金)'을 건국하고 스스로를 황제라 칭했습니다. 이들은 고려에 형제 관계를 제안했지만, 조정에서는 여진이 본래 복속된 종족이었다는 이유로 강한 반대 여론이 일었습니다.

같은 시기, 거란은 금의 공격을 받고 고려에 원군을 요청하였지만, 고려는 금과 거란 양쪽의 요구를 거절합니다. 이 혼란 속에서 고려는 압록강 동쪽 거란의 영토였

◎— 윤관의 진격로와 동북 9성 위치에 관한 세 가지 학설

던 의주 지역을 확보하며 정세를 유리하게 활용하였습니다. 하지만 1126년 금이 거란을 멸망시키고 고려에 사대를 요구하자, 정권을 장악하고 있던 **이자겸**은 전쟁을 피하자는 공론을 수용하고 또 자신의 권력을 유지하기 위해 **금과의 사대 외교**를 받아들였습니다. 이 결정으로 의주에 대한 고려의 영유권을 금에게 인정받을 수 있었지만, 건국 이래 지속되던 고려의 북진 정책은 사실상 중단되었습니다.

한편 금은 거란을 멸망시킨 뒤 송을 공격했고, 이에 송은 고려에 공동 전선을 제안했지만 고려는 금나라가 우세를 점한 국제정세를 감안하여 이를 거절합니다. 이후 고려의 대외 외교는 금 중심으로 재편되어 이전의 균형 외교 노선에서 벗어나게 되었습니다.

로빈의 역사 KICK

여진 정벌 핵심 내용

- 충돌 원인: 완옌부의 세력 확장과 군사화
- 군사 개편: 윤관, 별무반 창설 → 북벌 수행
- 성과: 동북 9성 일시 확보(1107~1109)
- 외교 전환: 금나라의 부상 이후 사대 수용 → 북진 정책 중단
- 의의: 자주 외교와 영토 확장의 이상 보여주었으나 현실적 한계와 국제 정세로 인해 후퇴

12세기 | 문벌 귀족의 전성기와 이자겸의 난

권력을 탐한 외척의 최후

성종 이후 중앙 집권 체제가 정비되면서, 지방에서 중앙 관료로 편입된 호족 출신 인물들과 신라 6두품 계열 유학자들이 새로운 지배층으로 떠올랐습니다. 이들 가운데 여러 세대에 걸쳐 고위 관직자를 배출한 가문을 '문벌 귀족'이라 불렀고, 대표적으로는 경원 이씨의 **이자겸**, 해주 최씨의 최충, 경주 김씨의 김부식, 안산 김씨의 김은부, 파평 윤씨의 윤관 등이 있었습니다.

문벌 귀족은 **과거제와 음서를 통해 관직을 독점**하였으며, 중서문하성과 중추원의 재상이 되어 정국을 주도했습니다. 이들은 관직에 따라 **과전**(科田)을 지급받았고, 세습이 가능한 공음전의 혜택을 누리며 안정적인 경제 기반을 마련하였습니다. 또 권력을 이용해 불법적으로 토지와 노비를 확대 소유하기도 했습니다.

고려 초기의 문벌 귀족들은 비교적 균형 잡힌 정치를 이끌었지만, 시간이 흐르면서 점차 보수화되었습니다. 서로 비슷한 문벌 가문끼리 혼인하거나 왕실과 혼인 관계를 맺으며 외척의 위치에서 권력을 장악하는 일이 많아졌습니다.

이들은 지방 향리 출신이나 유력하지 않은 집안 출신이 과거에 응시하거나 관직을 얻는 것을 가로막았고, 이에 숙종과 예종은 문벌 귀족들을 중용하면서도 지방 출신 과거 합격자들을 등용하여 문벌 귀족 세력을 견제하였습니다.

한편, 여진이 고려의 국경을 침입하였을 때 윤관을 비롯한 문벌 귀족들은 처음에는 여진과의 전쟁에 적극적으로 응하였습니다. 하지만 전쟁이 장기화되고 백성들의 삶이 피폐해지자 결국 여진에게 동북 9성이 반환되고 여진 정벌은 미완으로 끝나고 말았습니다. 그러자 문벌 귀족들은 윤관에게 책임을 집중시켜 밀어내는 것으로 자신들의 정치 권력을 더욱 공고히 하려 했습니다.

특히 16대 **예종**과 17대 **인종** 시기에는 이자겸의 권세가 정점에 이르렀습니다. 예종의 뒤를 누가 계승할지를 두고 예종의 동생들과 예종의 어린 아들 인종 사이에 갈등이 생겼습니다. 이때 예종의 장인이었던 이자겸은 예종의 동생들을 밀어내고 예종의 뜻대로 외손자 인종을 즉위시킴으로써, 인종으로부터 최고의 권위를 부여받았습니다. 그는 자신의 딸을 예종의 왕비로, 다른 딸들을 외손자인 인종의 왕비로 시집보내며 권력을 장악했습니다.

이자겸은 스스로 국공에 올라 왕태자와 동등한 예우를 받았다. 또한 자신의 생일을 인수절이라 칭하고 중앙과 지방에서 올리는 글을 임금과 동등하게 전(箋)이라 불렀다. 아들들이 다투어 지은 저택은 거리마다 이어져 있었으며, 세력이 커지자 뇌물이 공공연하게 오가고 사방에서 선물로 들어온 고기 수만 근이 날마다 썩어 나갔다. - 『고려사』

이처럼 이자겸의 권세가 극에 달하자 인종은 측근 세력과 함께 이자겸을 제거하고 왕권을 회복하고자 하였습니다. 하지만 인종 측근 세력의 시도는 실패하였고, 여진 정벌의 공신 척준경과 손잡은 이자겸에 의해 궁궐이 불타고 인종은 이자겸의 집에 유폐 당하게 되었는데 이것이 바로 '**이자겸의 난**'입니다.

하지만 이자겸의 아들 이지언의 노비와 척준경의 노비 사이에 싸움이 벌어지면서 두 사람의 관계가 틀어졌고, 인종은 이를 기회로 삼아 척준경을 회유하였습니다. 그 결과 인종을 몰아내고 왕위에 오르려던 이자겸은 척준경이 이끄는 군에 진압당하고 결국 영광으로 유배되었습니다. 이자겸 제거에 공을 세운 척준경은 공신 칭호를 받고 문하시랑에 임명되어 잠시 권세를 누렸지만, 이자겸의 난에 가담했다는 이유로 탄핵당해 결국 암태도로 유배되고 말았습니다.

비록 인종은 왕권을 회복하는 데 성공했지만, 반란으로 인해 궁궐이 불타는 등 국왕의 권위는 심각하게 실추되었습니다. 문벌 귀족 사회 또한 이 사건을 계기로 중앙 지배층 내 분열과 혼란이 심화되어 정치적 안정은 크게 흔들리게 됩니다.

로빈의 **역사 KICK**

이자겸의 난 개요
- 배경: 이자겸은 두 딸을 왕비로 만들며 외척으로서 권력 장악, 왕권 약화에 반발한 인종이 견제 시도
- 경과: 이자겸과 척준경이 인종 측근 제압 → 척준경과의 내분 발생 → 이자겸이 반란을 일으켜 인종 폐위 시도 → 척준경이 인종 측으로 돌아서며 반란 진압
- 결과: 이자겸 유배, 척준경도 반란 가담으로 탄핵 후 유배, 인종은 왕권 회복에 성공했으나 국왕의 위상은 실추

1135년 묘청의 난

자주적 개혁의 꿈이 무너진 날

이자겸의 난 이후 인종은 무너진 왕권을 다시 세우고 민심을 안정시키기 위해 개혁 정치를 시도했습니다. 그러나 이 개혁의 방향을 두고 서경 세력과 개경 세력이 첨예하게 대립하기 시작하였습니다. 전자는 **묘청·정지상** 등 개혁적 성향의 인물들이 중심이 되었고, 후자는 **김부식**을 중심으로 한 보수적인 문벌 귀족들이었습니다.

묘청을 비롯한 서경 세력은 **풍수지리설**을 근거로 수도를 서경으로 옮길 것을 주장했습니다. 또 **왕을 '황제'라 칭하고**(칭제), **독자적인 연호를 사용하는 것**(건원), **나아가 금 정벌까지도 주장**하며 자주적인 국가를 꿈꿨습니다.

> 묘청 등이 말하기를, "신 등이 보건대 서경 임원역의 지세는 음양가들이 말하는 아주 좋은 땅입니다. 만약 이곳에 궁궐을 세워 이어하신다면 천하를 다스릴 수 있습니다. 또한 금이 예물을 가지고 스스로 항복할 것이고, 주변의 36국이 모두 신하가 될 것입니다"라고 하였다. – 『고려사』

인종은 이러한 주장에 공감하여 서경에 대화궁을 짓고, 그 안에 팔성당을 설치하여 토착 신을 제사 지냈습니다. 그러나 김부식 등 개경 세력은 풍수나 도참에 기반한 주장을 배격하며 유교 정치 이념에 충실할 것을 강조했고, 금에 대한 사대 요구도 수용해야 한다고 주장했습니다.

> 왕이 묘청의 말을 따라서 재앙을 피하기 위하여 서경으로 행차하고자 하였다. 김부식이 아뢰어 말하길, "올해 여름에 서경 대화궁 30여 곳에 벼락이 쳤습니다. 만약 이곳이 좋은 땅이라면 하늘이 이처럼 하지는 않았을 것입니다. 또한 서경은 아직 수확이 끝나지 않아 왕의 행차가 나간다면 반드시 곡식을 밟게 될 것이니 백성에게 인을 베풀고 만물을 사랑하는 뜻이 아닙니다"라 하였다. - 『고려사』

결국 개경 세력의 반대에 부딪혀 서경 천도가 무산되자, 1135년 묘청 등은 서경에서 국호를 '대위', 연호를 '천개'로 정하고 반란을 일으켰습니다. 이것이 바로 **묘청의 난**입니다. 난이 일어나자 김부식은 직접 서경 천도 지지 세력을 제거하고 관군을 이끌고 반란 진압에 나섰습니다. 묘청 등은 약 1년간 저항했으나 결국 **김부식이 이끄는 군에 의해 진압**당하고 말았습니다.

이 사건 이후 고려는 더욱 보수적인 분위기로 흐르게 됩니다. 김부식 등 문벌 귀족의 세력이 한층 강화되었고, 무신에 대한 차별은 더욱 심화되어 훗날 무신 정변의 배경이 되었습니다. 또한 서경의 권위는 약화되었고, 서경에 별도로 설치되었던 분사 제도와 3경 제도는 폐지되었습니다. 묘청의 서경 천도 운동은 단순한 지역 갈등이나 반란 사건을 넘어 사상적·정치적 대립의 상징적인 사건으로 남았습니다.

이 싸움은 낭가 및 불교 대 유교의 싸움이며, 국풍파 대 한학파의 싸움이다. 또 독립당 대 사대당의 싸움이고, 진보 대 보수의 대결이다. 묘청은 전자의 대표요, 김부식은 후자의 대표이다. 이 싸움에서 묘청이 패하고 김부식이 승리하였으므로, 조선의 역사가 사대적이고 보수적인 유교에 정복되고 말았다. 그러니 어찌 이 싸움을 천 년 역사의 가장 큰 사건이라 하지 않으랴. - 『조선사연구초』

신채호는 자신의 저서 『조선사연구초』에서 이 사건을 "조선사 1천년래 제일대사건"이라 높이 평가하면서 묘청의 자주성과 김부식의 사대주의적 성향을 분명히 대조하였습니다. 다만 이러한 시각은 신채호가 조선의 독립과 자주가 짓밟혔던 일제강점기의 독립운동가였기에 묘청을 과대평가했다는 지적도 있습니다. 서경파 역시 문벌 귀족이라는 한계가 있었고, 당시 금이 주도하는 국제 정세에서 서경파의 주장은 자칫 고려를 전쟁으로 내몰 수 있었기 때문입니다. 묘청의 난에 대한 평가는 다양하지만, 이 사건 이후 고려의 정치는 더욱 보수적이고 배타적으로 흐르게 되었습니다.

로빈의 역사 KICK

묘청의 난을 둘러싼 개경파와 서경파의 대립

구분	서경파	개경파
중심 인물	묘청, 정지상	김부식
주요 이념	풍수지리설, 도참설	유교 정치 이념
주요 주장	• 서경 천도 • 황제 칭호 사용(칭제) • 독자적 연호(건원) 사용 • 금 정벌(자주적 군사 정책)	• 서경 천도 반대 • 개경 중심 유지 • 금에 대한 사대 외교 유지 • 풍수설 배척, 유교적 통치 강화

1170년 무신 정변

칼을 든 자들이 조정을 뒤집다

이자겸의 난과 묘청의 난 이후에도 문벌 귀족의 권력 독점은 계속되었고, 그에 따른 사회적 모순과 분열도 심화되었습니다. 특히 무신들은 문신과의 차별, 승진 기회의 박탈, 군인전 지급 미비 등으로 인해 점차 분노를 쌓아갔습니다.

인종의 뒤를 이은 **의종**은 즉위 과정에서 동생들과 경쟁해야 했고, 이 때문에 측근 세력에 과도하게 의존하며, 사치와 향락에 빠져 실정을 거듭하게 됩니다. 의종의 총애를 두고 측근들 사이에 내분이 일어나고, 이 와중에 1170년 **무신 정변**의 불길이 타오르게 됩니다.

> 어두워지자 어가가 보현원에 가까워지니 이고와 이의방이 앞서 가서 왕명이라 속이고 순검군을 집합시켰다. 왕이 보현원 문에 들어서고 여러 신하들이 물러날 무렵에 이고 등이 임종식, 이복기, 한뢰 등을 죽였다. …… 국왕을 호종한 문관과 대소 신료 및 환관이 모두 해를 입어 시체가 산처럼 쌓였다. …… 정중부가 왕을 협박하여 군기감으로 옮기고 태자는 영은관으로 옮기게 하였다가, 끝내는 왕은 거

제현으로 추방하고 태자는 진도현으로 추방하였다. - 『고려사』

의종의 친위군 무장인 **정중부, 이의방** 등이 중심이 되어 일으킨 이 무신 정변은 고려의 통치 구조를 송두리째 뒤흔든 결정적인 사건으로 평가받고 있습니다.

무신 정권 초기에는 무신들 간의 권력 다툼이 계속되며 정치적 혼란이 이어졌습니다. 정중부와 이의방은 왕권을 장악하고 의종을 폐위, 명종을 옹립한 뒤 '**중방**'이라는 무신 회의 기구를 통해 정권을 장악하였습니다. 이 중방은 고려 중앙군인 2군 6위의 상장군과 대장군으로 구성된 기구로, 최충헌 집권 전까지 실질적인 최고 권력 기관 역할을 했습니다.

그러나 무신 집권자들은 정치 개혁보다는 사병을 기르고 불법적으로 토지와 노비를 늘리는 데 집중했고, 이에 반발한 각지의 반란이 이어졌습니다. 대표적으로는 김보당의 난(1173), 조위총의 난(1174), 개경 승도의 난(1174) 등이 있었습니다. 폐위된 의종 역시 복위를 기다렸으나 실패하고 결국 천민 출신 이의민에게 비참하게 살해당합니다.

1179년에는 **경대승**이 정중부 일파를 제거하고 권력을 장악한 후 자신의 신변을 보호하기 위해 '도방'이라는 사병 조직을 만들었습니다. 그는 문관과 무관을 고루 등용하여 국정 안정을 꾀했으나 1183년 병사합니다. 이어서 의종을 살해했던 이의민이 권력을 이어받아 12년간 집권했으나 1196년 쿠데타를 일으킨 **최충헌**에게 살해당합니다.

최충헌은 집권 후 '**교정도감**'이라는 **최고 정치 기구를 설치**하여 정국을 운영했고, **교정별감**이라는 자리를 세습하면서 최씨 정권의 기반을 공고히 했습니다. 또한 도방을 더욱 확대해 경호를 강화하고, 각지에서 일어난 농민 봉기와 반란을 철저히 진압했습니다. 그는 또한 왕에게 '**봉사 10조**'를 올려 개혁을 제안하는 듯 보였지만, 실상은 자신의 권력 기반을 안정시키기 위한 수단이었습니다. 최충헌 역시 토지와 노비를 확장하고 어장 등 경제적으로 중요한 지역을 독점하면서 무신 정권의 실질적인 지배자가 됩니다.

그 뒤를 이은 **최우**는 정방을 설치해 인사권을 장악하고, 서방을 통해 문신들을 정책 자문 및 행정 실무에 활용하였습니다. 또한 야별초를 조직하여 정권을 보위하게 하였고, 이후 좌별초·우별초·신의군으로 구성된 '**삼별초**'로 발전시켜 무신 정권의 군사 기반을 다졌습니다. 삼별초는 이후 몽골과의 전쟁에서 강화도, 진도, 제주도로 이동하며 끝까지 항쟁했습니다.

몽골의 침입이 본격화되자 최씨 정권은 **강화도로 천도하여 장기전에 대비**했습니다. 이 시기 대장도감을 설치해 몽골 침입으로 불탄 초조대장경을 대신할 팔만대장경(재조대장경)을 새로 조판했습니다. 그러나 이런 항전도 결국 한계에 부딪히고, 무신 정권은 몽골의 압력에 의해 막을 내리게 됩니다.

로빈의 역사 KICK

무신 정권의 핵심, 최충헌 vs 최우

항목	최충헌	최우
집권 방식	1196년 이의민 제거 후 집권 시작	부친 최충헌 사후 세습으로 정권 승계
정치 기구	교정도감 설치 → 최고 통치 기관화	• 정방 설치 → 인사권 장악 • 서방 설치 → 문신 활용
군사 조직	도방 확대 → 개인 경호 및 권력 유지	야별초 조직 → 이후 삼별초(좌·우별초, 신의군)로 발전
왕과의 관계	형식적 군주 존재, 실권은 자신이 행사	왕을 허수아비로 두고 정권 실질 장악 지속
정책 성격	'봉사 10조' 제시 등 개혁 시도 가장, 실상은 권력 유지 수단	행정·군사 이중 장악으로 무신 정권 체제 완성
의의	무신 정권의 기틀을 마련한 창시자	무신 정권을 제도적으로 완성한 실권자

12세기 | 하층민 봉기와 신분 해방의 외침

무신 정권 아래 쌓인 분노

무신들이 정권을 장악한 이후 무신 간의 권력 다툼이 끊임없이 벌어졌고, 이는 곧 정부의 지방 통제력 약화로 이어졌습니다. 특히 천민 출신인 이의민이 집권자 자리에 오르면서 농민과 천민들 사이에서도 신분 상승에 대한 희망이 싹트게 되었습니다.

하지만 현실은 더욱 참혹해졌습니다. 무신 정권은 농민 개혁에는 무관심한 채 불법적으로 대농장을 확대하고 노비 수를 늘렸을 뿐 아니라 하층민에게 과도한 세금을 부과하였습니다. 여기에 자연재해까지 겹치면서 백성들의 삶은 나날이 궁핍해졌고, 마침내 각지에서 백성들이 들고일어나기 시작했습니다.

1174년 서경 유수였던 조위총은 무신들의 폭정과 의종 시해를 명분으로 서경에서 반란을 일으켰습니다(조위총의 난). 많은 농민들이 반란에 동참하였고, 비록 22개월 후 진압되었지만 전국적인 농민 항쟁의 불씨는 꺼지지 않았습니다. 특수 행정 구역인 **공주 명학소**에서는 **망이·망소이 형제**

가 '소'에 대한 차별에 항거해 봉기하였고, 그 세력이 충청도 일대까지 확산되자 고려 조정은 명학소를 충순현으로 승격해 회유하려 했습니다.

이외에도 곳곳에서 지방민을 중심으로 한 다양한 항쟁이 이어졌습니다. 전주에서는 가혹한 부역 동원에 반발한 관노비와 군사가 봉기를 일으켰고, 운문 출신의 김사미와 초전의 효심은 신라 부흥을 외치며 부패한 지방관의 수탈을 비판하고 시정을 요구하였습니다. 경주에서도 이비와 패좌가 고려 왕조를 부정하고 신라의 부활을 주장하며 봉기를 일으켰습니다. 서경에서는 최광수가 고구려 부흥 운동, 담양에서는 이연년 형제가 백제 부흥 운동을 일으키며 고려 정권에 정면으로 도전했습니다.

◎— 무신 정권기 농민과 천민의 봉기

또한 **개경의 사노비였던 만적**은 신분 질서를 뒤흔드는 과감한 계획을 세웠습니다. 그는 다른 노비들과 함께 자신들의 주인과 최충헌을 죽이고, 노비 문서를 불태워 천인 신분을 없애자고 제안하며 신분제 철폐와 권력 획득을 주장했습니다.

> 신종 1년(1198) 사노 만적 등 6인이 북산에서 나무하다가 공·사노비들을 불러 모의하였다. "나라에서 경인·계사년 이후로 고관이 천민과 노비에서 많이 나왔다. 장수와 재상이 어찌 씨가 따로 있으랴. 때가 오면 누구나 할 수 있다. 우리가 왜 육체를 괴롭히면서 채찍 밑에 곤욕을 당해야 하겠는가?"라고 하니 여러 노비가 모두 그렇게 여겼다. "우리가 성 안에서 봉기하여 먼저 최충헌 등을 죽인다. 이어서 각각 그 주인을 쳐서 죽이고 천인 호적을 불살라서 우리나라에 천인이 없게 하자. 그러면 공경장상을 우리가 모두 할 수 있다." - 『고려사』

무신 정권기 하층민들은 지배층의 수탈과 억압, 불평등한 신분 구조에 저항하며 변화의 가능성을 타진했지만, 그들의 항쟁은 모두 실패로 끝났습니다. 권력자들은 오직 진압과 처벌에만 몰두했을 뿐 하층민의 목소리를 정치에 반영하려는 시도조차 하지 않았고, 이들의 삶은 여전히 궁핍하고 차별적인 현실에 묶여 있었습니다.

로빈의 역사 KICK

대표적인 하층민 봉기

- 망이·망소이의 난: 공주 명학소의 망이·망소이 형제가 '소'에 대한 차별에 반발하여 봉기 → 정부에서 명학소를 충순현으로 승격하여 회유
- 만적의 난: 개경에서 사노비 만적의 주도로 봉기 계획, 누구나 '공경대부(公卿大夫, 사회에서 높은 지위를 가진 사람들을 지칭)'가 될 수 있다고 주장하며 일으킨 신분 해방 운동

1231년 | 몽골의 침입과 대몽 항쟁

산성으로, 섬으로, 그리고 끝까지

최씨 무신 정권이 고려를 통치하던 시기, 세계의 질서가 뒤흔들리기 시작했습니다. 바로 몽골 제국이 아시아 전역을 정복해 가며 중원을 통일한 것입니다. 고려는 처음에는 몽골과 우호적으로 접촉하였습니다. 1219년 몽골에게 쫓겨 내려온 거란 잔존 세력을 함께 물리친 '강동의 역'을 통해 몽골과 처음 손을 잡았고, 이후 평화적으로 국교를 수립했습니다.

하지만 시간이 지나면서 상황은 악화되었습니다. 몽골은 무리한 조공을 요구하기 시작했고, 결국 **몽골 사신 저고여 피살** 사건을 계기로 본격적인 침입이 시작되었습니다. 1231년(고종 18년) **살리타**가 이끄는 몽골군이 고려를 침입하면서 대몽 항쟁의 막이 올랐습니다(**1차 침략**).

몽골군이 공격해 오자 고려는 **박서가 활약한 귀주성 전투** 등에서 일부 저항하였으나, 대부분의 지역에서 패배하고 개경까지 위협받는 상황에 처합니다. 고려는 화친을 요청했지만 몽골군은 물러나지 않았고, 오히려 개경과 북부 지역에 다루가치를 파견해 내정을 간섭했습니다.

이에 **최우**는 수도를 강화도로 천도하고, 백성들에게 산성과 섬으로 피난할 것을 명령했습니다. 하지만 이 조치는 내륙의 백성들에게는 아무런 방비책이 되지 못했기에, 그들은 몽골군의 살육과 약탈에 속수무책으로 노출되고 말았습니다.

이듬해인 1232년(고종 19년), 몽골은 다시 살리타를 앞세워 고려를 침공하였습니다(**2차 침입**). 이때 승려 **김윤후**는 **처인성 전투에서 부곡민과 함께 살리타를 사살하는 큰 전과**를 올렸습니다. 이 공으로 처인 부곡은 정식 행정 단위인 처인현으로 승격되었고, 김윤후는 이어진 충주성 전투에서도 활약하며 몽골군을 저지하는 데 앞장섰습니다.

◎— 몽골의 침입과 고려의 항쟁

몽골군이 쳐들어와 70여 일간 충주성을 포위하니 군량이 거의 바닥났다. 김윤후가 군사들을 북돋우며 말하기를, "너희들이 힘을 다해 싸운다면 귀천을 가리지 않고 모두 관작을 제수할 것이다"라고 하였다. 그러고는 관노(官奴) 문서를 불사르고, 소와 말도 나누어 주었다. 이에 모두 죽음을 무릅쓰고 싸워 몽골군을 물리쳤다. - 『고려사』

김윤후의 분전에도 불구하고 고려는 막대한 피해를 입었습니다. 특히 대구 부인사에 보관 중이던 초조대장경이 불타버리는 등 정신적 상징물까지 잃게 되었습니다.

1235년(고종 22년) 몽골은 다시 침입하였습니다(**3차 침입**). 이때 몽골군은 경주까지 진출했고, **황룡사 9층 목탑을 불태우는 등** 문화적 손실도 막대했습니다. 이에 고려는 불력에 기댄 승리를 기원하며 **팔만대장경**(재조대장경)의 조판 작업을 시작하게 되었습니다.

몽골의 침입은 이후에도 이어졌고, 전쟁이 길어질수록 국토는 황폐화되고, 수많은 백성들이 죽거나 포로로 끌려가고, 중앙 정부의 통제력마저 무너져 지방이 통째로 몽골에 항복하는 상황에 이르렀습니다. 이에 따라 국왕 고종과 그 뒤를 이은 원종은 몽골과 강화하고 왕권을 회복하려 했습니다. 마침 최씨 무신 정권의 심복이었던 **김준**이 숙청을 염려하여 최의를 제거하고 정권을 장악하자, 고종과 원종은 몽골과의 강화를 추진했습니다. 이로써 62년간 지속된 최씨 무신 정권은 막을 내렸습니다.

김준 이후 **임연, 임유무**로 이어지던 무신 정권도 결국 1270년 임유무가 원종에 의해 제거되면서 종식되고, 약 100여 년간 이어진 무신 정권의 시대는 막을 내리게 됩니다. 고려는 마침내 몽골과의 강화에 합의했고, 개경으로 환도하였습니다.

로빈의 역사 KICK

몽골의 세 차례 침입

구분	1차 침입	2차 침입	3차 침입
연도	1231년	1232년	1235~1239년
왕	고종	고종	고종
대응	• 박서의 귀주성 방어 • 강화도 천도(최우 주도)	• 김윤후, 처인성 전투에서 살리타 사살 • 충주성 전투 방어	• 장기 침공 • 경주 황룡사 9층 목탑 소실 • 팔만대장경 조판 시작
결과	• 개경 위협 • 몽골의 다루가치 파견	• 몽골군 타격, 일부 격퇴 • 피해 계속	• 국토 황폐화, 문화재 손실 심각 • 강화 분위기 조성

하지만 모든 저항이 끝난 것은 아니었습니다. 최우가 양성한 **삼별초**는 몽골과의 강화에 반대하며 끝까지 항쟁을 이어갔습니다. **배중손**은 승화후 왕온을 왕으로 추대해 반기를 들었고, 삼별초는 **강화도에서 진도, 다시 제주도로 이동하며 장기 항전**을 벌였습니다. 이후 **김통정**의 지휘 아래 싸움을 이어갔지만, 1273년 고려·몽골 연합군에 의해 결국 진압되고 말았습니다.

13세기 후반 ~14세기 초 | **원의 내정 간섭**

충왕들의 시대와 권문세족의 부상

몽골(원)과의 오랜 전쟁이 끝난 후, 고려는 독립을 유지하긴 했지만 실질적으로는 원 제국의 간섭 아래 놓인 반자치 상태로 전락했습니다. 원은 일본 원정을 추진하며 고려를 이용하기 위해 '정동행성'을 설치하고, 군사와 물자 제공을 강요했습니다. 고려와 원의 연합군은 두 차례 일본 원정을 감행했으나 태풍으로 인해 실패했고, 이 과정에서 고려는 심각한 경제적·군사적 피해를 입었습니다.

강화 이후 고려의 자주성은 점차 약화되었습니다. 원은 전쟁 중에 항복해온 화주에 **쌍성총관부**, 서경에 **동녕부**, 제주에 **탐라총관부**를 설치하여 **고려의 영토와 내정에 직접 개입**했습니다. 또한 고려 왕은 무신 집권자를 제거하는 과정에서 원의 협조를 얻기 위해 원 황실의 공주와 혼인해야 했고, 이로써 고려는 '**부마국**(사위의 나라)'으로 편입되었습니다. 충렬왕부터 공민왕까지 이어지는 왕들은 모두 원 공주와 혼인했고, 원 공주와의 사이에서 태어난 왕자들은 원에서 교육받은 후 고려로 돌아와 왕위에 오르는 것이 관례가 되었습니다. 심지어 왕위 승계조차 원의 지시에 따라 좌우되는 일이 잦았습니다.

왕실의 호칭 역시 원의 체계에 맞게 격하되었습니다. **'조'나 '종'으로 불리던 왕호는 '충'으로 시작해 '왕'으로 끝나는 형식으로 바뀌었고**, 왕이 자신을 부르던 '짐'은 '고'로, 신하가 부르던 '폐하'는 '전하'로, '태자'는 '세자'로 바뀌었습니다. 그리고 고려 왕이 정동행성의 장관이 되어 원 제국의 관리가 됨에 따라, 고려의 중앙 관제 또한 그에 맞춰 격하되었습니다. 기존의 중서문하성과 상서성 체제는 첨의부로 통합되어 2성 6부에서 **1부 4사 체제로 축소**되었습니다.

원이 설치한 정동행성의 부속 기구인 **이문소**는 고려의 정책에 깊숙이 개입했고, 원은 **만호부**를 설치해 군사적 영향력을 행사하였을 뿐 아니라 **다루가치**라는 감찰관을 파견해 고려의 관리를 직접 감시했습니다. 더불어 원은 조공이라는 명목으로 인력과 자원을 수탈했습니다. 공녀와 환관을 차출해 가는 것은 물론, '응방'을 설치해 사냥용 매, 금·은·자기·호피·약재 등 다양한 특산물을 요구했습니다.

> 선발에 뽑히게 되면 그 부모나 일가 친척들이 서로 모여 통곡하는 소리가 밤낮으로 끊이지 않으며, 국경에서 송별할 때에는 옷자락을 붙잡고 발을 구르며 넘어져서 길을 막고 울부짖다가 슬프고 원통하여 몸을 던져 죽는 자도 있고, 스스로 목매어 죽는 자도 있으며, 근심과 걱정으로 기절하는 자도 있고, 피눈물을 쏟아 눈이 먼 자도 있습니다. – 『고려사』

원은 고려의 문화에도 영향을 주었습니다. 고려에서는 **변발, 호복, 족두리, 연지 등 몽골풍 복식이 유행**했고, 반대로 원에서도 고려의 풍속이 유행했습니다. 또한 공녀 차출을 피하기 위해 **조혼 풍습**이 퍼졌고, 이 시기를 통해 **성리학**, 목화, 화약, **일부 서양 문물도 고려로 전래**되었습니다.

이처럼 원의 강한 간섭 아래 고려에는 새로운 지배층이 떠오릅니다. 바로 '권문세족'입니다. 이들은 문벌 귀족의 후예, 무신 정권 출신 가문, 몽골어에 능한 통역관이나 응방 출신자 등으로 구성된 친원 성향의 신흥 권력층이었습니다. 이들은 도평의사사를 장악하고, 농민의 토지를 강제로 빼앗아 대농장을 경영, 노비를 늘리며 부를 축적해 나갔습니다. 이로 인해 왕권은 더욱 약화되었고, 국가 재정은 바닥났으며, 농민들의 삶은 끝없이 피폐해졌습니다.

> 로빈의 **역사 KICK**

고려에 대한 원의 간섭과 그 영향

분야	내용	영향
정치	정동행성·다루가치 설치 원 황실과 혼인(부마국)	왕권 약화, 자주성 상실
군사·경제	일본 원정 동원 공녀·특산물 수탈	국력 소모, 백성 피해
문화	몽골식 복장·조혼 유행 성리학·목화 전래	몽골 문화 확산, 일부 문물 수용
사회	권문세족 부상(토지·노비 확대)	농민 몰락, 신분 격차 심화

이에 고려 왕들은 개혁을 시도합니다. **충렬왕**은 부마와 정동행성 장관으

로서의 권리를 주장하며 원이 동녕부와 탐라총관부를 설치한 지역을 회복하여 자주권을 되찾고자 하였습니다. **충선왕**은 **사림원을 설치**하여 신진 관료들을 등용하고, **소금 전매제**(각염법)를 시행해 국가 재정을 강화하고자 하였습니다. 또한 원에 **만권당을 설치하여 이제현 등 고려 유학자들이 원의 학자들과 교류**할 수 있도록 하였습니다. **충숙왕** 역시 찰리변위도감을 설치해 권문세족이 불법으로 소유한 토지와 노비를 본래 주인에게 반환하려 하였고, **충목왕**은 응방 폐지, 고리대 금지, 정치도감 설치 등 정치·경제·사회 전반에 걸친 개혁을 추진하였습니다.

이 시기의 개혁은 원의 강한 간섭과 권문세족의 기득권에 막혀 본격적인 성과를 이루기는 어려웠지만, 이후 공민왕 대의 대대적인 개혁과 반원 자주 정책으로 이어지는 배경이 되었습니다.

14세기 중반 | 공민왕의 개혁과 왜구의 침입

무너진 이상과 칼끝의 반격

14세기 중반 **공민왕**(재위 1351~1374)은 고려의 자주성을 회복하고자 대대적인 개혁 정치를 추진했습니다. 그는 원·명 교체기를 활용해 **권문세족을 억제**하고 **신진 사대부를 육성**하며 **왕권 강화**를 꾀했습니다.

가장 먼저 손을 댄 것은 **친원 세력 제거**였습니다. 공민왕은 대표적인 친원 세력이자 자신의 누이동생이 원나라 순제의 기황후인 점을 이용하여 위세를 떨치던 기철 일파를 숙청하였습니다. 이어서 **몽골식 복식과 제도를 금지**하고, 격하된 왕실 호칭과 관제를 원래대로 복원했으며, **정동행성 이문소 등 원의 내정 간섭 기구를 폐지**했습니다. 나아가 무력을 동원해 쌍성총관부를 공격하여 **철령 이북의 고려 영토를 수복**하고, 요동 지방 공략까지 시도했습니다.

공민왕은 개혁을 뒷받침할 인물로 권문세족과는 연이 없던 승려 **신돈**을 발탁하고, **정몽주·정도전** 등 **신진 사대부를 중용**했습니다. **성균관을 중건**하고 과거제를 정비해 유능한 신진 관료를 육성했으며, 최우 시기 설치된 뒤로 친원 세력이 이용해온 인사 기구 **정방을 폐지**하여 인사권을 장악하였습니다.

경제 개혁도 병행했습니다. 공민왕은 권문세족의 경제적 기반을 약화시키고 국가 재정을 강화하기 위해 '**전민변정도감'을 설치**해 신돈에게 책임을 맡기고, **권문세족이 불법으로 빼앗은 토지와 노비를 원래의 주인에게 돌려주는 개혁을 시행**했습니다. 이 과정에서 억울하게 노비가 된 자들이 양민으로 해방되었지만, 권문세족의 거센 반발과 신돈에 지나치게 집중된 권력을 경계한 공민왕의 의심 속에 신돈이 제거되고 공민왕 역시 시해되면서 개혁은 중단되고 말았습니다.

한편 대외 정세도 요동쳤습니다. 원의 세력이 약화되자 중국에서는 **홍건적**이라 불리는 한족 농민 반란군이 봉기했고, 원의 진압을 피해 홍건적이 두 차례 고려에 침입하는 사태가 벌어졌습니다. 1359년 1차 침입은 이승경·이방실 등이 물리쳤으나, 1361년 2차 침입 때는 개경이 함락되고 **공민왕이 복주**(안동)**로 피난**할 정도로 피해가 컸습니다. 하지만 최영, 이성계, 정세운, 안우, 이방실 등의 활약으로 홍건적은 격퇴되었고 개경도 탈환하였습니다. 왜구의 침입도 잦아졌습

◎― 고려가 원으로부터 수복한 지역

니다. 13세기부터 활동하던 왜구는 14세기 중반 이후 본격적으로 고려를 공격하기 시작했고, 공민왕과 우왕 때 특히 그 수가 많고 공격이 거세졌습니다. 고려는 정몽주를 일본에 외교 사절로 파견하여 잡혀간 고려인들을 돌려받기도 했지만, 왜구의 침입을 막기 위해서는 군사적인 대응도 필요하였습니다.

이에 화약 전문가 **최무선**은 원나라에서 배운 기술을 바탕으로 '**화통도감'을 설치**하고 화포를 제작해 왜구에 대응하였습니다. 그 결과 진포 대첩(1380)에서 왜구를 격퇴하는 데 성공하였고, 최영은 홍산 전투(1376), 이성계는 황산 대첩(1380)에서 승리를 거두며 왜구를 토벌했습니다. 이후 창왕 때 박위는 쓰시마섬 정벌까지 감행합니다. 이러한 전투 과정에서 최영과 이성계 등 무장 세력은 국가적 영웅으로 부상하였고, 특히 이성계는 훗날 신진 사대부와 손잡고 권문세족을 축출하는 데 핵심 역할을 하게 됩니다.

로빈의 역사 KICK

공민왕의 개혁 정치

구분	주요 내용
대외 자주화	• 친원 세력 제거(기철 일파 숙청) • 몽골식 복식·제도 금지 • 격하된 왕실 호칭·관제 복원 • 정동행성 이문소 폐지 • 쌍성총관부 공격, 철령 이북 영토 수복
왕권 강화	• 정방 폐지(인사권 회수) • 신돈 등용, 신진 사대부 육성 • 성균관 중건, 과거제 정비
경제 개혁	• 전민변정도감 설치 : 권문세족의 불법 토지·노비 정리

14세기 후반 | 고려의 멸망

개혁 세력의 칼끝, 고려를 무너뜨리다

　14세기 후반 고려는 안팎으로 거센 변화의 소용돌이에 휩쓸렸습니다. 그 중심에는 **과거를 통해 정계에 진출한 신진 사대부**와, 원·명 교체기에 외침을 물리치며 떠오른 **신흥 무인 세력**이 있었습니다.

　대부분 지방 향리 출신이었던 신진 사대부들은 **성리학을 받아들이고 권문세족의 부패를 비판**하며 개혁의 필요성을 주장했습니다. 그들은 불교의 폐단을 지적하며 국가 재정과 정치의 근간을 바로잡으려 했지만, 미약한 경제적 기반과 인사권을 장악한 권문세족과의 힘겨운 싸움 속에서 제약을 받을 수밖에 없었습니다.

　이런 상황에서 홍건적과 왜구의 침입이 이어지자, 이를 물리친 **최영**과 **이성계**를 중심으로 한 **신흥 무인 세력**이 떠올랐고, 이들 중 이성계를 비롯한 일부는 신진 사대부와 손을 잡고 권문세족을 몰아내며 정권을 장악하기 시작했습니다. 그러나 신진 사대부 내부에서도 개혁 방향을 두고 견해 차이가 있었습니다. 이색과 정몽주 등 '온건파'는 고려 왕조를 유지하며 점진적으로 개혁을 추진할 것을 주장했지만, **정도전**과 **조준** 등 '급진파'는 이성계와 함께 새 왕조를 건설하는 역성혁명을 주장했습니다.

바로 이때 원나라를 북쪽 몽골 초원으로 축출하고 중원을 통일한 **명나라는 철령 이북을 직접 다스리겠다고 고려에 통보**했습니다. **우왕과 최영은 이를 명분 삼아 요동 정벌을 추진**했지만, **이성계는 이에 반대하며 '4불가론'**을 내세웠습니다.

> 지금 요동을 정벌하는 일에는 네 가지의 옳지 못한 점이 있습니다. 작은 나라로서 큰 나라에 거역하는 것이 첫 번째 옳지 못함이요, 여름철에 군사를 동원하는 것이 두 번째 옳지 못함이요, 온 나라의 군사를 동원하여 멀리 정벌하러 가면 왜적이 그 허술한 틈을 탈 것이니 세 번째 옳지 못함이요, 이제 곧 덥고 비가 많이 올 것이므로 활의 아교가 풀어지고 많은 군사가 전염병을 앓을 것이니 네 번째 옳지 못함입니다. - 『태조실록』

하지만 우왕과 최영은 이성계의 반대를 무시하고 출병을 강행했습니다. 출정한 이성계는 압록강 인근 위화도에 이르러 상황이 불리하다는 판단 아래 **1388년 위화도 회군을 단행**하였습니다. 이는 단순한 철군이 아니라 정권 교체의 신호탄이었습니다. 이성계는 최영을 제거하고 우왕과 창왕을 폐위한 뒤 공양왕을 즉위시켜 정치 권력을 완전히 장악했습니다.

정권을 잡은 이성계는 정도전과 조준 등의 급진파를 중심으로 개혁을 본격화했습니다. 1391년 **과전법**을 실시하여 **신진 사대부에게 경기 지역의 수조권을 지급하며 경제적 기반을 마련**했는데, 이는 조선 건국을 위한 핵심 기반이 되었습니다.

공양왕 3년 도평의사사가 글을 올려 과전을 주는 법을 정하자고 요청하니 왕이 따랐다. 경기는 사방의 근원이니 마땅히 과전을 설치하여 사대부를 우대한다. 무릇 경성에 살며 왕성을 호위하는 자는 직임관과 무직임관을 막론하고, 과(科)에 따라 과전을 받는다. ―『고려사』

결국 급진 사대부들은 정몽주 등 온건 세력을 제거하고 고려 왕조를 종결시켰습니다. 1392년 마침내 이성계는 왕위에 오르고, 조선이라는 새 왕조가 건국되며 고려는 역사 속으로 퇴장하게 되었습니다.

로빈의 역사 KICK

고려 멸망 과정

시기	주요 사건	영향
14세기 중후반	외적 침입 지속	홍건적·왜구 침입 → 최영·이성계 등 신흥 무인 세력 부상
	신진 사대부 등장	성리학 수용, 권문세족 비판 → 개혁 요구 고조
1380년대	사대부 내부 분열	• 온건파: 고려 유지 + 점진 개혁 • 급진파: 새 왕조 수립 주장
1388년	위화도 회군	요동 정벌 명령 거부, 이성계 회군 → 정변 발생 → 최영 제거, 우왕·창왕 폐위, 공양왕 즉위
1391년	과전법 시행	신진 사대부에게 토지 수조권 지급 → 새 왕조 기반 마련
1392년	조선 건국	정몽주 제거 → 이성계 즉위 → 고려 멸망, 조선 개창

PART 04.

조선

1388~1418년

조선 건국

새로운 나라의 체제 정비

1392년 이성계의 아들 이방원을 비롯한 급진파 사대부는 **정몽주 등 온건파 사대부를 제거**하고 이성계를 왕으로 추대하여 **조선을 건국**하였습니다. **태조 이성계**는 1393년 고조선을 계승한다는 뜻에서 국호를 '조선(朝鮮)'이라 하고 1394년 **수도를 한양**으로 옮겼습니다. 한양에는 경복궁, 종묘 등 국가 상징 시설들이 유교 사상에 따라 배치되며 새 왕조의 틀이 잡혀갔습니다.

초기 조선의 설계자는 **삼봉 정도전**이었습니다. 그는 성리학을 바탕으로 통치 이념을 세우고 **재상 중심의 정치 체제를 주장**하며 『**조선경국전**』, 『경제문감』, 『고려국사』 등을 집필하여 국가 제도를 정비했습니다. 또한 불교의 폐단을 비판한 『**불씨잡변**』을 통해 조선의 숭유억불 정책에 철학적 근거를 제시했습니다. 그의 정치 철학은 다음 인용문에 잘 나타나 있습니다.

훌륭한 재상을 얻으면 육전이 잘 거행되고 모든 직책이 잘 수행된다. 그러므로

> 임금이 할 일은 한 사람의 재상을 정하는 데에 있다고 하였다. 재상은 위로는 임금을 받들고 밑으로는 모든 관리를 통솔하여 만민을 다스리는 자리이니 그 직분이 매우 큰 것이다. —『조선경국전』

하지만 조선 초창기는 순탄치 않았습니다. 1398년 정도전은 '제1차 왕자의 난'으로 다섯째 왕자 이방원에게 피살되었습니다. 이방원은 개국에 큰 공을 세웠음에도 세자에서 제외되자 막내 이방석을 세자로 세우려는 정도전의 움직임을 견제하며 쿠데타를 일으켰습니다.

이 사건 이후 왕위가 태조 이성계의 둘째 아들 이방과(정종)에게 넘어갔고, 이방원은 왕세자로 책봉되어 실권을 잡게 되었습니다. 그 후 이방원의 국정 독점에 불만을 품은 넷째 이방간이 일으킨 '제2차 왕자의 난'을 이방원이 진압한 후 정종이 양위하고 이방원이 **태종**으로 즉위하였습니다.

태종은 왕권 강화를 위해 다양한 제도를 정비하였습니다. '6조 직계제'를 도입해 의정부의 권한을 줄이고 국왕 중심의 행정을 강화했으며, **사간원**을 설치해 대신들을 견제하게 했습니다. **사병을 철폐**하여 군사권을 일원화했으며, 양전 사업과 **호패법**으로 백성들에 대한 정보를 정리하고 조세 체계를 다듬었습니다. 또한 '신문고'를 설치해 백성들의 억울함을 직접 듣고자 하였습니다.

이처럼 조선은 혼란 속에서 시작되었지만, 철저한 개혁과 강력한 통치로 빠르게 기반을 다져나갔습니다. 위화도 회군부터 조선 건국, 그리고 왕자의 난과 태종의 제도 정비까지, 일련의 사건들은 단지 정권 교체가 아니라 고려에서 조선으로 이어지는 새로운 시대의 탄생을 뜻했습니다.

태조와 태종의 주요 업적

구분	태조 이성계(재위 1392~1398)	태종 이방원(재위 1400~1418)
정치 체제	정도전과 함께 유교적 국가 체제 설계	6조 직계제로 국왕 중심 통치 강화
군사 제도	조선 초기 방위 체제 기반 정비	사병 혁파, 군사권 일원화
사회 제도	『불씨잡변』 등으로 불교 억제, 유교 장려	호패법·양전 사업 : 조세·인구 정비
상징적 조치	한양 천도(1394), 경복궁·종묘 건설	신문고 설치 : 민심 청취 제도화
의의	조선 왕조의 이념적 설계자	중앙 집권 체제 확립한 실행형 군주

1418~1450년 | 세종대왕의 통치

가장 빛났던 성군

고려 말의 격변기를 지나 이성계가 조선을 건국한 데 이어 아들 태종은 강력한 왕권을 구축하며 나라의 기틀을 잡았습니다. 그런 태종에게는 왕위를 물려줄 적임자를 찾는 일이 무엇보다 중요했습니다. 처음에는 장남인 양녕 대군이 세자로 책봉되었지만, 세자로서의 품위를 해치는 사건들이 이어지자 태종은 점점 마음을 접게 되었습니다. 결국 신하들이 나서서 세자를 폐하자고 청했고 양녕 대군은 폐위되었습니다.

태종의 시선은 셋째 아들 충녕 대군에게 향했습니다. 그는 어릴 때부터 총명하고 학문에 열중했으며, 정치를 보는 눈도 탁월했습니다. 태종은 충녕 대군을 이렇게 말했습니다.

"충녕 대군은 천성이 총민하고, 또 학문에 독실하며, 정치하는 방법 등도 잘 안다." — 『세종실록』

1418년 8월 10일 태종의 선위를 받아 충녕 대군이 조선의 네 번째 왕인

세종으로 즉위하면서 조선의 가장 찬란한 시대가 열리게 됩니다. 세종은 부왕이 물려준 강력한 왕권과 탄탄한 국가 재정을 바탕으로 본격적인 유교 정치를 펼쳤습니다. 학문과 정치를 함께 논의하는 '경연', 세자 교육을 위한 '서연', 젊은 학자들의 연구 기관인 **'집현전'** 등 유교적 이상 국가를 만들기 위한 제도를 적극적으로 운용하였습니다.

또한 세종은 신권과 왕권의 균형도 신중하게 설계했습니다. **'의정부 서사제'**를 통해 6조가 직접 왕에게 보고하던 방식을 바꾸고, 의정부에서 먼저 논의한 후 왕에게 보고하도록 했습니다. 그러면서도 인사와 군사 같은 핵심 사안은 여전히 국왕이 직접 주관하였습니다.

> 6조는 각기 모든 직무를 먼저 의정부에 품의하고, 의정부는 가부를 헤아린 뒤에 왕에게 아뢰어 왕의 전지를 받아 6조에 내려 보내어 시행한다. 다만 이조·병조의 제수, 병조의 군사 업무, 형조의 사형수를 제외한 판결 등은 종래와 같이 각 조에서 직접 아뢰어 시행하고 곧바로 의정부에 보고한다. ―『세종실록』

정치뿐 아니라 국방 강화에도 적극적이었습니다. **최윤덕에게는 북쪽의 4군을, 김종서에게는 6진을 개척**하게 하여 조선의 국경을 압록강과 두만강까지 확장했고, **이종무**를 보내 **쓰시마섬**(대마도)**을 정벌, 왜구를 진압**했습니다. 일본과의 교류 역시 조율했는데, 1443년 '계해약조'를 통해 제한적 무역을 허용하며 외교적 안정도 도모하였습니다.

그러나 세종을 이야기할 때 가장 먼저 떠오르는 업적은 역시 **'훈민정음'** 창제입니다. 1443년 창제되고 1446년 반포된 훈민정음은 '백성을 가르치는 바른 소리'라는 이름처럼 누구나 쉽게 읽고 쓸 수 있는 문자였습니다. 그 제작 원리와 목적이 담긴 『훈민정음 해례본』은 오늘날 유네스코 세계 기록 유산으로 등재되어 있습니다.

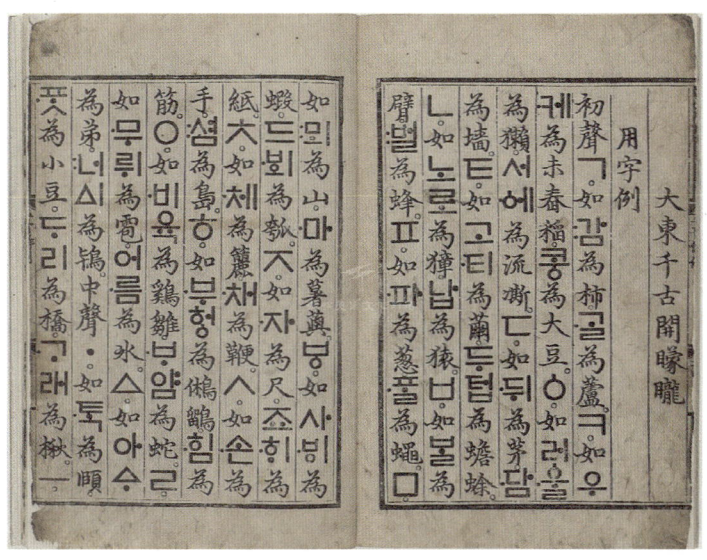

◎─『훈민정음 해례본』

세종은 과학과 기술에도 관심이 깊었습니다. **장영실** 등의 인재를 등용해 천체 관측 장치인 **혼천의**, 해시계 **앙부일구**, 물시계 **자격루**, 강우량 측정기인 **측우기 등을 발명**하였습니다. 갑인자라는 뛰어난 금속 활자도 만들어 인쇄 기술 역시 크게 발전시켰습니다.

백성들의 삶을 개선하기 위한 책도 다양하게 간행했습니다. 유교 윤리를 전파하기 위해 『삼강행실도』, 『효행록』을, 건강과 치료를 위해 『**향약집성방**』을, 농사 기술을 보급하기 위해 『**농사직설**』을 편찬하였습니다.

또 하나의 빛나는 업적은 **천문과 역법의 국산화**입니다. 이순지 등에게 명

◎— 자격루

◎— 측우기

◎— 앙부일구
◎◎— 혼천의

하여 만든 『칠정산』은 중국의 수도인 베이징을 중심으로 한 **기존 중국 중심의 역법과 달리 한양을 기준으로 제작**된 역서였습니다.

로빈의 역사 KICK

세종의 주요 업적

- 유교 정치 실현: 집현전 설치, 의정부 서사제 실시, 윤리 서적 간행
- 대외 관계: 4군 6진 개척, 쓰시마섬 정벌, 3포 개항, 계해약조 체결
- 민족 문화 발달: 훈민정음 반포, 과학 기구(앙부일구, 자격루, 측우기 등) 제작
- 『칠정산』, 『향약집성방』, 『농사직설』 편찬

| 1453~
1494년 | ## 세조와 성종

권력의 칼끝과 유교 정치의 완성 |

 세종의 뒤를 이어 즉위한 문종이 일찍 세상을 떠나면서 어린 단종이 왕위에 오르자 조선은 다시 격동에 휩싸이게 됩니다. 실질적인 정치는 고명 대신으로 임명된 김종서 등을 중심으로 운영되었고, 이에 세종의 둘째 아들 수양 대군은 불만을 품었습니다. 수양 대군은 1453년 '**계유정난**'을 일으켜 영의정 황보인, 좌의정 김종서, 심지어 자신의 동생 안평 대군까지 제거하고 정권을 장악하였고, 결국 1455년 단종을 강제로 폐위시키고 스스로 왕위에 올랐습니다. 바로 조선의 7대 왕 **세조**입니다.

 세조 즉위 이후 집현전 학사들 중 일부가 단종의 복위를 도모하였습니다. 하지만 계획이 발각되어 거사는 실패로 돌아갔고, 성삼문, 박팽년 등 이른바 **사육신(死六臣)**을 포함한 70여 명이 **처형**당하였습니다.

> 성삼문이 아버지 성승 및 박팽년 등과 함께 상왕의 복위를 모의하여 중국 사신에게 잔치를 베푸는 날에 거사하기로 기약하였다. …… 일이 발각되어 체포되자, 왕이 친히 국문하면서 꾸짖기를 "그대들은 어찌하여 나를 배반하였는가?" 하

니 성삼문이 소리치며 말하기를 "상왕을 복위시키려 했을 뿐이오. …… 하늘에 두 개의 해가 없듯이 백성에게도 두 임금이 있을 수 없기 때문이오." —『세조실록』

이 사건을 계기로 세조는 자신을 견제할 수 있는 제도들을 없앴습니다. **집현전은 폐지**되고, 학문과 정책을 함께 논하던 **경연도 중지**되었습니다. 또한 신권을 강화하던 **의정부 서사제를 없애고 다시 6조 직계제를 도입**하여 왕이 직접 행정을 통제하는 체제로 전환하였습니다.

국가 재정과 인력 운영도 재정비하였습니다. 수조권을 현직 관리에게만 지급하는 **직전법**을 실시하고, 호적 정비를 통해 인구를 파악하였습니다. 1467년 함경도의 토착 세력인 **이시애가 반란을 일으키자**(이시애의 난), **이를 강력히 진압**하고 지방 유력자들의 자문기구였던 유향소를 폐지하여 중앙의 통제를 강화하기도 하였습니다. 또한 국가 통치 체제를 정비하기 위해 **『경국대전』 편찬을 시작**하였는데, 이는 유교적 정치 이념을 집대성한 조선의 기본 법전이 되었습니다.

하지만 세조의 아들 **예종**은 즉위 13개월 만에 세상을 떠났고, 세조의 손자인 **성종**이 뒤를 이었습니다. 성종은 세조 때의 성과를 계승·보완하며, 유교 정치를 바탕으로 한 통치 체제의 틀을 완성하였습니다. **홍문관을 설치**해 젊은 관료들을 학문과 정책 토론에 참여시켰고, 경연 역시 활발히 이루어졌습니다. 행정적으로는 '관수 관급제'를 도입해 국가가 세금을 걷고 관료에게 직접 급여를 주는 체계를 마련했고, 세조 때 폐지되었던 유향소도 부활시켜 지방 자치를 회복시켰습니다. 그리고 마침내 **세조 때 편찬 작업을 시작했던 『경국대전』을 완성**하여 조선의 통치 체제에 큰 틀을 세웠습니다.

이외에도 성종 대에는 방대한 편찬 사업이 진행되었는데 대표적으로 다음과 같은 서적들이 간행되었습니다.

- 『동국통감』: 고조선부터 고려까지의 역사를 정리한 편년체 통사
- 『악학궤범』: 조선 음악의 악보 및 악기, 음악 이론 정리
- 『동국여지승람』: 각 지역의 지리와 풍속 소개
- 『동문선』: 역대 문학 작품 모음집
- 『국조오례의』: 국가 의례의 유교적 기준 정리
- 『해동제국기』: 일본의 정치, 외교, 사회 기록

이처럼 세조는 왕권 강화를 통해 권력을 집중시켰고, 성종은 유교적 질서 속에서 이를 제도화하여 조선 정치의 완성도를 높였습니다.

로빈의 역사 KICK

세조와 성종의 주요 업적

구분	세조(재위 1455~1468)	성종(재위 1469~1494)
즉위 배경	계유정난(1453) → 단종 폐위 후 왕위 찬탈	예종의 뒤를 이어 즉위
정치 체제	• 6조 직계제 재도입 → 국왕 중심 행정 강화 • 의정부 서사제 폐지 • 집현전·경연 폐지	• 6조 직계제 유지 + 홍문관 설치 • 경연 활성화 → 유교 정치 완성
법·행정 정비	• 『경국대전』 편찬 시작 • 직전법 실시 • 호적 정비	• 『경국대전』 완성 • 관수관급제 시행 → 조세 운영 투명화
군사·통치 안정	• 이시애의 난 진압 • 유향소 폐지 → 지방 통제 강화	• 유향소 부활 → 지방 자치 회복

1455~1506년 | 훈구와 사림의 대립

권력은 칼끝에서, 신념은 붓끝에서

조선 초기를 이끈 정치 세력은 조선 건국에 직접 참여한 **급진파 사대부, 곧 '훈구파'**였습니다. 이들은 부국강병과 중앙 집권을 지향하며 실용적인 유학을 추구하였으며 과학 기술을 중시해 조선 초 과학 기술 발달에 기여하였습니다. 그러나 시간이 흐르며 훈구파는 세조의 즉위를 도우며 권력을 장악했고, 대지주가 되어 상공업까지 독점하고 부정과 비리를 일삼는 기득권 세력으로 변질되었습니다.

한편 조선 건국에 협조하지 않고 지방에서 학문과 교육에 몰두하던 또 다른 사대부 집단이 있었으니, 바로 **'사림'**입니다. 이들은 정몽주, 길재 등 온건파의 학통을 이었으며, **성리학의 원칙을 지키고 향촌 자치와 도덕 정치를 추구**했습니다. 영남과 기호 지방의 **중소 지주 출신**이 많았고, **서원과 향약을 기반**으로 세력을 키워나갔습니다.

훈구 세력이 조선을 이끌던 15세기 후반, 성종은 지나치게 강해진 훈구를 견제하기 위해 김종직을 비롯한 사림 세력을 중앙 정치에 등용하였습니다. 이로써 훈구와 사림은 일시적으로 균형을 이루며 국가 문물 정비와 편찬 사업에 협력하게 됩니다. 하지만 이 균형은 오래 가지 못했습니다. 인사권을 가진 이조 전랑과 언론직인 3사(사헌부, 사간원, 홍문관)를 맡게 된 사림은 훈구 세력의 부정을 비판하며 정치 개혁을 주장했고, 두 세력 사이의 갈등은 깊어졌습니다.

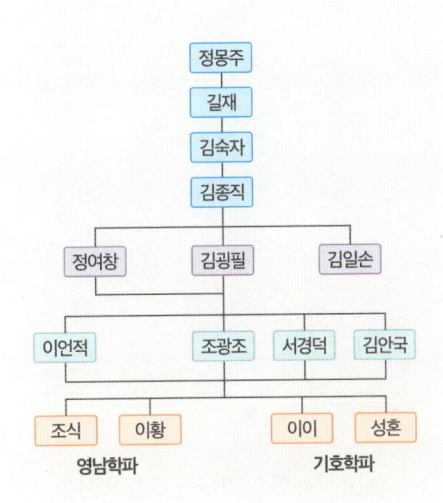

◎— 사림의 계보

성종의 뒤를 이은 **연산군**은 강한 왕권을 추구하며 이 갈등을 더욱 악화시켰습니다. 특히 언론 활동을 통해 왕권을 견제하던 사림은 점차 왕의 눈 밖에 나게 되었고 마침내 1498년에는 사림에게 첫 번째 큰 시련인 '**무오사화**'가 닥쳤습니다. 무오사화의 도화선은 **김종직**이 쓴 「**조의제문**」이었습니다. 초나라 항우에게 죽임을 당한 어린 의제를 기리는 글이었지만 사람들은 이를 세조에게 죽임을 당한 단종에 빗댄 것으로 해석했고, 이 글을 사초에 실은 **김일손**이 문제시되며 사림 전체가 표적이 되었습니다.

> "…… 지금 김일손이 사초에 부도덕한 말로써 선왕의 일을 거짓으로 기록하고 또한 그의 스승 김종직의 조의제문을 실었도다. …… 대간, 홍문관으로 하여금 형을 의논하여 아뢰도록 하라." — 『연산군일기』

이로 인해 김종직은 부관참시, 김일손은 능지처참, 김굉필과 정여창 등은 유배를 당했습니다. 학문으로 정치를 바로 세우려 했던 사림들은 정치에서 대거 축출되고 맙니다.

무오사화의 상처가 채 아물지 않은 1504년 또다시 피바람이 몰아쳤습니다. 이번에는 **연산군이 어릴 적 생모 윤씨가 폐비된 사건을 알게 된 것이 계기**가 되었습니다. 연산군은 이 일과 관련된 인사들을 색출하여 대규모 숙청을 단행했으니, 이를 '**갑자사화**'라 합니다.

> 생모 윤씨를 폐비하는 의논에 참여한 자와 (어머니에게) 존호를 올려서는 안 된다고 주장한 자를 모두 중형으로 다스려, 죽은 자는 그 시체를 베고 가산을 몰수하였으며, 그 가족이나 친족은 연좌하였다. 살아 있는 자는 매로 때리며 심문한 후 멀리 귀양 보냈다. ―『연산군일기』

갑자사화는 훈구와 사림을 가리지 않은 무차별적 숙청이었고, 이는 결국 연산군의 몰락으로 이어집니다. 두 차례의 사화 이후 연산군의 폭정이 계속되자 신하와 백성의 반발이 거세졌고, 훈구 세력은 1506년 연산군을 축출하고 중종을 왕으로 세우는 '중종반정'을 일으켰습니다.

로빈의 역사 KICK

무오사화와 갑자사화

- **무오사화**(1498)

  김종직의 제자 김일손이 「조의제문」을 사초에 실었다는 이유로 사림 대거 숙청
  - → 김종직 부관참시, 김일손 능지처참, 김굉필·정여창 등 유배
  - → 사림의 언론 활동과 정치 개혁 비판이 훈구의 반격을 불러옴

- **갑자사화**(1504)

  연산군이 생모 폐비 윤씨의 사건을 알게 되면서 관련자들 보복성 숙청
  - → 훈구·사림 가릴 것 없이 무차별적 처형과 유배
  - → 왕권 강화를 명분 삼은 피의 숙청, 조정의 공포 분위기 심화

1506~1545년 | 조광조와 두 차례 사화

이상을 펼치려는 개혁, 권력에 제압되다

훈구와 사림의 갈등이 격화된 가운데, 1506년 연산군의 폭정을 끝내고 즉위한 **중종**은 새로운 정치를 꿈꾸었습니다. 그러나 중종반정을 주도한 훈구 세력이 정국을 장악하자, 중종은 이들의 권력을 견제하기 위해 지방에서 학문을 닦던 사림 세력을 중앙 정치에 적극적으로 등용하였습니다. 이 가운데 가장 대표적인 인물이 바로 **조광조**였습니다.

조광조는 도덕과 원칙을 바탕으로 한 정치를 실현하고자 하였습니다.

◎— 조광조

그는 3사의 언론 기능을 강화하고, **경연을 활성화**하였으며, 특히 사림 출신 인재들을 관리로 등용하기 위해 '**현량과**'를 시행하였습니다. 이는 학문과 덕행을 겸비한 인물을 지방 관청과 중앙 관청에서 천거하여 왕 앞에서 시험을 치르게 한 제도로, 사림의 정치 참여를 제도적으로 뒷받침해 주는 중요한 통로였습니다.

그는 도교 행사를 주관하던 **소격서를 폐지**하고, 유교 윤리를 확산시키기 위해 『소학』을 적극적으로 보급하였습니다. 또한 중종반정 이후 부당하게 공신으로 책봉된 훈구 세력의 공훈을 삭제하자고 주장하였는데, 이는 훈구 세력의 특권과 기득권 구조를 정면으로 비판하는 조치였습니다.

> "……반정 때 공이 있었다면 기록되어야 하겠으나, 이들은 또 그다지 공도 없습니다. 무릇 이들을 공신으로 중히 여기면 공(功)과 이(利)를 탐내게 되니 임금을 죽이고 나라를 빼앗는 일이 다 이것에서 비롯됩니다. 임금이 나라를 잘 다스리고자 한다면 먼저 이(利)의 근원을 막아야 합니다." ―『중종실록』

하지만 이상에 가까운 조광조의 개혁은 현실 정치와 충돌하였습니다. 훈구 세력은 조광조의 급진적인 개혁을 두려워하였고, 결국 1519년 그를 제거하기 위해 '**기묘사화**'를 일으켰습니다. 조광조는 유배지에서 생을 마감하였고, 그와 함께 중앙 정치에 진입했던 사림들도 대거 축출당하면서 사림 정치는 또다시 큰 좌절을 겪게 됩니다.

이후 인종과 명종 대를 거치며 외척 간의 권력 다툼이 심화되었습니다. 특히 1545년 **명종의 외척 소윤(윤원형)과 인종의 외척 대윤(윤임) 사이의 대립**은 또 다른 피바람을 불러왔습니다. '을사사화'라 불리는 이 사건에서, 대윤 윤임 일파는 모반 혐의로 숙청당하고 소윤 윤원형이 정국을 장악하게 됩니다.

> 이덕응이 자백하기를 "평소 대윤, 소윤에 휘말리지 않으려고 조심하였는데, 그

들과 함께 모반을 꾸민다는 것은 말도 안 됩니다"라고 하였다. 계속 추궁하자 그는 "윤임이 제게 이르되 경원 대군이 왕위에 올라 윤원로가 권력을 잡게 되면 자신의 집안은 멸족될 것이니 봉성군을 옹립하자고 하였습니다"라고 실토하였다.

— 『명종실록』

을사사화는 단순한 외척 간의 정쟁을 넘어 사림에게 또 한 번의 정치적 타격을 안긴 사건이었습니다.

왕실의 외척들이 정국을 좌우하면서 정치는 문란해졌고, 백성의 삶은 점점 피폐해졌습니다. 사회 불안이 커지자 이 틈을 타 임꺽정과 같은 도적들이 등장하며 민심은 더욱 동요하게 되었습니다.

로빈의 역사 KICK

기묘사화와 을사사화

- **기묘사화**(1519)
조광조가 현량과 시행, 소격서 폐지, 공신 책봉 비판 등 개혁을 추진하며 훈구 세력의 기득권을 정면 비판
    → 훈구의 반발로 조광조는 중종의 신임을 잃고 유배 후 사사됨
    → 사림 대거 축출, 사림 정치 좌절

- **을사사화**(1545)
명종 즉위 후 외척 간 권력 다툼 격화
    → 대윤(윤임)과 소윤(윤원형) 대립
    → 소윤 윤원형이 권력을 장악하고 대윤 세력 숙청
    → 사림 세력 포함 다수 희생, 외척 정치의 폐해 심화
    → 정국 혼란 속 민심 이반

1500~1584년 | 서원과 향약, 이황과 이이

철학이 이끈 정치

계속된 사화로 중앙 정치에서 밀려난 사림은 향촌으로 돌아가 학문과 교화를 중심으로 세력을 정비해 나갔습니다. 그들이 다시 정치의 중심에 서게 된 배경에는 바로 '**서원**'과 '**향약**'이라는 두 가지 제도적 기반이 있었습니다. 16세기에 접어들며 이들은 지방 사회에서 서서히 힘을 키워 중앙 정계의 주도 세력으로 부상하게 됩니다.

서원은 **훌륭한 유학자를 기리고 성리학을 연구하며 후학을 양성하는 사설 교육 기관**이었습니다. 중종 대에 풍기 군수 주세붕이 안향을 기리기 위해 설립한 **백운동 서원이 그 시초**였습니다. 이후 이 서원은 **이황의 건의로 국왕으로부터 '소수 서원'이라는 현판을 하사받으며 최초의 사액 서원**으로 자리 잡았습니다. 사액 서원은 국왕의 인정을 받아 토지와 서적, 노비 등을 하사받았으며, 사림은 이를 통해 학문적 권위와 정치적 영향력을 함께 키워나갈 수 있었습니다. 서원은 성리학 확산뿐만 아니라 지역 사회의 문화 수준 향상, 정치 여론 형성에도 큰 기여를 했습니다. 하지만 그 수가 지나치게 늘어나면서 면세·면역 특권을 남용하는 일이 발생하였고, 특정 학파 중심의 폐쇄적 결속이 심화되며 부작용도 나타나게 되었습니다.

 향촌 자치의 또 다른 축인 향약은 **공동체 내의 규약**으로, 본래 조광조가 중국의 '여씨향약'을 들여와 한글로 번역하고 널리 보급한 것이 시초였습니다. 유교 윤리를 바탕으로 향촌의 질서를 유지하고 교화를 실현하고자 했던 향약은 사림의 이상 정치가 향촌에 뿌리내리는 데 핵심 역할을 했습니다. 향약은 4가지 핵심 덕목을 바탕으로 공동체 내의 풍속을 다듬고 서로의 삶을 돌보게 했습니다.

- 덕업상권: 좋은 일은 서로 권한다.
- 과실상규: 잘못된 것은 서로 규제한다.
- 예속상교: 예의 바른 풍속으로 서로 교제한다.
- 환난상휼: 재난과 어려운 일은 서로 돕는다.

 이후 이황은 '예안 향약', 이이는 '해주 향약', '서원 향약'을 만들어 확산시켰고, 사림은 향약과 서원을 바탕으로 수령이나 향리 못지않은 실질적인 영향력을 행사하며 향촌 사회를 주도하게 되었습니다.

 사림의 정신적 기반이었던 **성리학**은 우주의 원리와 인간의 심성을 철학적으로 탐구하는 학문이었습니다. 그 핵심은 '수기치인', 즉 '스스로를 수양한 후 백성을 다스린다'는 원칙이었습니다. 이를 정치와 일상에 실현하고자 했던 두 사람, **퇴계 이황**과 **율곡 이이**는 조선 유학을 양분한 대표적 인

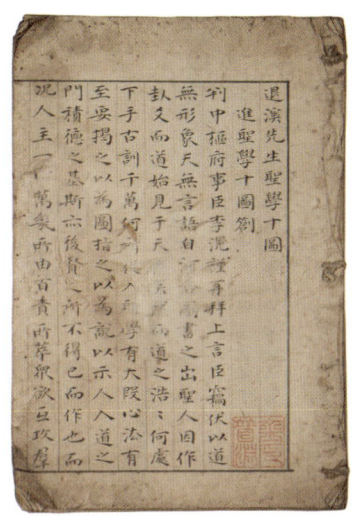
◎― 성학십도

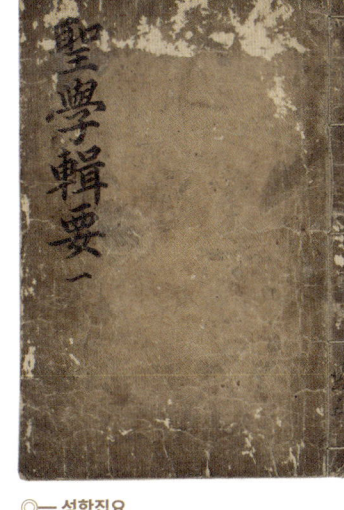
◎― 성학집요

물로 평가받습니다.

  이황은 만물을 구성하는 이(理)의 절대성과 선함을 강조한 **이상주의적 사상가**였습니다. 그는 『**성학십도**』에서 임금 스스로 도를 닦아야 함을 역설하였고, 이 저서는 선조에게 바쳐져 군주 스스로의 수양을 강조하는 성리학 정치 이념의 상징으로 자리 잡았습니다. 그의 학문은 이후 **영남학파와 동인 세력에게 영향**을 주었으며, 임진왜란 이후 **일본에까지 전파**되어 '동방의 주자'로 불릴 정도로 큰 영향을 끼쳤습니다.

> 우주 만물의 근원이 되는 이(理)는 절대적으로 선한 것이며, 만물을 구성하는 기(氣)는 선과 악이 함께 섞여 있는 것이다. 따라서 순수한 선인 이는 존귀하고, 선악이 함께 내재한 기는 비천한 것이다. ― 『퇴계집』

  반면 이이는 이황의 이론을 계승하면서도 보다 **현실적이고 개혁적인 정**

치 철학을 펼쳤습니다. 그는 『**동호문답**』을 통해 수취 제도 개혁과 통치 체제 정비 등 구체적인 정책안을 제시하였고, 『**성학집요**』에서는 왕도 정치 실현을 위해 신하가 군주를 도와야 한다는 점을 강조하였습니다. 이이의 철학은 **기호학파와 서인의 이론적 기반**이 되었고, 방납의 폐해를 시정하려 한 '수미법', 외세에 대비하기 위한 '10만 양병설' 등 국가 운영에 실질적인 제안을 남겼습니다.

> 이(理)와 기(氣)는 서로 떨어지지 아니하여 일물인 것 같지만 다른 점은 이는 형체가 없고 기는 형체가 있으며, 이는 작용이 없고 기는 작용이 있는 것으로 구별된다. …… 이와 기는 이미 두 가지 물건이 아니요, 또한 한 가지 물건도 아니다. ―『율곡집』

『성학십도』와 『성학집요』는 모두 '군주의 학문'인 성학을 다룬다는 공통점을 가지고 있지만, 이황은 군주의 자기 수양을, 이이는 신하의 보필 역할을 강조했다는 점에서 중요한 차이를 보입니다. 이 두 거목의 철학은 조선의 정치와 교육, 사회 질서 전반에 깊게 뿌리내렸고, 이후 사림 정치의 주류가 되었습니다.

로빈의 역사 KICK

이황 vs 이이

구분	이황(퇴계)	이이(율곡)
성향	이상주의적, 관념적	현실주의적, 실천적
중심 철학	이(理)의 절대적 선 강조	이(理)와 기(氣)의 조화 강조
대표 저서	『성학십도』: 군주의 자기 수양 강조	『성학집요』: 신하의 군주 보필 강조
정치 제안	왕의 도덕 수양 중시	수미법, 10만 양병설 등 구체적 개혁안 제시
지역/학파	영남학파 / 동인	기호학파 / 서인
향약 활동	예안 향약 주도	서원 향약, 해주 향약 주도
후대 영향	일본 성리학에까지 영향('동방의 주자')	조선 후기 실용 개혁론의 사상적 기반 제공

1567~1608년 | 붕당 정치의 시작

사림의 분열, 정치가 달라지다

　명종의 뒤를 이어 **선조**가 즉위한 뒤 중앙 정계의 주도권을 잡은 **사림**은 **척신 정치** 청산을 놓고 갈등을 겪게 됩니다. 특히 **기존의 사림 세력과 새롭게 성장한 신진 사림 간의 긴장은 점차 격화**되어 갔습니다. 참고로 '척신 정치'란 **명종**이 어린 나이에 즉위하자 어머니인 **문정왕후**가 수렴청정을 하며 윤원형 등 **외척 세력이 정국을 주도한 것**을 의미합니다.

　이 갈등은 곧 인사권을 둘러싼 충돌로 이어졌습니다. 핵심은 **이조 전랑 임명 문제**였는데, 이 직책은 문관의 인사 업무를 담당하면서도 자신의 후임자를 추천할 수 있는 특권이 있었기 때문에 사림 내부의 주도권 싸움으로 번질 수밖에 없었습니다. 이 사건은 결국 **사림이 '동인'과 '서인'으로 분열되는 결정적인 계기**가 되었습니다.

> 김효원이 과거에 장원으로 합격하여 (이조) 전랑의 물망에 올랐으나, 그가 윤원형의 문객이었다 하여 심의겸이 반대하였다. 그 후에 (심의겸의 동생) 심충겸이 장원 급제를 하여 이조 전랑으로 천거되었으나, 외척이라 하여 김효원이 반대하였

> 다. 이에 양편 친지들이 각기 다른 주장을 내세우며 서로 배척하여 동인, 서인이라는 말이 여기에서 비롯하였다. 효원의 집은 동쪽 건천동에 있고, 의겸의 집은 서쪽 정동에 있었기 때문이다. …… 동인들의 생각은 결코 외척을 등용할 수 없다는 것이었고, 서인 쪽에서는 심의겸이 공로가 많은 선비인데 어찌 앞길을 막을 수 있겠냐는 것이었다. —『연려실기술』

이처럼 사소해 보일 수 있는 인사 갈등은 정치적 성향, 학문적 계통, 지역 기반의 차이까지 겹치며 본격적인 붕당 정치로 이어졌습니다.

서인은 **심의겸**을 중심으로 기성 사림이 모인 세력이었으며, 척신이라도 유능하면 협력할 수 있다는 현실적인 입장을 취했습니다. 이들은 **이이와 성혼의 문인을 중심**으로 기호학파가 주축이 되었고, 서울·경기·충청 지역을 기반으로 형성되었습니다.

반면 **동인**은 **김효원**을 중심으로 척신 청산에 적극적인 자세를 보인 신진 사림이 모였습니다. 이들은 **이황, 서경덕, 조식 등의 학맥을 이어받았으며**, 영남학파를 중심으로 개성과 경상도 지역에서 지지를 얻었습니다.

동인과 서인으로 나누어진 초기에는 동인이 비교적 주도권을 쥐었지만, 1589년 정여립 모반 사건이 발생하며 분위기가 급변하였습니다. 이 사건을 계기로 수많은 **동인 인사들이 탄압을 당했고, 이를 '기축옥사'**라 부릅니다. 그 결과 **서인이 정국을 주도**하게 되었습니다. 하지만 1591년 서인의 대표 인물이었던 **정철**이 선조에게 광해군을 세자로 책봉하자고 건의했다 유배된 '정철의 건저의 사건' 이후 서인이 몰락하고 **동인이 재집권**하게 되었습니다. 그러나 서인을 어떻게 처리할지를 두고 동인 내부에서 의견이 갈리며 **강경파인 북인**과 **온건파인 남인으로 나뉘게** 되었습니다.

이후 임진왜란을 겪으며 북인이 의병장을 다수 배출하고 주도권을 가지게 되었고, 광해군이 즉위하면서 **광해군을 지지하는 '대북'**과 **영창 대군을 지지하는 '소북'**으로 나뉘어 대립하였습니다.

이처럼 사림은 정치의 주도 세력으로 성장했지만, 내부 분열은 새로운 갈등과 정국 변동을 불러왔습니다. 붕당 정치는 견제와 균형이라는 긍정적 기능도 있었지만, 시간이 갈수록 당파 싸움이 심화되어 조선 정치를 흔드는 근본적인 요소로 작용하게 됩니다.

> **로빈의 역사 KICK**
>
> ### 동인 vs 서인
>
> | 구분 | 동인 | 서인 |
> |---|---|---|
> | 형성 계기 | 김효원 중심, 척신 청산 주장 | 심의겸 중심, 척신 일부 수용 입장 |
> | 인물 계보 | 이황·서경덕·조식의 문인 | 이이·성혼의 문인 |
> | 학파 | 영남학파 | 기호학파 |
> | 지역 기반 | 개성·경상도 | 서울·경기·충청 |
> | 정치 성향 | 이상주의, 원칙 중시 | 현실주의, 실용 중시 |
> | 주요 사건 영향 | • 정철의 건저의 사건 이후 재집권
• 내부 분열로 북인·남인 갈라짐 | • 기축옥사 주도
• 정철 실각 후 몰락 |

임진왜란 전 조선의 대외 관계

1392~1592년

사대와 교린

조선은 명, 여진, 일본 등 주변국과 각기 다른 외교 전략을 취하였습니다. 그 방향성은 **명에 대한 사대, 여진과 일본에 대한 교린**으로 요약될 수 있습니다.

정도전은 명의 압박에 맞서 요동 정벌론을 주장하였지만, 태종이 집권한 이후에는 현실적인 방향으로 노선을 전환하게 됩니다. 그는 명과의 불필요한 충돌을 피하고 사대 외교를 추진함으로써 정치적 안정과 경제적·문화적 실리를 함께 추구하였습니다.

조선과 명의 외교 관계는 '**조공**'과 '**책봉**'의 형식으로 이루어졌습니다. 조선은 명의 연호를 사용하고 정기적으로 하정사, 동지사, 성절사, 천추사 등을 파견하여 예를 다하였으며, 명은 이에 대한 답례로 귀중한 물품을 하사하였습니다. 이와 같은 조선의 사대 외교는 왕권의 안정과 국제적 지위를 확보하려는 실리적인 외교였고, 선진 문물을 받아들이려는 문화 외교인 동시에 조공품과 회례품의 공식적인 교환을 통한 일종의 공무역이었습니다.

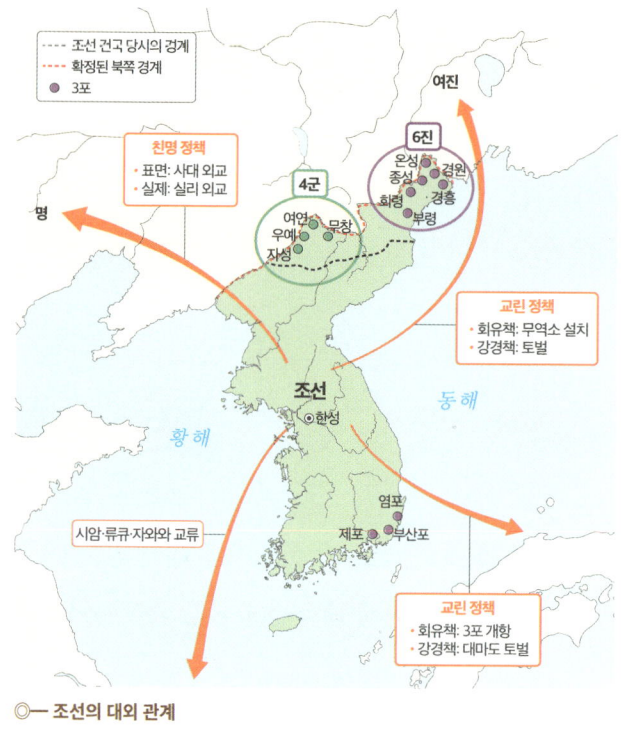

◎― 조선의 대외 관계

여진족에 대해서는 **강경책과 회유책을 병행하는 교린 정책**을 사용하였습니다. 조선에 귀화하거나 협력한 여진인에게는 관직과 토지를 제공하며 포섭하려 하였고, 북방 경계 지역인 경성과 경원에는 **무역소를 설치**하여 국경 무역과 조공 무역을 병행하였습니다. 또한 여진 사신을 위한 숙소로 **북평관을 한양에 설치**하여 외교 접대를 담당하게 하였습니다.

조선은 일본에 대해서도 교린 원칙에 따라 회유책과 강경책을 병행하였습니다. 화포와 병선을 동원하여 왜구를 격퇴하기도 하였고, 일본 측이 평화적인 무역 관계를 요청해 오면 제한된 교역을 허용하기도 하였습니다. 조선은 일본에 통신사를 보내고, 일본의 막부 정권은 조선에 **일본국왕사**를 파견하며 서로 교류하였습니다. 교역은 보통 동래에 설치한 **왜관**을 중심으로 이루어졌고, 대마도와는 조공의 형식으로 교역하였습니다.

조선에서 일본으로 수출한 품목은 마포, 면포, 명주, 화문석, 호피, 약재, 문방구, 서적 등 다양했으며, 일본에서는 구리, 유황, 물감, 향료, 후추 등 무기 재료나 기호품이 들어왔습니다. 특히 『팔만대장경』 인쇄본은 일본 불교 발전에 큰 영향을 끼쳤고, 조선의 목화는 일본 의생활에 혁신을 가져다주었습니다.

그럼에도 조선을 가장 골치 아프게 했던 존재는 왜구였습니다. 해안 지역을 끊임없이 노리던 왜구의 약탈에 대응하여, 세종은 1419년 이종무에게 명하여 쓰시마섬 정벌을 단행하였습니다. 이후 교역은 일시적으로 중단되었고, 일본 측이 교역 재개를 요청하면서 1443년 조선과 일본은 '계해약조'를 체결하게 됩니다. 이 약조를 통해 일본은 매년 50척의 배만 왕복할 수 있게 되었고, 조선은 부산포, 제포, 염포의 3포를 열어 제한된 범위 내에서 무역을 허용하였습니다.

하지만 16세기에 접어들면서 문제가 다시 불거졌습니다. 3포에 거주하는 왜인의 수가 증가하자 조선 정부는 이들을 통제하고 무역량을 제한하였고, 이에 불만을 품은 왜인들은 1510년 '3포 왜란', 1555년 '을묘왜변'을 일으켰습니다. 이 사건들을 계기로 조선은 '비변사'라는 군사 기구를 설치하고, 일본과의 외교를 일시적으로 단절하게 됩니다.

한편 조선은 명·여진·일본 외에도 유구(오키나와), 시암(태국), 자와(인도네시아) 등 동남아시아 여러 나라와도 교류를 이어갔습니다. 이들 나라는 조선에 토산품을 가져왔고, 조선은 옷감, 문방구, 서적 등을 제공하였습니다. 특히 유구에는 유교 경전과 불경, 불상 등을 전파하여 문화적으로도 깊은 영향을 끼쳤습니다.

로빈의 역사 KICK

조선 전기 대외 관계

구분	외교 전략	주요 특징 및 사건	목적 및 효과
명	사대 외교	• 명의 연호 사용, 정기적 조공 (하정사, 성절사 등) • 『사례편람』 편찬 • 정도전은 요동 정벌 주장 → 태종 이후 실리 외교로 전환	• 정통성 확보 • 정치·문화적 안정 • 선진 문물 수용 및 공무역 실현
여진	교린 정책	• 귀순자 포섭(관직·토지 지급) • 경성과 경원에 무역소 설치 • 북평관 운영	• 북방 안정화 • 국경 무역을 통한 실리 추구
일본	교린 + 통제 외교	• 1419년 쓰시마섬 정벌(이종무) • 1443년 계해약조 체결: 3포 개항, 왜선 연 50척 제한 • 1510년 3포 왜란, 1555년 을묘왜변 → 비변사 설치	• 왜구 억제 • 제한적 교역을 통한 경제적 실익 • 외교 단절과 군사 강화 조치 병행

1592~1598년 임진왜란과 정유재란

동아시아를 뒤흔든 국제 전쟁

16세기 말 일본은 전란의 시대를 끝내고 통일을 맞이하고 있었습니다. **도요토미 히데요시**는 전국 시대의 혼란을 수습하고 일본을 통일한 뒤 반대 세력의 관심을 밖으로 돌리고 대륙 진출의 야망을 실현하고자 조선 침략을 계획하였습니다. 결국 1592년 명나라 정벌을 위해 길을 빌린다는 명분 아래 20만 명에 이르는 일본군이 조선을 침략하면서 **임진왜란**이 시작되었습니다.

그동안 대규모 전투를 겪지 않았던 조선은 전국 시대의 전투 경험으로 숙련되고 조총으로 무장한 왜군의 기세에 밀려 전쟁 초반에 연패를 거듭하였습니다. **정발**이 지키던 **부산진**과 **송상현**의 **동래성은 빠르게 함락**되었고, **충주 탄금대에서 신립** 장군이 배수진을 치며 결전을 벌였지만 일본군의 조총 부대 앞에 무너지고 말았습니다. 방어선이 붕괴되자 **선조**는 서둘러 **광해군**을 세자로 책봉하고 임시 조정을 구성하였으며, 한성을 떠나 평양을 거쳐 **의주로 피란**하여 명나라에 원군을 요청하였습니다.

◎— 왜란의 전개

일본군은 한성에 이어 평양까지 점령하고 함경도로 북상해 조선 왕자 두 명을 포로로 잡는 등 북방 지역까지 위협하였습니다. 일부 부대는 두만강을 넘어 여진족과도 충돌하며 전선을 확장해 나갔습니다. 하지만 이 시기부터 의병과 승병이 곳곳에서 일어나고 수군이 승전하면서 전세가 반전되기 시작합니다.

특히 **이순신**이 이끄는 조선 수군은 옥포 해전에서 첫 승리를 거둔 후 당포 해전, 그리고 결정적으로 **한산도 대첩**에서 왜군을 크게 무찌르며 남해의 제해권을 장악하였습니다. 이 승리로 조선은 일본군의 보급로를 차단하고 곡창 지대인 전라도를 지켜낼 수 있었습니다.

육지에서는 **곽재우**(의령), **고경명**(담양) 등 전직 관료와 유생이 주도하여 각지에서 **의병을 조직**하였습니다. 이들은 익숙한 지형과 유연한 전술을 활용해 소규모 병력으로도 왜군에게 큰 타격을 입혔습니다.

조선의 요청에 응답하여 명나라가 군대를 파견하면서 전쟁은 국제전의 양상을 띠게 되었습니다. 이러한 가운데 김시민이 진주 대첩(제1차 진주성 전투)에서 승리를 거두었고, 명군과 조선 관군이 연합하여 평양성을 탈환하였습니다. 또한 권율 장군이 행주 대첩에서도 크게 승리하여 한양을 되찾았습니다.

하지만 시간이 지나면서 명군은 소극적으로 변하였고, 일본은 전쟁을 휴전 협상으로 전환하려 하였습니다. 명과 일본 사이의 외교 협상은 3년에 걸쳐 이어졌지만 결론을 내지 못했습니다. 그 기간 동안 조선은 전열을 재정비하였습니다. 유성룡의 건의로 **포수·사수·살수의 삼수병으로 구성된 '훈련도감'을 설치**하였으며, '속오법'을 실시해 지방군을 양반부터 천민까지 포함시켜 조직한 '속오군'으로 개편하여 군사력을 강화하였습니다.

결국 **1597년 일본이 대규모 병력을 동원하여 다시 조선을 공격하면서 정유재란**을 일으킴으로써 전쟁이 재개되었습니다. 정유재란 초기 조명 연합군은 **직산 전투**에서 일본군의 북진을 저지하였고, 이순신은 **명량 대첩**에서 압도적인 승리를 거두며 다시 한 번 제해권을 회복하였습니다.

전세가 불리해진 상황에서 일본 내부에서도 전쟁에 대한 피로감이 커졌고, 1598년 도요토미 히데요시의 사망 소식이 전해지면서 일본군은 철수를 결정했습니다. 이때 이순신은 **노량 해전**에서 일본군을 추격하던 중 전사하였고, 이 전투를 마지막으로 7년에 걸친 임진왜란과 정유재란은 마무리되었습니다.

로빈의 역사 KICK

왜란의 발생과 전개
- 왜군의 침입 → 20일도 되기 전 한성 함락, 평양까지 진출
- 선조는 의주로 피란, 명에 원군 요청
- 이순신의 수군 및 의병 활약 + 명군의 지원 → 전세 역전
- 명과 일본의 휴전 회담 결렬 → 정유재란
- 조명 연합군의 직산 전투 승리 + 이순신의 활약
- 도요토미 히데요시의 죽음 → 왜군 철수

1598~1623년 | 광해군의 중립 외교와 인조반정

명과 후금 사이, 조선의 갈림길

일본과의 7년에 걸친 전쟁은 단순한 국지전이 아니라 조선과 명, 일본이 얽힌 국제전이었습니다. 이 전쟁은 조선 사회 전체에 심각한 상처를 남겼고, 동아시아 국제 질서에도 큰 변화를 일으켰습니다.

전쟁 기간 동안 조선의 국토는 폐허가 되었고, 백성들은 굶주림과 질병에 시달리며 인구가 급감하였습니다. 또한 토지 대장과 호적이 소실되어 세금 부과의 근거가 사라지면서 국가 재정은 극도로 궁핍해졌습니다. 문화재 피해도 막대했습니다. **불국사와 경복궁이 불탔고, 실록과 사고가 소실**되었으며, 그림과 도자기, 서적이 약탈당해 조선의 문화적 자산은 큰 타격을 입었습니다. 이러한 피해를 복구하기 위해 조선 정부는 '납속책'을 시행하고 '공명첩'을 대량 발급하여 재정을 충당하려 하였습니다. 하지만 이 과정에서 **신분 질서가 크게 흔들리면서** 사회 혼란은 더욱 심화되었습니다.

명나라는 자체 재정이 어려운 가운데 조선에 무리하게 군대를 파견하는 바람에 국력이 크게 약화되었습니다. 그 틈을 타 만주의 여진 세력이 빠르게 성장, 명의 영향력을 벗어나기 시작했습니다.

임진왜란 이후, 일본은 조선에서 이주한 기술자들과 유입된 문화재의 영향을 받아 활자 인쇄와 도자기 제작 기술이 발전하였으며, 유학자들을 통해 조선의 성리학이 전해졌습니다.

전쟁 이후 도요토미 히데요시 세력을 제거하고 권력을 잡은 **도쿠가와 이에야스**는 에도 막부를 수립하고 조선에 국교 회복을 요청하였습니다. 조선은 1607년부터 **일본에 통신사를 파견**하기 시작했고, 1609년 광해군 대에는 일본과 기유약조를 체결해 부산포에 왜관을 설치하고 제한적인 무역을 허용하였습니다.

선조의 뒤를 이어 즉위한 **광해군**은 전란으로 피폐해진 국가를 회복하고자 민생 안정과 재정 확충에 힘을 쏟았습니다. 토지 대장과 호적을 정리해 조세 기반을 다졌고, 이원익의 건의로 **경기도에 '대동법'을 실시**하여 공납 제도의 개혁을 시도하였습니다. 대동법은 다양한 품목으로 거두던 공납을 쌀로 통일하여 납세하게 한 제도를 말합니다. 또한 파괴된 성곽과 궁궐을 재건하고, **허준**으로 하여금 『**동의보감**』**을 완성**하게 해 백성들의 건강을 살피고자 하였습니다.

이 시기 만주의 여진은 점차 세력을 키워 1616년 후금을 건국하였고, 명과 전면전을 벌이기 시작했습니다. 명은 왜란 때 도와준 것을 내세워 조선에 지원군을 요청하였습니다. 광해군은 명의 요청을 거절할 수도, 강성해진 후금과의 관계를 악화시킬 수도 없었습니다. 이에 그는 강성해진 **후금과의 충돌을 피하면서도 명과의 관계를 끊지 않는 실리적 외교를 택하**

고 **강홍립**을 원병으로 파견하되 전황에 따라 유연하게 행동하라는 명령을 내렸습니다.

> 강홍립이 장계를 올리기를 "신이 배동관령에 도착하여 먼저 통역관을 보내어 밀통하기를, '비록 명나라에게 재촉을 당하여 여기까지 오기는 하였으나 항상 진지의 후면에 있어서 접전하지 않을 계획이다'라고 하였기 때문에 전투에 패한 후에도 서로 잘 지내고 있습니다. 만일 화친이 속히 이루어진다면 신들은 돌아갈 수 있을 것입니다"라고 하였다. ─『조선왕조실록』

이러한 중립 외교는 명분보다 실리를 중시한 현실적 대응이었지만, 유교적 의리를 중시하는 양반층과 서인 세력의 비판을 받았습니다. 특히 이복동생인 영창대군을 죽이고 계모인 인목 대비를 폐위시킨 '**폐모살제**' 사건으로 광해군은 도덕적 정당성을 잃게 됩니다. 결국 **서인은 이를 구실 삼아 1623년 인조반정을 일으켜 광해군과 북인 정권을 몰아내고 인조를 왕위**에 올렸습니다.

> 왕위에 오른 후 광해군은 영창 대군을 몹시 시기하고 모후를 원수처럼 보아 그 시기와 의심이 나날이 쌓여갔다. …… 임해군과 영창 대군을 해도에 안치하여 죽이고 …… 인목 대비를 서궁에 유폐하고 대비의 존호를 삭제하였다. ─『인조실록』

그러나 정권을 잡은 서인 세력도 내부의 불안을 완전히 해소하진 못했습니다. 인조반정에 큰 공을 세웠던 **이괄**이 논공행상(누가 어떤 공을 세웠는지를 따져 알맞은 상이나 지위를 주는 것)에 불만을 품고 1624년 반란을 일으켰습니다. 인조는 공주로 피신하였고, 반란은 진압되었지만 그 여파는 컸습니다. 이괄의 잔당이 후금으로 도망쳐 조선의 내부 정보를 넘겼고 이는 후에 정묘호란의 도화선이 되었습니다. 이에 조정은 민심의 동향을 파악하고자 다시 호패법을 시행하게 되었습니다.

로빈의 역사 KICK

광해군 재위 시절 주요 이슈

구분	주요 내용
전후 복구	• 토지대장·호적 정비 – 세원 복구 • 대동법 실시(경기도) – 공납 개혁 • 궁궐·성곽 복구, 『동의보감』 완성
외교 정책	• 명 vs 후금 사이 중립 외교(강홍립 파견) • 기유약조(1609) 체결 – 일본과 국교 회복, 왜관 설치
실리 외교 노선	• 명과의 형식 유지, 후금과의 충돌 회피 • 실용적 대응 → 유교적 명분 중시 세력의 반발 초래
정치적 실책	• 영창대군 사사, 인목 대비 폐위 → '폐모살제'로 여론 악화
결과	• 서인 주도의 인조반정(1623) 발생 → 폐위, 강화도 유배

1627~1712년 | 정묘호란과 병자호란

굴복과 저항

    인조반정을 통해 정권을 잡은 서인 세력은 명에 대한 의리를 내세우며 후금을 철저히 배척하는 **'친명배금' 정책**을 펼쳤습니다. 하지만 정변의 공신이었던 이괄은 정당한 대우를 받지 못한 데 대한 불만으로 1624년 '이괄의 난'을 일으켰고, **이괄의 난이 진압된 후 일부 잔당들이 후금에 투항해 광해군의 폐위와 인조의 즉위가 부당하다고** 호소하였습니다. 이를 계기로 후금의 태종은 1627년 광해군을 도와 복수한다는 명분을 내세워 3만여 명의 군사를 이끌고 조선을 침략했습니다. 이것이 바로 **'정묘호란'**입니다.

    후금군이 황해도까지 진격하자 인조는 강화도로 피신하였고, **정봉수**와 **이립** 등은 각지에서 의병을 일으켜 맞서 싸웠습니다. 보급이 끊긴 후금은 조선에 먼저 강화를 제안하였고, 결국 양국은 **'형제의 맹약'을 맺고 전쟁을 마무리**하였습니다.

    하지만 이후 후금은 명과의 전투에서 연달아 승리를 거두며 국력을 키웠고, **국호를 '청'으로 바꾸며** 조선에 군신 관계를 요구해 왔습니다. 조선

조정에서는 **최명길**을 중심으로 외교적 해결을 주장한 '**주화론**'과, **김상헌·윤집**을 중심으로 무력 대응을 주장한 '**주전론**(척화론)'이 대립하게 되었습니다. 결국 '주전론'이 우세해 조선은 청의 요구를 거절하였고, 이에 청 태종은 1636년 직접 군을 이끌고 다시 조선을 침공하였습니다. 이것이 바로 **병자호란**입니다. 인조는 남한산성으로 피신해 항전했지만, 청을 물리칠 힘이 없었던 조선은 끝내 항복할 수밖에 없었습니다. 이때 인조는 청 태종에게 9번 절을 올리고 예를 갖추며 항복하는 '삼전도의 굴욕'을 당하였습니다. 이후 **조선은 청과 군신 관계를 맺고 명과의 국교를 끊었으며, 소현 세자**와 **봉림 대군**, 김상헌과 삼학사 등 수많은 인물이 인질로 끌려갔습니다.

두 차례의 전쟁으로 인해 청군이 거쳐 간 평안도, 황해도 일대는 크게 황폐해졌고, 청에 해마다 공물을 바치는 부담도 지게 되었습니다. 오랑캐라 여겼던 여진족에게 당한 이 굴욕은 조선인들에게 큰 문화적 충격을 주었습니다.

이후 조선과 청의 관계는 사대 관계에 입각하여 다양한 교역이 이루어지고 사신의 왕래가 활발하였지만, 한편

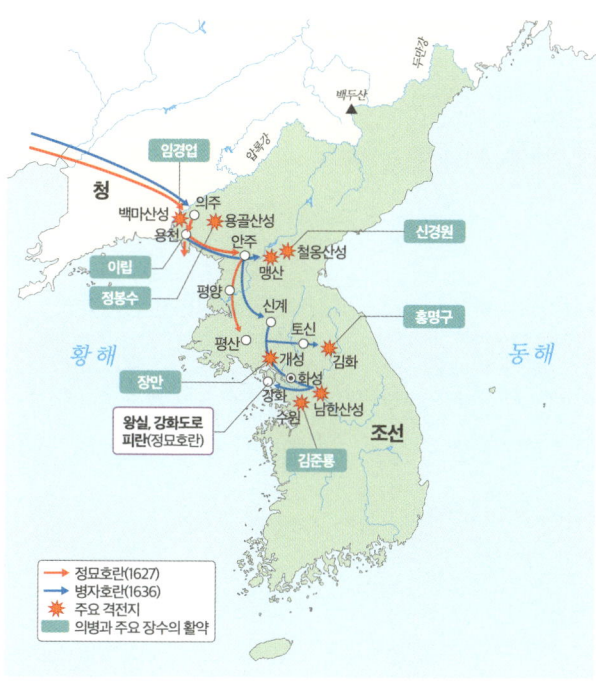

◎— 호란의 전개

에서는 조선의 문화가 명 못지않게 우수하다는 '소중화론'을 내세우며 청을 정벌하여 청에게 당한 치욕을 씻고 명에 대한 의리를 지키자는 '북벌 운동'이 일어나기도 하였습니다. 소현 세자의 동생이자 청에서 인질로 지내다 귀국한 봉림 대군은 즉위 후 **효종**이 되었고, **송시열, 송준길, 이완** 등 서인 세력과 함께 북벌을 추진하였습니다. 효종은 군사를 양성하고 성곽을 수축하며 북벌 의지를 보였지만, 이미 중원을 장악한 청을 상대로 한 전쟁은 현실적으로 불가능한 일이었습니다. 대신들의 반대도 거셌고, 효종이 사망하면서 북벌은 사실상 중단되었습니다.

> 로빈의 **역사 KICK**

정묘호란 vs 병자호란

구분	정묘호란	병자호란
연도	1627년	1636년
배경	이괄의 난 이후 후금에 투항한 잔당의 요청	청의 군신 관계 요구를 조선이 거부
주요 인물	인조, 정봉수, 이립	인조, 최명길(주화), 김상헌(척화), 청 태종
경과	후금군 침입 → 강화도로 피신 → 형제 맹약	청 태종의 침공 → 남한산성 항전 → 삼전도 항복
결과	명과의 외교 유지, 후금과 강화 조약 체결	청과 군신 관계 수립, 인질 보냄 (소현·봉림)
영향	후금과 일시적 평화, 자주성은 유지	조선의 외교적 굴욕, 북벌·소중화론 등장

한편 효종 재위 중 청과 러시아가 북방 국경에서 충돌하자 청은 조선에 군사 파견을 요청하였고, 이에 **조선은 조총 부대를 두 차례 파병해 러시아군과 교전**하기도 하였습니다.

조선은 청과의 사대 관계를 이어가며 사신을 자주 파견하였고, 그 과정에서 **청의 문물과 서학도 조선에 유입**되었습니다. 청의 앞선 문물을 적극적으로 받아들이고 부국강병의 길을 모색하자는 **'북학론'**도 이때 등장했습니다.

17세기 말에는 조선과 청의 국경 지역에서 갈등이 자주 발생하였습니다. 인삼 채취나 사냥을 위해 국경을 넘는 조선인들과 청인들이 충돌하면서 분쟁이 일어난 것입니다. 이에 **숙종** 대인 1712년 양국의 대표가 백두산 일대를 답사한 뒤 압록강과 토문강을 경계로 삼는다는 내용의 **'백두산정계비'**를 세워 국경을 확정하였습니다. 이후 19세기에 토문강의 위치를 둘러싸고 양국 사이에 해석 차이로 갈등이 생기기도 하였습니다.

1659~1674년 | 예송 논쟁

상복을 두고 벌어진 정치 전쟁

선조 시기부터 본격화된 붕당 정치는 시간이 흐르며 더 치열한 대립으로 이어졌습니다. 사림은 선조 때 이조 전랑 임명과 척신 정치 청산 문제를 놓고 서인과 동인으로 갈라진 후 붕당을 이루어 정치를 운영하였습니다. 처음에는 동인의 세력이 강하였지만, '정여립 모반 사건'과 '정철의 건저의 사건'을 계기로 동인은 남인과 북인으로 갈라졌습니다. 광해군 때에는 북인이 주도권을 쥐었지만 인조반정으로 정국이 급변하며 서인이 정권을 잡고, 남인과의 연합을 통해 정국을 운영해 나갔습니다.

임진왜란과 정유재란 이후 조선 사회는 안정을 찾아가고 있었고, 서인과 남인 역시 비교적 균형 잡힌 협치 관계를 이어갔습니다. 이 시기에는 서원과 향약을 통해 성장한 지방 사림의 정치 참여가 활발해졌으며, '산림'이라 불린 재야 사림과 중앙의 3사가 공론 형성에 큰 역할을 하였습니다.

하지만 효종 대에 이르러 북벌을 두고 서인과 남인의 견해차가 벌어졌고, 이어 **현종** 시기에는 상복 착용 기간을 둘러싼 **'예송(禮訟)' 논쟁**이 벌어지면서 붕당 간의 갈등은 정점으로 치닫게 됩니다. 예송이란 효종과 효종

비가 계모인 자의 대비보다 먼저 세상을 떠나자, **자의 대비**가 상복을 몇 년 입어야 하는지를 두고 서인과 남인이 벌인 두 차례의 논쟁을 말합니다. 서인을 대표하는 송시열은 『주자가례』에 따라 왕과 일반 사대부의 예법이 같다고 주장하였고, 남인을 대표하는 허목과 윤휴는 『주례』나 『예기』 등을 근거로 왕에게는 일반 사대부의 예법이 똑같이 적용될 수 없으며, 최고의 예우로 대우해야 한다고 주장하였습니다.

1659년 **효종의 사망**을 계기로 '**기해예송**'이 시작됩니다. 서인은 효종을 둘째 아들로 보고 상복 착용 기간을 **1년**(기년복, 朞年服)으로 주장하였고, 남인은 왕위를 계승한 효종을 장남과 동일하게 보아 **3년복**(三年服)을 입어야 한다고 주장하였습니다. 양측은 팽팽하게 맞섰지만, 정치적 주도권을 쥐고 있던 **서인의 주장이 받아들여졌습니다**.

> 효종이 돌아가셨을 때 예관이 장차 자의 왕대비의 복제를 의논하려 하였는데, 전 지평 윤휴만이 홀로 삼년복을 입어야 한다는 설을 주장하였다. 이에 예조에서 아뢰기를, "자의 왕대비께서 대행대왕의 상에 입어야 할 복제를 마련해야 하는데, 어떤 이는 삼년복을 입어야 한다고 하고 어떤 이는 기년복을 입어야 한다고 합니다만, 근거할 예문이 없으니 대신에게 의논하소서"라 하였다. ─ 『현종실록』

그로부터 15년 뒤인 1674년 효종비가 사망하자 다시 논쟁이 벌어졌습니다. 이번에는 서인이 9개월 복인 '**대공복**(大功服)'을, 남인은 1년 복인 '**기년복**'을 주장하였습니다. 이 두 번째 논쟁은 '**갑인예송**'이라 불립니다. 이번에는 **남인의 주장이 받아들여졌고**, 왕실의 위계에 따라 예를 다르게 적용해야 한다는 남인의 논리가 인정받았습니다.

남인의 주장: "대비께서 서거하셨습니다. 효종 대왕이 비록 둘째 아들이지만 왕위를 계승하였으므로 장자로 대우하여 대왕대비의 상복 입는 기간을 1년으로 해야 합니다."

서인의 주장: "아닙니다. 대왕대비는 효종 대왕의 어머니라서 신하가 될 수 없고 효종 대왕은 둘째 아들이므로 대왕대비의 상복 입는 기간을 9개월로 해야 합니다." ―『현종실록』

갑인예송에서도 서인과 남인은 팽팽하게 맞섰고, 예송 논쟁은 서인과 남인의 대립이 격화되는 결과를 낳았습니다. 이처럼 예송은 단순히 상복을 입는 기간에 대한 논쟁이 아니라 두 붕당의 정치적·학문적 대립이 드러난 사건이었습니다.

로빈의 역사 KICK

예송 논쟁 정리

구분	기해예송	갑인예송
배경	효종 사망 → 자의 대비의 상복 착용 기간 논쟁	효종비 사망 → 자의 대비의 상복 착용 기간 논쟁
서인 주장	효종은 둘째 아들이므로 1년복(기년복)	효종비는 둘째 며느리이므로 9개월복(대공복)
남인 주장	효종은 왕위를 이었으므로 장자와 같아 3년복	효종비도 왕비였으므로 1년복(기년복)
결과	서인 승리 → 기년복 채택	남인 승리 → 기년복 채택

1680~1694년 | 숙종과 환국

국왕이 흔든 붕당 정치의 추

현종의 뒤를 이어 즉위한 **숙종**은 국정 전반에 걸쳐 개혁을 추진하였습니다. **전국적으로 '대동법'을 확대 시행**하고, 수도 방어를 강화하기 위해 '금위영'을 설치하여 **5군영 체제를 완성**하였습니다. 또한 **전국에 '상평통보'를 유통**시켜 화폐 경제를 진작시켰고, 조선과 청의 국경을 명확히 하기 위해 '백두산정계비'를 세우기도 하였습니다.

그러나 숙종 시대의 가장 큰 정치적 특징은 무엇보다도 '**환국**(換局)'이라 불리는 급격한 정권 교체였습니다. 환국은 왕이 주도하여 집권 붕당과 반대 붕당의 입장을 뒤집는 방식으로 이루어졌으며, 이 과정에서 상대 붕당은 역적으로 몰려 숙청되거나 축출되곤 하였습니다. 숙종은 집권 기간 내내 총 세 차례의 큰 환국을 단행하며 정국의 향방을 바꾸어 놓았습니다.

첫 번째 환국인 1680년 '**경신환국**'은 남인 **허적**이 궁중의 물품을 사적으로 사용한 사건과, 그의 서자인 **허견**이 역모를 꾀한 사건이 발단이 되었습니다. 이 일을 계기로 숙종은 허적과 윤휴 등 남인 세력을 대거 축출하였고, 그 결과 **서인이 다시 정국을 주도**하게 되었습니다. 하지만 서인 내부에서는 남인에 대한 처벌 강도를 두고 **노론과 소론으로 분화**가 일어났습니다.

그로부터 9년 뒤인 1689년 숙종은 **인현 왕후에게 후사가 없는 것을 이유로 희빈 장씨의 아들을 원자로 삼고 장씨를 왕비로 책봉하려** 하였습니다. 이에 서인이 반대하자 숙종은 인현 왕후를 폐위하고 송시열을 비롯한 서인을 축출하였습니다. 이것이 바로 '**기사환국**'입니다. 이 환국으로 정국은 다시 남인의 손에 넘어갔습니다.

하지만 숙종은 시간이 지나 인현 왕후 폐위를 후회하게 되었고, 1694년에는 그녀를 복위시키고자 하였습니다. 이에 서인이 다시 정치 전면에 나섰고, 반대하던 남인이 축출당하며 '**갑술환국**'이 일어났습니다. **인현 왕후는 복위**되었고, 희빈 장씨는 왕비 자리에서 물러나게 되었습니다.

환국의 반복은 조선 정치에 큰 변화를 가져왔습니다. 남인은 크게 몰락하였고, 서인 내부의 노론·소론 대립이 정치 전면에 부각되기 시작하였습니다. 당초 붕당 정치는 상호 비판과 견제를 통한 균형을 지향했지만, 환국 이후로는 **특정 정파가 정권을 독점하는 일당 전제화**가 두드러졌습니다. 이와 함께 3사의 언론 기능도 공론을 대변하기보다는 당파적 이해관계를 대변하는 수단으로 변질되어 갔습니다.

무엇보다 환국은 국왕의 의지에 따라 정국이 좌우되었기 때문에 국왕과 가까운 외척, 종실, 고위 관료의 정치적 입지가 크게 확대되었는데, 이들이 사익을 추구하고 심지어 왕위 계승 문제까지 개입하는 일이 잦아졌습니다.

숙종은 격화되는 붕당 대립을 조정하고자 몇 차례 탕평 교서를 발표하였지만, 실제 효과는 미미하였습니다.

> 로빈의 **역사 KICK**

숙종 때 환국의 전개

환국	연도	발단 및 배경	왕의 조치	결과 및 영향
경신환국	1680년	남인 허적의 사치 및 허견의 역모 사건	남인 대거 축출	서인 집권, 서인 내 노론·소론 분화 시작
기사환국	1689년	인현 왕후 후사 없음 → 희빈 장씨 왕비 책봉 추진에 서인 반대	인현 왕후 폐위, 서인 숙청	남인 집권, 서인은 정치에서 축출됨
갑술환국	1694년	숙종의 인현 왕후 폐위 후회 및 복위 추진	인현 왕후 복위, 남인 축출	서인 재집권, 남인 몰락, 희빈 장씨 실각

1724~1776년 영조의 탕평 정치

붕당의 균형을 꾀한 왕의 전략

경종이 즉위한 이후 조정은 다시 격렬한 붕당 대립에 휘말리게 됩니다. 특히 왕위 계승과 대리청정 문제를 두고 노론과 소론이 첨예하게 대립하였습니다. 그러던 중 소론이 지지한 경종이 병약하여 일찍 사망하자 노론의 지지를 받은 경종의 이복동생 **영조**(연잉군)가 왕위에 오르게 됩니다.

그러나 영조의 즉위 과정은 순탄치 않았습니다. 정권에서 밀려난 소론과 남인의 일부 세력은 영조의 정통성에 이의를 제기하며 1728년 '**이인좌의 난**(일명 무신란)'을 일으켰습니다. 이 반란은 곧 진압되었고, 영조는 이를 계기로 강력한 왕권을 확립할 수 있었습니다.

왕권을 손에 쥔 영조는 이후 붕당의 폐해를 줄이고자 본격적인 **탕평 정치를 추진**하였습니다. 그는 '붕당을 없애겠다'는 기치를 내걸고, 이에 동의하는 탕평파를 육성하여 자신의 측근으로 삼았습니다. 특히 노론과 소론의 온건 세력을 고루 등용해 정국의 균형을 도모하였고, **성균관 앞에 '탕평비'를 세워** 자신의 의지를 널리 알렸습니다.

또한 각 붕당의 여론을 주도하던 산림(山林, 학문과 덕망이 높은 재야 선비)의

◎― 탕평비

권위를 부정하고, 서원을 대폭 정리하며 붕당의 기반을 약화시켰습니다. 인사권의 핵심이었던 이조 전랑의 추천 관행을 폐지하고 3사의 영향력을 줄여 왕권 중심의 인사 운영 체제를 정비하였습니다. 이로 인해 조선 정치에서 붕당의 극단적인 충돌은 점차 줄어들었고, 국왕의 존재감은 더 커지게 되었습니다.

민생 안정에도 힘을 기울였습니다. 영조는 '**균역법**'을 **실시**하여 백성의 군역 부담을 절반으로 줄였고, 형벌 제도를 정비하며 '삼심제'를 도입하여 억울한 판결을 방지하고자 하였습니다. 또한 백성의 목소리에 귀 기울이기 위해 '신문고'를 부활시켰고, 청계천을 준설하여 수도 환경을 개선하였습니다. 또한 **법령을 정리한 『속대전』, 역대 문물 제도를 집대성한 『동국문헌비고』 등을 편찬**하며 문물과 제도를 체계화하였습니다.

그러나 탕평 정치도 그 이면에는 한계가 존재했습니다. 영조는 표면적으로는 붕당을 초월한 인재 등용을 강조했지만, 실질적으로는 영조 자신의 정통성을 뒷받침하는 **노론 중심의 정국 운영을 지속**했습니다. 또 국왕과 혼인 관계로 얽힌 척신 세력의 정치 개입이 두드러지며 신권을 위축시키는 결과도 초래하였습니다. 이처럼 영조의 탕평 정치는 붕당 정치의 격돌을 다소 완화시키고 왕권을 강화하는 데 성공했지만, 궁극적으로 붕당 자체를 해소하지는 못했습니다. 그러나 그 시도는 이후 정조의 개혁 정치로 이어지는 디딤돌이 되었고, 조선 후기 정치사에서 중요한 전환점이 되었습니다.

> **로빈의 역사 KICK**
>
> **영조의 탕평 정책**
> - 탕평의 전략: 노론과 소론 온건파를 균형 있게 등용하고, 서원을 대폭 정리하여 붕당의 기반을 약화시킴으로써 왕권 강화
> - 탕평의 한계: 겉으로는 붕당 초월을 내세웠지만 실제로는 노론 중심으로 운영되는 한계, 하지만 정조의 개혁 정치로 이어지는 초석이 됨

1776~1800년 | 정조의 개혁 정치

붕당을 넘어 이상 정치를 꿈꾸다

정조는 아버지인 사도 세자가 영조에 의해 뒤주에 갇혀 죽은 비극적 사건 이후 시파(사도 세자에 대한 긍정적 평가에 동조, 왕권 강화를 지지한 세력)와 벽파(영조의 기존 입장 옹호, 사도 세자 사건에 대한 기존의 평가를 고수하려는 세력)의 갈등 속에서 왕위에 올랐습니다. 이러한 정치적 긴장 속에서도 그는 전임 군주와는 다른 방식으로 통치 철학을 펼쳐 나갔습니다.

정조는 영조가 강조했던 형식적 평등의 탕평에서 나아가 옳고 그름을 따지는 '준론 탕평'을 표방했습니다. 단순히 붕당 간의 인원을 안배하는 것이 아니라, 실제로 유능한 인재를 기용하여 왕권을 강화하고 정치 개혁을 이끌고자 했습니다. 그는 기존에 세력을 키운 외척과 환관 세력을 철저히 배제하였고, 노론과 소론의 일부, 남인 출신 인사까지 포용하여 **붕당을 초월한 인사 정책을 추진**하였습니다.

정조 개혁 정치의 핵심은 '**규장각**' 설치였습니다. 규장각은 단순한 학술 연구 기관을 넘어 국왕의 정책 자문 기구 역할을 하였습니다. 특히 '**초계

문신제'를 도입, 젊고 유능한 문신들을 재교육해 왕의 정책을 뒷받침할 핵심 세력으로 육성했습니다. 그리고 국왕 친위 부대인 **'장용영'을 설치**해 군사 기반 역시 강화함으로써 왕권을 실제로 행사할 수 있는 토대를 마련하였습니다.

또한 아버지 사도 세자의 묘를 수원 화산으로 옮기고, **정약용**의 설계로 **화성을 건설**하여 정치적·군사적·상업적 기능을 부여하였으며 자신의 이상 정치 실현을 목적으로 하는 상징적 도시로 육성하고자 하였습니다. 또한 화성에 자주 행차하여 일반 백성들과 접촉하는 기회를 확대하고 민생에 관한 백성의 의견을 직접 듣고자 하였으며, 이를 정치에 반영하기도 하였습니다.

정조는 중앙뿐 아니라 지방 통치도 개혁하였습니다. 수령의 권한을 강화하여 향약을 직접 주관하게 함으로써 지방 사족의 영향력을 견제하고 국가의 지방 지배력을 높이는 방식을 선택하였습니다. 경제적 측면에서도 개혁은 이어졌습니다. 1791년 '신해통공'을 실시해 **육의전을 제외한 시전 상인의 '금난전권'을 폐지**하였습니다. 금난전권이란 허가받지 않은 상인이 장사하는 난전을 단속할 수 있는 권한을 말하는데, 이를 폐지함으로써 상인들의 자유로운 상업 활동을 보장하였습니다. 또한 정조는 공노비 해방을 추진하고, 서얼에 대한 차별을 줄이기 위해 **서얼 출신 인사를 규장각 검서관 등 중앙 관직에 등용**하기도 하였습니다. 이는 당시로서는 매우 진보적인 시도였으며, 조선 사회의 신분 경직성에 도전한 중요한 정책으로 평가됩니다.

문화·학술적으로도 정조는 탁월한 업적을 남겼습니다. 그는 『**대전통편**』

을 편찬해 법제와 제도를 체계화했고, 외교 문서와 사절단 명단을 정리한 **『동문휘고』**, 조세·재정 관련 사례집인 **『탁지지』**, 군사 훈련 지침서인 **『무예도보통지』** 등을 편찬하며 조선 후기 정치·행정·군사 시스템을 정비하였습니다.

정조의 탕평 정치는 다양한 계층의 성장을 비롯하여 사회·경제·문화 발전을 이루었다는 평가를 받았지만, 붕당 정치의 근본 문제를 해결하진 못했습니다. 오히려 정치 권력이 국왕 중심의 소수 엘리트에게 집중되면서 정조 사후 세도 정치로 이어지는 배경이 됩니다.

로빈의 역사 KICK

정조의 왕권 강화책
- 적극적인 탕평책 실시
- 초계문신제 실시: 신진 관료 재교육
- 규장각 설치: 국왕의 정책 뒷받침
- 장용영 설치: 국왕 직속 친위 부대
- 수원 화성 건립: 이상 정치 실현 목적

1800~1860년 | 세도 정치와 백성의 고통

붕당이 무너지고 가문이 지배하다

정조가 갑작스럽게 세상을 떠나자 1800년 11세의 어린 **순조**가 왕위에 올랐습니다. 어린 순조를 대신해 영조의 계비였던 **정순 왕후**가 수렴청정을 실시하며 국정을 이끌게 되었고, 그 과정에서 정조 시기 정치에서 배제되었던 노론 벽파가 다시 정국의 주도권을 잡게 되었습니다.

정국을 장악한 노론 벽파는 1801년 자신들의 지배 체제를 위협할 수 있는 천주교를 탄압하며 '신유박해'를 단행했습니다. 이를 계기로 시파 및 남인 세력을 숙청하고, 규장각 출신 관료들을 정계에서 몰아낸 뒤, 국왕 직속 군대였던 장용영도 해체하였습니다. 이로써 정조가 추진했던 여러 개혁적 정책은 크게 흔들리게 되었습니다.

정순 왕후가 세상을 떠난 이후에는 순조가 친정을 하게 되자, 순조의 장인이자 노론 시파였던 김조순을 중심으로 한 안동 김씨가 벽파 정권을 무너뜨렸습니다. 이후 안동 김씨가 권력을 독점하면서 '세도 정치'가 본격적으로 시작되었습니다. 이후 **헌종** 대에는 외척 가문인 풍양 조씨가, **철종** 대에는 다시 안동 김씨가 정국을 주도하면서 3대에 걸쳐 약 60년간 세도 정치가 이어지게 됩니다.

세도 가문은 정치적으로는 비변사의 요직을 비롯한 정부 주요 관직을, 군사적으로는 훈련도감 등 군영의 인사권을 장악하여 자신들의 권력 기반으로 삼았습니다. 그 결과 **의정부와 6조, 3사 등이 힘을 잃어 제 기능을 다 하지 못하였고**, 왕권 또한 크게 약화되었습니다.

권력의 중심이 몇몇 가문에 집중되자 중앙 정치에서 소외된 양반들은 관직에 오를 기회를 박탈당하였고, 지방으로 내려가 '**향반**'으로 불리며 간신히 체면을 유지하거나, 몰락하여 아예 농민과 다름없는 삶을 사는 '**잔반**'으로 전락하기도 했습니다. 일부는 분노를 품고 반란을 일으키거나 농민 봉기의 지도자로 떠오르기도 하였습니다.

세도 정치 아래에서는 정치 세력 사이의 경쟁 구도는 물론, 정책 비판 기능 역시 마비되어 세도 가문을 견제할 집단이 없었습니다. 세도 가문들은 혼인과 혈연을 통해 정국을 장악하였고, 견제 없는 권력은 곧 기강의 해이로 이어졌습니다. 특히 과거 시험과 관직 임명에서 부정부패가 극심해졌는데, 세도 가문과의 연줄이 없으면 과거 급제도 어려웠고, 설령 급제하더라도 높은 관직에 오르기 위해서는 뇌물이 필수였습니다. 관직을 사고파는 매관매직은 일상이 되었고, 이는 결국 행정의 부패로 직결되었습니다.

뇌물로 관직을 얻은 자들이 그 보상을 위해 수탈을 일삼으며 백성들의 삶은 갈수록 피폐해졌습니다. 그 결과 순조 때인 1811년에는 **홍경래**가 봉기를 일으켰고, 철종 때인 1862년에는 전국적으로 확산된 '**임술 농민 봉기**'가 일어났습니다. 세도 정치가 초래한 무능과 부패, 그리고 그로 인해 고통받은 백성의 분노는 이렇게 격렬한 저항으로 분출되기에 이르렀습니다.

> 로빈의 **역사 KICK**
>
> ### 세도 정치의 특징
> - 소수의 유력 가문이 권력과 이권 독점
> - 비변사로 권력 집중 → 의정부와 6조 유명무실화
> - 왕권 약화

1800~1860년 | 삼정의 문란

수탈이 일상이 된 시대

　세도 정치가 장기화되던 19세기 조선, 중앙 정치가 특정 가문에게 집중되면서 수취 체제 전반에 부패가 스며들기 시작했습니다. 나라의 살림살이는 점점 어려워졌고, 농민들은 끊임없는 수탈에 시달려야 했습니다. 이를 가리켜 **'삼정(三政)의 문란'**이라 부릅니다.

　여기서 '삼정'이란 조선 후기 국가 재정의 근간을 이루던 3가지 제도를 의미합니다. 바로 토지에 부과하는 세금인 **'전정'**, 병역 대신 옷감을 바치도록 한 **'군정'**, 그리고 관청이 백성에게 봄에 곡식을 빌려주고 가을에 갚게 하던 **'환곡'** 제도가 그것입니다.

　전정의 문란은 토지의 현실을 무시한 징세에서 비롯되었습니다. 토지 대장에 없는 토지나 이미 경작이 불가능한 황폐한 땅에도 세금이 부과되었고, 운송비, 손실비 등 명목을 붙여 정해진 세액보다 더 많은 금액을 징수하였습니다. 또한 세금은 지주에게 부과되었지만, 실질적 부담은 소작농에게 전가되는 경우가 많았습니다.

　군정은 원칙적으로 양인 남자에게만 부과되어야 했지만, 실제로는 그 원칙이 무너졌습니다. 아직 장정이 되지 않은 어린아이에게까지 군포를 물리는 '황구첨정', 이미 사망한 자에게까지 세금을 부과하는 '백골징포'와 같은 비합리적인 일이 자주 발생하였습니다. 심지어 도망친 자의 몫까지 이웃이나 친척에게 부담시키는 사례도 적지 않았습니다. 지방 수령과 아전의 잦은 수탈로 고통을 받던 농민들은 족보를 사들여 양반으로의 신분 상승을 꾀하기도 하였고, 노비로 위장하거나 도망하는 등 군역을 피하기 위하여 다양한 방법을 이용하였습니다. 이들이 군역을 지지 않음으로써 가난한 농민들만 군포를 내게 되었고, 이에 농민의 부담은 더욱 커져만 갔습니다.

삼정 중에서도 가장 백성을 괴롭힌 것은 '환곡'이었습니다. 애초에 봄에 곡식을 빌려주고 가을에 돌려받는 취지로 운영되던 환곡 제도는 세도 정치하에서 착취의 수단으로 변질되었습니다. 관리들은 허위 문서를 꾸며 환곡을 집행하거나, 곡식이 필요 없는 백성에게도 강제로 배급하였으며, 환곡을 받지도 않은 사람에게 이자를 강요하는 일마저 벌어졌습니다. 고리대 수준의 이자 징수는 공공연한 관행이 되었고, 농민들은 끝없이 빚에 내몰렸습니다.

삼정의 문란은 더 이상 묵과할 수 없는 수준에 이르렀고, 정부는 이를 바로잡기 위해 암행어사를 파견하고 수령과 향리의 부패를 단속하려 하였습니다. 그러나 이미 구조적으로 굳어진 수탈 체제를 근본적으로 개선하기는 어려웠습니다.

결국 이 같은 상황은 농업 생산의 파탄과 농민 계층의 몰락을 불러왔고, 국가 재정 역시 더욱 궁핍해졌습니다. 삼정의 문란은 단순한 행정 실패를 넘어선 구조적 모순이었으며, 문제가 누적된 결과 1811년 '**홍경래의 난**', 1862년 '**임술 농민 봉기**'와 같은 대규모 저항이 잇따랐습니다.

> 로빈의 **역사 KICK**

삼정의 문란 정리

구분	원래 목적	문란 양상	결과 및 영향
전정	토지에 부과하는 세금	황무지·미등재 토지에도 과세, 각종 부가 명목으로 과도한 징세	소작농에게 실질적 부담이 전가됨
군정	양인 남자의 군역 대신 군포 납부	황구첨정(어린이 과세), 백골징포(사망자 과세), 대납 강요	농민 부담 가중, 도망·위장·신분 상승 시도
환곡	곡식 대여 후 이자 포함 상환	허위 배급, 강제 배급, 고리대 이자 징수	농민 채무 과중, 극심한 생활고 유발

PART 05.

근대

1863~1873년 | 흥선 대원군 집권기

위기의 조선을 뒤흔든 과감한 개혁의 시간

    서양 열강은 청과 일본이 문호를 개방한 이후 조선에도 통상을 요구하며 침략적 접근을 시도하였습니다. 조선 앞바다에는 이양선이 빈번히 출몰하여 해안을 측량하고 주변을 탐색하며 통상 수교를 요구하였고, 이에 조선 정부와 백성은 위기의식을 느끼기 시작하였습니다.

    이와 더불어 제2차 아편 전쟁이 발발하여 영국과 프랑스 연합군이 청의 베이징을 공격했다는 소식이 전해지고, 러시아가 연해주를 차지하며 두만강 하류를 넘나들자 서양의 침략에 대한 위기감은 더욱 고조되었습니다.

    한편 조선 내부에서는 세도 정치로 인한 부정부패와 삼정의 문란으로 인해 백성들의 삶이 피폐해지면서 곳곳에서 농민 봉기가 발생하였습니다. 이러한 혼란이 이어지던 가운데 **철종**이 갑작스럽게 세상을 떠나자 고종이 열두 살의 나이로 왕위에 올랐습니다. 어린 고종을 대신해 아버지인 **흥선 대원군**이 섭정으로 나서면서 왕권 강화를 위한 과감한 개혁 정치를 펼쳤습니다.

그는 먼저 정치 기강을 바로잡기 위해 세도 정치를 주도하던 안동 김씨 일족의 비중을 줄이고, 당파나 신분에 관계없이 능력 중심의 인재 등용을 시도하였습니다. 세도 정치의 핵심 권력 기구였던 **비변사를 축소·격하한 후 폐지**하였고, **의정부와 삼군부의 기능을 부활**시켜 행정권은 의정부가, 군사권은 삼군부가 각각 담당하도록 재정비하였습니다. 아울러 이양선 출몰과 같은 서구 열강의 위협에 대비하고자 수군을 강화하고 훈련도감의 군사력을 증강하였으며, 『대전회통』과 『육전조례』 등의 법전을 편찬하여 통치 체제를 새롭게 다듬었습니다.

흥선 대원군은 백성의 삶을 안정시키고 왕권을 강화하기 위해 **삼정의 문란을 바로잡는 데에도 힘을 쏟았습니다.** 전정 문란을 해결하기 위해 전국적으로 양전 사업을 실시하여 토지 대장에서 누락된 땅을 찾아내고, 이곳에 세금을 부과하여 재정 수입을 늘렸습니다. 군정의 폐단을 개선하기 위해 평민에게만 부과되던 **군포를 양반에게도 부과하는 '호포제'를 실시**하여 세금 부담의 공평성을 도모하였고, 환곡의 폐단을 줄이기 위해 지역 주민들이 자율적으로 운영하는 곡물 대여 기관인 '사창'을 설치하였습니다. '사창제' 실시로 지방관의 횡포가 줄고 농민의 부담이 덜어졌으며, 국가 재정 확충에도 도움이 되었습니다.

또한 전국적으로 **서원을 정리하여 600여 개 중 단 47개소만 남기고 대부분 철폐**하였습니다. 당시 서원은 붕당의 근거지이자 지방 양반들의 세력 기반으로, 면세와 면역의 특권을 누리며 지역 농민들을 수탈하는 등 각종 폐단을 낳고 있었습니다.

> 왕이 말하기를, "요즘 서원마다 사무를 자손들이 주관하고 붕당을 각기 주장하니, 이로 인한 폐해가 백성들에게 미치는 경우가 많다고 한다. 서원을 훼철하고 신주를 땅에 묻어버리는 등의 절차를 흥선 대원군의 분부대로 거행하도록 해당 관청에서 팔도와 사도에 알리라"라고 하였다. - 『승정원일기』

이러한 서원 철폐 조치는 민생 안정에 기여하였고, 서원에 딸린 전답과 노비를 국가에서 몰수함으로써 재정 확충에도 일정 부분 효과가 있었습니다. 그러나 정치적·경제적 기반을 잃은 양반층은 이에 강력히 반발하였고, 훗날 흥선 대원군의 퇴진을 주도하는 세력이 되었습니다.

또한 흥선대원군은 **왕실의 권위를 회복하기 위해 임진왜란 때 불타버린 경복궁을 중건**하기로 하였는데, 막대한 공사 자금을 마련하기 위해 '원납전'이라는 이름의 기부금을 사실상 강제로 거두고, 상평통보의 100배에 해당하는 고액 화폐인 **'당백전'**을 발행했지만 실제 가치는 이를 따르지 못해 경제적 혼란을 불러왔습니다. 백성들을 강제로 경복궁 중건 공사에 동원하였을 뿐 아니라 양반들의 묘지림에서 나무를 베어 목재로 활용하기도 했습니다. 경복궁은 공사 시작 8년 만에 완공되었으나, 무리한 중건으로 인해 양반과 백성 모두의 원성을 사게 되었습니다.

> 경복궁 중건을 시작할 때 재정이 메말라 일을 할 수 없게 되자 팔도의 부자 명단을 뽑아서 돈을 거두어들였다. 그리하여 파산자가 잇달았다. 이때 거두어들인 돈을 원납전이라 하였는데, 백성들은 입을 비쭉거리면서 이렇게 말하였다. "원납전(願納錢:스스로 내는 돈)이 아니라 원납전(怨納錢:원망하여 바친 돈)이다." 이때 돈을 거두어들이기 위해 여러 가지 수단을 동원하였다. 도성에서는 문세(통행세)

를 받았다. -『매천야록』

홍선 대원군이 추진한 일련의 개혁 조치는 통치 체제를 재정비하고 민생을 안정시키는 데 중요한 역할을 하였습니다. 다만 이 개혁은 근대 국가로 나아가기 위한 것이 아니라 왕권 강화와 정권 유지를 위한 성격이 강했다는 한계도 동시에 지니고 있습니다.

◎─ 상평통보 당백전

로빈의 역사 KICK

흥선 대원군의 개혁 정치 핵심 정리

분야	주요 내용	목적 및 의의
정치	• 세도 정치 종식(안동 김씨 축출) • 비변사 폐지, 의정부·삼군부 복권	왕권 강화, 국정 운영 체제 정상화
재정	• 양전 사업 실시 • 호포제 시행 • 사창제 도입	삼정 문란 시정, 조세 형평성 확보, 국가 재정 확충
사회	• 서원 대대적 철폐(600여 개 중 47개만 존치)	붕당의 근거지 제거, 양반 특권 억제, 민생 안정
군사	• 수군·훈련도감 강화 • 서양 세력 침입 대비 강화	외세 침략 대비, 국방력 회복
왕실	• 경복궁 중건 추진 • 『대전회통』·『육전조례』 편찬	왕실의 권위 회복, 법치 기반 강화

1866년 병인박해와 병인양요

서양의 압박과 조선의 저항

1860년 청의 수도 베이징이 영국과 프랑스 연합군에게 공격당하였다는 소식이 국내에 전해지면서 조선 사회는 큰 충격에 휩싸였습니다. 이와 함께 연해주를 차지해 조선과 국경을 마주하게 된 러시아가 지속적으로 통상을 요구하자 서양 세력에 대한 위기의식은 더욱 고조되었습니다.

당시 위협적으로 통상을 요구하는 러시아를 견제하기 위해 일부에서는 프랑스와의 교섭을 시도했지만, 결과는 실패로 끝났습니다. 한편으로는 천주교가 조선의 유교 질서를 어지럽힌다는 비판 여론이 확산되며 양반 유생들을 중심으로 천주교 포교 반대 목소리가 거세졌고, 전국적으로 천주교 금지 여론이 높아졌습니다. 결국 흥선 대원군은 1866년 1월, 프랑스 선교사 9명을 포함해 천주교 신자 8,000여 명을 처형하는 대규모 탄압 사건인 **'병인박해'**를 단행하였습니다.

같은 해 프랑스는 병인박해 때 벌어진 자국 선교사 처형에 대한 책임을 묻는다는 구실로 조선에 문호 개방을 요구하며 무력 침략을 감행했는데 바로 **'병인양요'**입니다. 프랑스 극동 함대의 로즈 제독은 7척의 함선과

1,000여 명의 병력을 이끌고 강화도를 점령한 뒤, 선교사 살해 책임자 처벌과 통상 조약 체결을 요구하며 조선 정부를 위협하였습니다. 그러나 조선은 이에 굴복하지 않고 무력 저항을 선택하였습니다.

프랑스군이 약 30일간 강화도에 주둔하며 문화재를 약탈하고 주요 시설을 파괴하자, 조선군은 문수산성에서 한성근 부대가, **정족산성**(삼랑성)**에서는 양헌수 부대**가 각각 맞서 싸웠습니다. 특히 양헌수 부대는 정족산성 전투에서 프랑스군을 격퇴하는 데 성공하였고, 전세가 불리해졌다고 판단한 프랑스군은 강화성을 점령한 지 1개월 만에 철수하였습니다.

철수하던 프랑스군은 강화부의 주요 시설에 불을 지르고, **외규장각에 보관되어 있던 의궤를 비롯한 왕실 도서와 각종 문화유산을 약탈**해 갔습니다. 이 사건은 흥선 대원군의 통상 수교 거부 정책을 더욱 강화하는 계기가 되었으며, 천주교 신자에 대한 박해 역시 한층 더 심해졌습니다.

◎― 병인양요와 신미양요의 전개 과정

로빈의 **역사 KICK**

병인양요 핵심 정리
- 배경: 병인박해로 프랑스 선교사들 처형
- 전개: 프랑스군 강화도 침공, 약탈과 요구(문호 개방·책임자 처벌 등), 한성근·양헌수 부대의 저항, 프랑스군 철수
- 결과: 외규장각 도서 등 문화재 약탈, 통상 수교 거부 정책 강화, 천주교 박해 심화

1866~1871년 | 제너럴셔먼호 사건과 신미양요

침략, 저항, 그리고 척화비

1866년 7월 총과 대포로 무장한 미국 상선 제너럴셔먼호가 대동강을 따라 평양까지 들어와 통상을 요구하였습니다. 이에 평안 관찰사 **박규수**는 퇴거를 요구하며 통상을 거절하였지만, 제너럴셔먼호의 선원들은 무력적 행위를 벌이면서 충돌이 발생했습니다. 분노한 평양 관민은 박규수의 지휘 아래 제너럴셔먼호를 불태워 침몰시켰으며, 이 사건은 '**제너럴셔먼호 사건**'으로 기록되었습니다.

1868년에는 **독일 상인 오페르트가 조선에 통상을 요구**하였지만 두 차례나 거절당하자, 오페르트는 서양 상인들과 함께 **흥선 대원군의 아버지 남연군의 묘를 도굴**하려 하였습니다. 그러나 주민들의 강력한 저항에 부딪혀 도굴은 실패로 끝났습니다. '오페르트의 남연군 묘 도굴 사건'은 흥선 대원군에게 큰 충격을 주었고, 그는 서양 세력에 대한 강경한 태도를 더욱 강화하였습니다. 이 사건은 조선 사회 전반에 서양에 대한 반감이 고조되는 계기가 되었습니다.

1871년 미국은 **제너럴셔먼호 사건에 대한 배상과 통상 조약 체결을 요구**하며 다시 압박을 가했습니다. 흥선 대원군이 이를 거부하자 미국의 로저스 제독은 5척의 군함을 이끌고 강화도를 침공, '**신미양요**'를 일으켰습니다. 미군은 초지진과 덕진진을 점령하고 이어 광성보를 공격하였으며, **어재연** 등이 이끄는 조선군은 광성보에서 **결사 항전**하였지만 전력의 차이로 결국 광성보마저 함락되고 말았습니다.

> 미국 배가 손돌목으로 들이닥쳤다. 이곳은 병인년의 난리를 겪은 후부터 군사를 늘려 방비를 엄하게 하던 요지로서, 통행증이 없으면 함부로 통과할 수 없다. 그들은 이곳에 무단으로 들어와 통상을 요구하더니 갑자기 강화도를 공격하였다. 이 사건으로 우리 측은 많은 피해를 입었다. 부평 도호부의 보고에 의하면 미국 배는 닻을 올리고 먼 바다 쪽으로 갔다고 한다. - 『고종실록』

◎─ 어재연 장군기

　광성보가 함락되었음에도 조선 정부가 수교 협상에 응하지 않자, 통상이 어렵다고 판단한 미군은 20여 일 만에 철수하였습니다. 이 과정에서 조선군의 장군기인 '**수(帥)**' **자가 새겨진 어재연 부대의 깃발이 미군에 의해 노획되었습니다.**

　두 차례에 걸친 서양의 무력 침략을 겪은 흥선 대원군은 통상을 요구하는 외세에 무력으로 맞서겠다는 의지를 분명히 하며 전국 각지에 '**척화비**'를 세웠습니다. 이는 그의 통상 수교 거부 정책을 상징적으로 드러낸 조치였습니다.

> 이때에 이르러서는 돌을 캐어 종로에 비석을 세웠다. 그 비면에 글을 써서 이르기를, "서양 오랑캐가 침범하는데 싸우지 않으면 즉 화친하는 것이요, 화친을 주장함은 나라를 팔아먹는 짓이다"라고 하였다. 또 그 옆에 작은 글자로 두 줄을 썼는데, 첫째 줄에는, "우리 자손 만대에게 경계하노라"라고 했고, 둘째 줄에는 "병인년에 비문을 짓고 신미년에 세운다"라고 하였다. 뒷면에는 '위정척사비'라고 썼다. - 『대한계년사』

흥선 대원군의 강경한 정책은 외세의 침략을 일시적으로 저지하는 데에는 효과적이었습니다. 그러나 결과적으로는 조선이 세계 질서의 변화에 대응하지 못하게 만들었고, 근대화의 흐름에서 한 걸음 더 뒤처지는 결과를 초래하였습니다.

로빈의 역사 KICK

신미양요 핵심 정리
- 배경: 1866년 제너럴셔먼호 사건 이후 미국이 배상과 통상 요구
- 전개: 1871년 미국 로저스 제독이 강화도 침략, 광성보에서 어재연 부대의 결사 항전
- 결과: 광성보 함락, 조선 측 피해 크지만 조선은 수교 거부 방침 고수 → 미군 철수, 어재연 장군의 '帥(수)' 자 깃발 약탈

1840~1868년 | 청과 일본의 개항

아편 전쟁, 양무운동, 그리고 메이지 유신

    19세기에 들어 영국은 청으로부터 대량의 차와 비단을 수입하였습니다. 무역이 계속되자 영국은 심각한 무역 적자에 직면하였고, 이에 영국 상인들은 식민지 인도에서 생산한 아편을 청에 밀수출하기 시작했습니다. 이로 인해 청에서 막대한 은이 영국으로 유출되고 국민들은 아편 중독에 빠지면서 경제적·사회적 위기가 심화되었습니다. 이에 청 정부는 아편 무역을 금지하는 강경책을 펼쳤고, 영국은 이를 빌미로 1840년 '**제1차 아편 전쟁**(1840~1842)'을 일으켰습니다.

    전쟁에서 패한 청은 1842년 영국과 '**난징 조약**'을 체결하였습니다. 이 조약을 통해 청은 상하이를 포함한 5개 항구를 개방하고 홍콩을 영국에 할양하였으며 막대한 전쟁 배상금을 지불해야 했습니다. 이듬해인 1843년에는 '**후먼 조약**'을 맺어 영국에게 영사 재판권과 최혜국 대우까지 보장하였습니다.

    그러나 난징 조약 이후에도 청의 시장 개방은 기대에 미치지 못하였고,

이에 영국은 프랑스와 연합하여 **1856년 '제2차 아편 전쟁'**을 일으켰습니다. 다시 전쟁에서 패배한 청은 **'텐진 조약'**과 **'베이징 조약'**을 체결하며 더 많은 항구를 개방하고 아편 무역과 크리스트교 포교를 허용하게 되었습니다.

서양과의 충돌 과정에서 서양 무기의 우수성을 절감한 한족 관료들은 **'양무운동'**을 전개하였습니다. 이는 '중국의 전통적인 체제를 유지하되 서양의 근대 기술을 수용한다'는 중체서용(中體西用)의 원칙 아래 진행된 개혁 운동으로, 군수 공장을 비롯하여 철도·전신·해운 등 근대적 시설을 도입하고, 유학생을 외국에 파견하여 선진 문물을 배우게 하였습니다. 그러나 정치 제도 개혁 없이 기술만을 수용한 데에는 한계가 있었고, 양무운동은 결국 기대만큼의 성과를 내지 못하였습니다.

한편 일본의 에도 막부는 청의 개항 이후에도 여전히 쇄국 정책을 유지하고 있었습니다. 그러나 1853년 미국의 페리 제독이 함대를 이끌고 일본에 내항하여 개항을 요구하며 군사적 위협을 가하자, 결국 **에도 막부는 1854년 미국과 최혜국 대우가 포함된 '미일 화친 조약'을 체결하고 문호를 개방**하였습니다.

이어 1858년에는 영사 재판권 등의 불평등한 조항이 담긴 '미일 수호 통상 조약'까지 체결됨에 따라 일본 역시 서구 열강의 압력 속에 본격적인 개항 국면에 들어섰습니다. 에도 막부가 굴욕적인 외교로 통상 조약을 체결하자 이에 대한 비판 여론이 커졌고, 결국 개혁 세력은 1868년 정변을 일으켜 막부 체제를 무너뜨리고 메이지 천황 중심의 정부를 수립하는 **'메이지 유신'**을 단행하였습니다.

메이지 정부는 '서양의 기술뿐 아니라 문화와 사상까지 전면적으로 수용해야 한다'는 **문명개화론에 따라 정책을 추진**하였습니다. 이를 위해 서양에 대규모 사절단을 파견해 서양의 제도와 문물을 조사하고, 철도와 우편 등의 근대 시설을 도입하였으며, 서양식 교육 제도를 적극적으로 실시하여 일본은 빠르게 근대 국가로 전환하게 되었습니다.

로빈의 역사 KICK

동아시아 개항 핵심 정리

나라	주요 사건	핵심 내용
청(중국)	제1·2차 아편 전쟁 (1840, 1856)	영국에 패배, 난징·톈진·베이징 조약 체결 → 항구 개방, 아편·선교 허용, 불평등 조약
	양무운동 (1860년대~)	서양 기술 수용(중체서용) 시도, 군수·통신·해운 발전 시도 → 정치 개혁 부족으로 실패
일본	미국의 개항 요구 (1853)	페리 내항 → 미일 화친 조약(1854), 통상 조약(1858) 체결로 개항 시작
	메이지 유신(1868)	막부 타도, 천황 중심의 근대 개혁 → 문명개화, 서양식 제도 도입, 근대 국가로 빠르게 전환

1873~1876년 | 운요호 사건과 강화도 조약

자주국인가, 불평등의 시작인가

중앙 집권화를 목표로 흥선 대원군이 추진한 호포제, 경복궁 중건, 서원 철폐 등의 정책은 양반 유생들의 강한 반발을 불러일으켰습니다. 그중 **최익현**은 흥선 대원군의 실정을 비판하고 고종의 직접 정치를 요구하는 계유상소를 올렸고, 결국 1873년 흥선 대원군은 권좌에서 물러나게 됩니다. 이로써 **고종이 직접 정사를 돌보는 친정 체제가 시작**되었습니다.

고종의 친정이 시작되자 외척 민씨 세력이 정치적 주도권을 잡게 되었고, 동시에 서양 열강과의 문호 개방과 통상을 허용하자는 '통상 개화론'이 대두되었습니다. **박규수, 오경석, 유홍기** 등 통상 개화론자들은 조선이 아직 충분한 준비가 되어 있지는 않더라도, 열강의 무력 침략을 피하기 위해서는 개항이 불가피하다는 주장을 내세웠습니다.

한편 메이지 유신을 통해 근대 국가 체제를 빠르게 구축한 일본은 '조선을 무력으로 정벌하자'는 정한론을 들고 나왔고, 이를 통해 한반도에 영향력을 행사하려 하였습니다. 일본은 새로운 정부가 수립되었음을 알리며 조선과의 새로운 외교 관계 수립을 요구하는 외교 문서를 전달하려 하였

◎― 운요호

지만, 조선 조정은 일본 국왕을 황제로 칭하는 표현 등을 문제 삼아 문서 접수를 거부하였습니다.

결국 일본은 1875년 군함 운요호를 강화도로 보내 초지진을 공격하고 영종도에 상륙하여 군사적 도발을 감행한 '**운요호 사건**'을 일으켰습니다. 미국의 포함 외교(군사적 압박 외교 방식)를 통해 개항한 일본은 미국의 방식을 그대로 본떠 조선을 개항시키려 하였습니다. 결국 조선 정부는 1876년 찬반 논의 끝에 개항을 결정하고 '**강화도 조약**(조일 수호 조규)'을 **체결**하였습니다.

제1관. 조선은 자주 국가로서 일본과 평등한 권리를 갖는다.

제4관. 조선은 부산 이외에 제5관에 기재하는 두 개의 항구를 개항하여 일본인이 왕래 통상함을 허가한다.

제5관. 경기, 충청, 전라, 경상, 함경 5도의 연해 중 통상에 편리한 항구 2개소를 택한 후 지명을 지정할 것이다.

제7관. 조선 연해의 섬과 암초는 지극히 위험하므로 일본의 항해자들이 수시로 해안을 측량하도록 허가한다.

제10관. 일본 인민이 조선이 지정한 각 항구에서 죄를 범하고 조선 인민에게 관계되는 사건은 모두 일본 관원이 재판할 것이다.

- 강화도 조약

강화도 조약은 조선이 외국과 체결한 **최초의 근대적 조약이자 불평등 조약**이었습니다. 조선은 이 조약을 통해 1876년 부산, 1880년 원산, 1883년 인천을 차례로 개항하면서 문호를 열고 세계 자본주의 체제에 편입되었습니다. 일본은 이 조약을 통해 **청의 종주권 주장을 사전에 차단하고 조선에 대한 영향력을 강화**하고자 하였습니다. 이를 위해 **조선이 자주국임을 명시하는 조항, 연안 측량권 허용, 치외 법권**(영사 재판권) **등의 조항을 삽입**하였습니다.

이어 강화도 조약의 부속 조약으로 '조일 수호 조규 부록'과 '조일 무역 규칙(조일 통상 장정)'이 체결되었고, 일본은 이를 통해 조선 침략을 위한 경제적·외교적 기반을 점차 구축해 나갔습니다.

로빈의 역사 KICK

강화도 조약 핵심 정리

항목	내용
성격	조선이 외국과 맺은 최초의 근대적 조약, 그러나 불평등 조약
체결 배경	운요호 사건(1875) → 일본의 무력 시위 → 조선 개항 압박
주요 조항	• 조선은 자주국, 일본과 평등한 권리 • 부산·원산·인천 등 항구 개항(추후 확정) • 일본의 연해 측량권 허용 • 일본인은 조선 내에서 영사 재판권 행사(치외 법권)
부속 조약	'조일 수호 조규 부록', '조일 무역 규칙(조일 통상 장정)' 체결
의의 및 영향	조선의 문호 개방 시작, 일본의 조선 침략 기반 구축

1880~1892년 | 조선 외교의 전환

미국과의 수교, 청의 간섭,
열강과의 불평등 조약

개항 이후 조선의 대외 정책은 전통적인 조공 무역 체제에서 근대적 조약 체제로 점차 전환되었습니다. 조선이 일본과 강화도 조약을 체결하자 그 뒤를 이어 미국도 조선과 수교를 추진하기 시작하였습니다. 이에 청은 조선의 대외 독립 외교를 견제하기 위해 조미 수교 과정에 간접적으로 개입하며 종주권을 재확인하고자 했습니다.

이와 함께 조선 내부에서는 일본과 체결한 조약의 불공정성을 인식하고 이를 바로잡기 위한 외교적 노력이 이어졌습니다. 1880년 조선은 김홍집을 제2차 수신사로 일본에 파견하였고, 그는 귀국하면서 『**조선책략**』이라는 책자를 가지고 돌아왔습니다. 이후 조선 내부에서는 이 책자의 논리에 따라 미국과 수교하여야 한다는 주장이 강하게 제기되었습니다.

조선이라는 땅덩어리는 실로 아시아의 요충을 차지하고 있어 그 형세가 반드시 다툼을 불러올 것이다. 조선이 위태로우면 중동의 형세도 위급해진다. 따라서 러시아가 강토를 공략하려 한다면 반드시 조선이 첫 번째 대상이 될 것이다. …… 러시아를 막을 수 있는 조선의 책략은 무엇인가? 오직 중국과 친하고 일본과 맺고 미국과 연합함으로써 자강을 도모하는 길뿐이다. – 『조선책략』

이러한 외교 전략을 바탕으로 조선은 **1882년 서양 국가 가운데 최초로 미국과 '조미 수호 통상 조약'을 체결**하였습니다.

> 제1관. 조선과 미국 인민들은 각각 영원히 화평하고 우애 있게 지낸다. 만약 타국이 어떤 불경한 일이 있게 되면, 일단 조사를 거친 뒤에 서로 도와주고 중간에서 잘 조정함으로써 두터운 우의를 보여준다.
> 제5관. 조선에 오는 미국 상인과 상선은 모든 수출입 상품에 대해 관세를 지불해야 한다.
> 제14관. 조선이 어느 때든지 어느 국가에 항해, 통상, 기타 어떠한 것을 막론하고 본 조약에 부여되지 않은 어떤 권리 또는 특혜를 다른 나라에 허가할 때에는 자동적으로 미국 관민에게도 똑같이 주어진다.
> – 조미 수호 통상 조약

이 조약에는 강화도 조약과 달리 **관세 부과와 '거중 조정' 조항이 포함되어 있었지만, 최혜국 대우와 치외 법권**(영사 재판권) **조항도 포함된 불평등 조약**이었습니다. 거중 조정이란 국제 분쟁 발생 시 제3국이 중재를 통해 평화적 해결을 유도하는 방식으로, 조선의 외교 분쟁 시 미국이 중재에 나설 수 있다는 조항으로, 일정 수준의 외교적 보호를 기대할 수 있는 내용이었습니다.

조선은 미국과 수교한 이후 1883년 민영익 일행을 '**보빙사**'로 미국에 파견하며 외교를 확대해 나갔습니다. 그러나 같은 해 **임오군란이 발생하면서 민씨 정권에 대한 청의 내정 간섭이 강화**되었습니다. 1882년 청은 조선의 종주국임을 재확인하는 내용이 담긴 '**조청 상민 수륙 무역 장정**'을 체결하여 조선과의 관계를 비공식적 사대에서 법적으로 청의 종주권을 명문화한 관계로 전환하고자 하였습니다.

> 제4관. 조선 상인이 베이징에서 규정에 따라 교역하고, 중국 상인이 조선의 양화진과 서울에 들어가 영업소를 개설한 경우를 제외하고 각종 화물을 내지로 운반하여 상점을 차리고 파는 것을 허가하지 않는다. 양국 상인이 내지로 들어가 토산물을 구입하려고 할 때에는 피차의 상무위원에게 품청하여, 지방관과 연서하여 허가증을 발급하되 구입할 처소를 명시하고, 거마와 선척을 해당 상인이 고용하도록 하고, 연도의 세금은 규정대로 완납해야 한다. 피차 내지로 들어가 유력하려는 자는 상무위원에게 품청하여, 지방관이 연서하여 허가증을 발급해야만 들어갈 수 있다. – 조청 상민 수륙 무역 장정

이 장정에는 조선과 청 상인의 통상 규정뿐 아니라 조선이 청의 속방임을 전제로 한 문구와 **청 상인의 내륙 진출을 허용하는 내지 통상권에 관한 내용이 포함**되어 있었습니다. 이로 인해 조선 내에서 **청 상인과 일본 상인 간의 무역 경쟁이 격화**되었고, 조선의 전통 상업 조직인 **객주, 여각, 보부상** 등의 활동은 크게 위축되었습니다.

이후 조선은 1883년 영국과 독일, 1884년 러시아와 이탈리아, 1886년 프

랑스, 1892년 오스트리아·헝가리 제국 등 다양한 나라들과 수호 통상 조약을 체결하게 됩니다. 하지만 이들 조약은 모두 치외 법권과 최혜국 대우가 포함된 불평등 조약이었습니다. 수호 통상 조약으로 인해 러시아는 청의 개입 없이 조선과 직접 교섭 후 조약을 체결할 수 있었고, 프랑스는 조약 체결을 통해 조선 내에서의 천주교 선교 활동의 일정한 법적 기반을 확보하게 되었습니다.

> 로빈의 **역사 KICK**

조미 수호 통상 조약 vs 조청 상민 수륙 무역 장정

구분	조미 수호 통상 조약(1882)	조청 상민 수륙 무역 장정(1882)
체결 배경	조선의 개항 이후 미국과 수교 추진	임오군란 후 청의 내정 간섭 강화 목적
주요 목적	서양 국가와의 외교·통상 수립	조선에 대한 청의 종주권 재확인
형태	불평등 조약, 그러나 자주 외교 성격 일부	반자주적 조약, 조선 종속화 강화
주요 조항	• 관세 부과 허용 • 거중 조정 조항 • 치외 법권 • 최혜국 대우	• 청 상인의 내지 유통권 허용 • 조선 상인의 베이징 무역 허용(절차 까다로움) • 조선은 청의 속방임을 전제로 함
영향	서구 외교 창구 확보 → 보빙사 파견, 문물 수용	청의 정치·경제 간섭 본격화 → 내지 상업 장악, 조선 상업 조직 위축
성격 정리	• 조선 외교의 전환점 • 서구와 처음 맺은 조약	• 속국화의 제도적 장치 • 형식은 사대, 실제는 종속

1876~1883년 | 개화파의 형성과 정부의 개화 정책 추진

개화의 시작과 두 갈래의 길

19세기 중엽까지 조선은 외국의 통상 요구를 배척하는 입장이 강했습니다. 그러나 일본과 청이 차례로 서양에 문호를 개방하자 조선 내에서도 점차 개항의 필요성을 인식하게 되었고, 이에 따라 문호 개방과 통상을 주장하는 '통상 개화론'이 대두되며 **'개화파'가 형성**되었습니다.

개화파는 박규수의 사상에 영향을 받은 김옥균, 박영효, 홍영식, 서광범, 유길준 등을 중심으로 구성되었습니다. 이들은 1870년대 후반 정치 세력으로 성장하였으며, 1880년대에 이르러 정계에 진출하여 개화 정책을 본격적으로 추진하게 되었습니다. 그러나 개화의 속도와 방식, 청에 대한 외교적 입장을 두고 내부 갈등이 생기며 결국 **온건 개화파와 급진 개화파로 분화**되었습니다.

김홍집, 김윤식, 어윤중 등으로 대표되는 **'온건 개화파'**는 **청의 양무운동을 모델로 삼아 점진적 개화를 지향**했습니다. 이들은 유교적 가치와 질서를 유지하면서 서양의 과학 기술만을 받아들이자는 '동도서기론'을 주장했습니다.

군신, 부자, 부부, 붕우, 장유의 윤리는 하늘에서 얻은 것이고 인간의 본성에서 부여된 것으로서 천지를 통하는 만고불변의 이(理)입니다. 그리고 위에 존재하는 것으로서 도(道)가 됩니다. 이에 대하여 선박, 수레, 군대, 농업, 기계가 백성을 편하게 하고 나라를 이롭게 하는 것은 외형적인 것으로서 기(器)가 되는 것입니다. 신(臣)이 변혁을 꾀하고자 하는 것은 기이지 도가 아닙니다. – 윤선학 상소문

이들은 민씨 정권의 개화 정책에는 협조적이었으며, 전통적인 청과의 사대 관계를 인정하는 친청 정책을 지지하였습니다.

반면 **김옥균, 박영효, 홍영식, 서광범** 등으로 구성된 '**급진 개화파**'는 청의 내정 간섭과 조선 정부의 친청 정책에 비판적이었고, 일본의 메이지 유신을 본보기로 삼아 '문명 개화론'을 주장하였습니다. 이들은 서양의 과학 기술뿐 아니라 정치·사회 제도와 문화까지 적극적으로 수용해야 한다고 보았습니다.

조선 정부는 온건 개화파의 동도서기론을 기반으로 개화 정책을 추진하였습니다. 1880년에는 **개화 정책을 총괄할 기구로 통리기무아문을 설치**하고, 그 산하에 12사를 두어 외교, 군사, 통상, 재정 등 실무를 담당하게 하였습니다. 1881년에는 군제 개혁을 단행하여 **5군영을 폐지하고 무위영과 장어영의 2영 체제로 재편**하였으며, 일본인 교관을 초빙하여 **신식 군대인 별기군을 창설**하였습니다.

또한 정부는 개화를 위한 선진 정보 수집을 목적으로 해외 시찰단을 연이어 파견하였습니다. 일본에는 '**수신사**'를 보내 근대화 상황을 관찰하게 하였는데, 1876년 제1차 수신사 김기수 일행은 일본의 근대 문물을 시찰

하였고, 1880년 제2차 수신사 **김홍집 일행은 황준헌의 『조선책략』을 들여와** 이후 조미 수호 통상 조약 체결에 영향을 주었습니다. 이와 함께 정부는 일본에 '**조사 시찰단'을 비밀리에 파견**하기도 했습니다. 1881년 박정양, 어윤중, 홍영식 등으로 구성된 시찰단은 일본의 근대 시설과 법률, 조세 제도를 약 4개월간 조사한 뒤 '문견사건'이라는 보고서를 제출하였습니다.

또한 조선은 1881년 청의 톈진에 김윤식 등 유학생과 기술자 38명을 '**영선사**'로 파견하였습니다. 이들은 **청의 근대식 무기 제작과 군사 훈련 기술을 배우는 것을 목표**로 하였으며, 이후 1883년에는 이들의 경험을 바탕으로 **근대식 무기 제조 공장인 '기기창'을 설치**하게 되었습니다.

1883년에는 미국과 수교한 것을 계기로 조선 최초의 서양 외교 사절단인 '보빙사'가 파견되었습니다. 민영익, 홍영식, 유길준 등으로 구성된 보빙사 일행은 미국의 각종 근대 시설과 문물을 직접 보고 돌아왔고, 유길준은 이를 바탕으로 『서유견문』을 집필하여 서양 근대 문명을 국내에 널리 소개하였습니다.

로빈의 **역사 KICK**

1880년대 조선 주요 해외 시찰단 특징

시찰단 명칭	1차 침입	파견 국가	주요 인물	3차 침입
수신사	1876년(1차) 1880년(2차)	일본	1차: 김기수 2차: 김홍집	• 일본의 근대 문물 시찰 • 2차 때 『조선책략』 입수 → 조미 수호 통상 조약 체결에 영향
조사 시찰단	1881년	일본	박정양, 어윤중, 홍영식	• 비공식 민간인 신분으로 일본 근대 시설·법률·조세 제도 조사 • '문견사건' 보고서 제출
영선사	1881년	청	김윤식	• 청의 무기 제조 및 군사 기술 습득 • 귀국 후 기기창 설립에 기여
보빙사	1883년	미국	민영익, 홍영식, 유길준	• 서양과의 외교 확대 • 미국 근대 문물·제도 시찰 • 유길준의 『서유견문』 집필 계기

| 1860~
1895년 | **위정척사 운동**

성리학을 지키려는 저항, 의병으로 이어지다 |

조선 말기 서양 열강의 통상 요구가 계속되고 일본에 의해 강제로 개항되자 조선 정부는 점차 개화 정책을 추진하기 시작했습니다. 이에 반해 유생들은 서양 사상과 문물 수용을 거부하고 성리학적 사회 질서를 수호하기 위한 '**위정척사 운동**'을 전개하였습니다. '위정'은 바른 것을 지키고 '척사'는 사악한 것을 물리친다는 뜻으로, 성리학 이외의 사상과 종교를 철저히 배격하고 조선의 유교 질서를 지키려는 사상적·정치적 흐름이었습니다.

1860년대에는 서구 열강의 통상 압박과 병인양요, 제너럴셔먼호 사건, 오페르트의 남연군 묘 도굴 미수 사건 등 무력 침략 사건들이 이어졌습니다. 이에 **이항로**와 **기정진** 등 보수 유학자들은 서양 세력에 맞서 싸워야 한다는 '**척화 주전론**'을 주장하며 흥선 대원군의 **통상 수교 거부 정책을 적극 지지**했습니다.

> 양이의 화가 금일에 이르러 홍수나 맹수의 해로움보다도 더 심합니다. 전하께

> 서는 …… 안으로 관리들로 하여금 사학의 무리를 잡아 베게 하시고, 밖으로 장병들로 하여금 바다를 건너오는 적을 정벌하게 하소서. - 『화서집』

1870년대 들어서는 위정척사 운동의 방향이 '**개항 반대 운동**'으로 확장되었습니다. 강화도 조약 체결로 일본이 조선의 문호를 열자 **최익현**과 유인석 등은 일본도 서양 오랑캐와 다를 바 없다며 '**왜양일체론**'을 주장하였습니다. 그들은 외세에 의한 문호 개방이 조선의 경제를 파탄시키고 자주권을 훼손할 것이라고 강하게 반발했습니다.

> 저들이 비록 왜인이라고는 하나 실은 양적입니다. 화친이 한번 이루어지면 사학의 서책과 천주의 초상이 교역하는 속에 섞여 들어오게 되고, 조금 지나면 전도사와 신도가 전수하여 사학이 온 나라에 두루 가득 차게 될 것입니다. - 지부복궐척화의소

1880년대에는 위정척사 운동이 절정에 달합니다. 정부가 미국과의 수교를 모색하고 **김홍집이 일본에서 들여온 『조선책략』의 내용이 퍼지자**, 위정척사 세력은 이를 강하게 반대하며 '**개화 반대 운동**'을 전국적으로 전개했습니다. 1881년 **이만손**, 홍재학 등은 수만 명의 유생과 함께 '**영남 만인소**'를 올리며 미국과의 수교 반대를 주장했습니다.

> 수신사 김홍집이 가지고 와서 유포한 황준헌의 사사로운 책자를 보노라면 어느새 털끝이 일어서고 쓸개가 떨리며 울음이 복받치고 눈물이 흐릅니다. …… 러시아는 본래 우리와 혐의가 없는 나라입니다. 공연히 남의 말만 듣고 틈이 생기게 된

다면 우리의 위신이 손상될 뿐만 아니라 만약 이를 구실로 침략해 온다면 장차 이를 어떻게 막을 것입니까? – 영남 만인소

지금 조정에서는 어찌 백해무익한 일을 하여 러시아가 없는 마음을 먹게 하고, 미국이 의도하지 않았던 일을 만들어 오랑캐를 끌어들이려 하십니까? 저 황준헌이라는 자는 스스로 중국에서 태어났다고 하면서도, 일본을 위해 말하고 예수를 좋은 신이라 하며, 난적의 앞잡이가 되어 스스로 짐승과 같은 무리가 되었습니다. 고금천하에 어찌 이런 이치가 있겠습니까? – 영남 만인소

1890년대 이후 위정척사 사상을 계승한 유생들을 중심으로 의병 활동이 전개되었으며, 이는 일본의 침략과 단발령 등 현실 정치에 대한 무장 저항으로 이어졌습니다. 일본군의 경복궁 점령과 **명성황후 시해(을미사변), 단발령 시행(을미개혁)** 등 일본의 침략 행위가 거세지자 **유인석**, 이소응 등은 을미의병을 일으켜 상소나 성토에 머무르지 않고 무장 저항에 나섰습니다.

위정척사 운동은 외세의 정치·경제적 침략에 맞선 반침략·반외세 민족 운동으로 평가되기도 합니다. 그러나 동시에 양반 중심의 성리학 질서를 고수하고 근대화 정책을 반대함으로써 조선 사회가 근대 국가로 나아가는 데 장애가 되기도 했습니다.

로빈의 역사 KICK

연도별 위정척사 운동의 흐름과 특징

시기	중심 인물	주요 내용	특징 요약
1860년대	이항로, 기정진	병인양요·제너럴셔먼호 사건에 대응하여 천주교 및 통상 수교 반대 운동	척화 주전론 - 통상 거부·무력 저항 지지
1870년대	최익현, 유인석	강화도 조약 반대, 일본도 서양과 다르지 않다고 주장	왜양일체론 - 개항 반대·자주권 수호 주장
1880년대	이만손, 홍재학	『조선책략』 유포 및 조미 수호 통상 조약 체결 반대 → 영남 만인소 상소 운동	개화 반대 운동 - 미국 수교 반대 전국 확산
1890년대	유인석, 이소응	을미사변, 단발령 등에 분노하여 을미의병 결성	무장 항쟁 전환 - 위정척사 → 의병 운동 발전

1882년 | 임오군란

민중의 분노, 개화의 후퇴와 외세의 틈입

1880년대 조선에서는 개화 정책 추진에 따라 정부의 재정 지출이 크게 증가하였고, 일본의 경제적 침탈로 인해 곡물이 대거 유출되면서 쌀값이 폭등하고 서민들의 생활은 더욱 어려워졌습니다. 이와 동시에 개화파와 보수파, 민씨 정권과 흥선 대원군 세력 간의 정치적 대립이 심화되며 사회 전반의 불안이 고조되었습니다.

이러한 경제적 어려움과 정치·사회적 혼란 속에서 신식 군대인 별기군이 창설되자 **구식 군대인 무위영과 장어영 소속 군졸들은 급료를 제대로 받지 못하고 차별적인 대우**를 받았습니다. 그러던 중 밀린 13개월 치 급료로 지급된 쌀에 겨와 모래가 섞여 있는 데 분노한 군인들은 결국 1882년 7월 **'임오군란'**을 일으켰습니다.

구식 군인들은 흥선 대원군을 찾아가 도움을 요청하는 한편, 선혜청과 민씨 일가 등 고위 관리들의 집을 습격하였고, 도시 빈민과 하층민까지 합세하여 **별기군의 일본인 교관을 살해하고 일본 공사관을 공격**하는 등 대규모 폭동으로 확대되었습니다. **신변의 위협을 느낀 명성 황후는 황급히**

◎― 별기군

궁을 빠져나가 피신하였습니다.

고종은 사태 수습을 위해 정계에서 물러나 있던 **흥선 대원군을 다시 불러들였습니다.** 이에 흥선 대원군은 곧바로 개화 정책을 중단하고 통리기무아문과 별기군을 폐지하였고, 5군영과 삼군부를 부활시키는 등 구체제를 복원하였습니다.

난병들이 대궐을 침범하니 왕비는 밖으로 피신하고 이최응, 민겸호, 김보현 등이 모두 피살되었고, 대원군 이하응이 정사를 돌보았다. 이날 날이 밝자 난병들은 흥인군 이최응의 집을 포위하였다. -『매천야록』

난군이 궐을 침범하였다는 소식을 들었다. 이때에 나라 재정이 고갈되어 각 영이 군인에게 지급할 봉급을 몇 개월 동안 지급하지 못하였다. 영에 소속된 군인이 어느 날 밤에 부대를 조직하고 갑자기 궐내로 진입하여 멋대로 난리를 일으켰다. -『성재집』

임오군란 과정에서 일본 공사관이 공격당하고 일본인 교관이 사망하자 일본은 자국 거류민 보호를 명분으로 군대 파견 움직임을 보였습니다. 한편 피신 중이던 명성 황후는 청나라에 파병을 요청하였고, **청군이 조선에 들어와 난을 진압한 뒤 흥선 대원군을 청으로 압송**하였습니다.

이후 민씨 세력이 청의 힘을 빌려 정권을 다시 장악하자, 청은 군대를 조선에 주둔시키고, 내정과 외교를 통제하기 위해 **마젠창**과 **묄렌도르프**를 각각 **내정과 외교 고문으로 파견**하였습니다. 또한 1882년 8월 23일 조선과 청은 '조청 상민 수륙 무역 장정'을 체결하였는데, 이 조약은 조선에 대한 청의 종주권을 명문화하고 청 상인의 조선 내륙 진출을 허용하는 **내지 통상권 조항을 포함**하고 있었습니다.

　같은 해 8월 30일 조선은 임오군란으로 입은 피해를 배상하기 위해 일본과 **'제물포 조약'을 체결**하였습니다.

> 제1조. 범인 체포는 20일로 한정하고 기한 내 체포하지 못할 경우 일본 측에서 맡아 처리한다.
> 제2조. 일본 관리로서 조난을 당한 자를 후하게 장사 지낸다.
> 제3조. 일본인 조난자 및 그 유족에게 5만 원의 보상금을 지급한다.
> 제4조. 일본군의 출동비 및 손해에 대한 보상비로 50만 원을 지불한다.
> 제5조. 일본 공사관에 군대를 상주시키고 병영의 설치와 수선 비용을 부담한다.
> 제6조. 조선에서 대관을 특파하여 일본에 사과한다.
> － 제물포 조약

　이로써 조선은 일본에 총 55만 원이라는 거액의 배상금을 지불하고 일본 공사관에 경비병 주둔을 허용하는 굴욕적인 조약을 체결하게 되었습니다. 이것을 기점으로 일본의 조선 주둔군은 계속 증가하게 됩니다.

임오군란 핵심 정리

구분	내용
원인	• 구식 군인 차별 및 급료 미지급 • 쌀값 폭등, 민중 불만 • 개화 정책 반발
전개	• 구식 군인 봉기, 민씨 일파·일본 공사관 공격 • 흥선 대원군 재집권, 개화 중단
외세 개입	• 청: 병력 파견, 대원군 납치, 내정 간섭 • 일본: 군대 파견, 보복 요구
결과	• 제물포 조약: 배상금 55만 원, 일본군 주둔 허용 • 조청 상민 수륙 무역 장정: 조선 속국화, 청 상인 내지 진출 허용

1884년 | 갑신정변

조선 최초의 개혁 실험, 3일 만의 좌절

임오군란 이후 조선에 주둔한 청군의 내정 간섭이 심해지자 **김옥균, 박영효, 홍영식** 등 젊은 양반 관료들은 청의 간섭과 정부의 사대적 외교 태도를 비판하며 급진적인 정치 개혁을 모색하였습니다. 이들은 '급진 개화파' 또는 '개화당'으로 불리며, 자주적인 근대 국가 건설을 지향하였습니다.

개혁을 실현하기 위해 가장 시급했던 과제는 재정 확보였습니다. 민씨 정권과 온건 개화파는 묄렌도르프의 제안에 따라 당오전이라는 화폐를 발행에 자금을 마련하려 했지만, 급진 개화파는 민생 불안과 물가 상승을 초래할 수 있다고 우려하였으며, 정부의 무리한 재정 정책에 비판적인 입장을 보였습니다. 결국 김옥균은 일본으로 건너가 개혁 자금 마련을 위한 차관 도입을 시도했으나 일본은 조선 내 확실한 이익 보장이 없다는 이유로 차관 제공

◎— 갑신정변 주역들.
박영효, 홍영식, 서재필, 김옥균(왼쪽부터)

에 소극적이었고, 협상은 성과 없이 끝났습니다. 이후 급진 개화파의 정치적 입지가 약화되고 개화당에 대한 탄압도 심화되었습니다.

그러던 중 1884년 청과 프랑스 간의 베트남 전쟁으로 조선에 주둔한 청군 3,000명 중 절반이 철수하자 급진 개화파는 정변을 감행하기로 결심합니다. 김옥균은 일본 공사와의 협의를 통해 일정 수준의 군사적 지원을 약속받고, **우정총국 개국 축하연을 기회로 삼아 12월 4일 '갑신정변'을 일으켰습니다.** 이들은 민씨 정권의 핵심 인물을 제거하고 3일간 개화당 정부를 수립하였으며, 조선의 자주적 근대화를 목표로 **'14개조 개혁 정강'을 발표**하였습니다.

> 대원군을 즉시 환국하도록 할 것,
> 문벌을 폐지하여 인민 평등의 권리를 제정하고 능력에 따라 관리를 등용할 것,
> 지조법을 개혁하여 국가 재정을 넉넉하게 할 것,
> 부정한 관리 중 그 죄가 심한 자는 치죄할 것,
> 각 도의 환곡은 영구히 중단할 것,
> 급히 순사를 두어 도둑을 막을 것,
> 혜상공국을 혁파할 것,
> 국내 재정은 모두 호조가 관할할 것,
> 의정부와 6조 외에 불필요한 관청은 모두 없애고 대신과 참찬이 협의하여 처리할 것
> — 14개조 개혁 정강

이 정강에는 청에 대한 사대 폐지, 문벌 철폐와 평등권 확립, 조세 및 재

정 개혁, 불필요한 관청 폐지, 민생 안정책 등이 담겨 있었으며, 근대적 개혁 의지가 분명히 드러났습니다.

하지만 갑신정변 직후 청군은 위안스카이의 지휘 아래 조선에 다시 군대를 파병하였고, 약속과 달리 일본군이 철수하면서 개화당은 고립됩니다. **정변은 3일 만에 진압**되었고, 이후 홍영식은 처형당했고 김옥균, 박영효, 서광범, 서재필 등은 일본으로 망명하였습니다.

정변 실패 이후 조선은 1884년 일본과 '한성 조약'을 체결하여 일본 공사관 피해에 대한 배상금과 신축 비용을 부담하였으며, 이듬해인 1885년에는 청과 일본이 **'톈진 조약'을 체결**하였습니다. 조약에 따라 **양국은 조선에서 군대를 철수하고 향후 파병 시 사전 통보 의무를 명문화**하였습니다. 이 조항은 훗날 동학 농민 운동이 일어났을 때 양국 군대가 조선에 파견되는 명분이 되었고, 청일 전쟁의 원인이 됩니다.

갑신정변은 서구식 제도 개혁을 본격적으로 시도한 조선 최초의 정치 운동이자 자주적 근대 국가 수립을 위한 시도였지만, 일본에 지나치게 의존하는 경향, 청에 대한 과소평가, 농민 지지 기반 미흡, 토지 개혁 소홀 등 여러 한계를 안고 있었습니다. 그 결과 개화 세력은 몰락하고 친청 보수 세력이 장기 집권하며 **조선 내 청의 영향력이 오히려 더 강화**되는 결과로 이어졌습니다.

로빈의 **역사 KICK**

갑신정변 핵심 정리

구분	내용
배경	• 청의 내정 간섭 강화 • 급진 개화파 탄압 심화 • 청군 일부 철수
주도 세력	김옥균, 박영효, 홍영식 등 급진 개화파(개화당)
전개	• 우정총국 개국 축하연에서 정변 감행 • 일본 지원하에 3일간 집권
개혁 내용	14개조 정강 발표 • 문벌 폐지, 능력 본위 인사 • 재정 개혁 • 청 사대 폐지 • 모든 재정의 호조 관할 등
결과	• 청군 개입, 3일 만에 실패 • 홍영식 사망, 주도자들 망명
영향	• 한성조약(1884, 일본에 배상) • 톈진조약(1885, 청일 군대 철수, 사전 통보 의무화) • 개화파 몰락, 친청 세력 강화

1884~1889년 | 거문도 사건과 조선의 외교적 노력

열강의 틈바구니 속 자주 외교 모색

갑신정변 이후 조선에 대한 청의 내정 간섭은 더욱 심화되었고, 이로 인해 청과 일본 사이의 긴장도 높아졌습니다. 이에 고종은 청의 간섭을 견제하려는 시도 속에서 1884년 러시아와 접촉하여 '조러 수호 통상 조약'을 체결하고 나아가 '조러 비밀 협약'을 추진하는 등 외교 다변화를 통해 외교적으로 새로운 균형을 찾기 위한 시도를 하였습니다.

그러나 **영국은 러시아의 남하 정책을 견제한다는 명분**으로 1885년 조선의 거문도를 불법 점령하고 해군 기지를 건설하는 **'거문도 사건'**을 일으켰습니다. 영국은 조선과의 사전 협의 없이 군함을 주둔시켰으며, 이는 러시아·조선 양국 모두에 큰 위협이 되었습니다.

이에 일본은 러시아 견제를 위하여 청과의 공조를 시도했고, 청은 러시아의 영향력을 차단하고 민씨 세력을 견제하기 위해 흥선 대원군을 다시 귀국시키기로 결정했습니다. 이후 청의 이홍장은 러시아와의 비공식 협상과 국제 압력을 통해 조선 영토 점령 가능성을 차단하려 하였고, 이로 인해 영국은 거문도를 점령한 지 약 2년 만인 1887년 2월에 철수하게 되었습니다.

　이처럼 조선은 청과 일본, 영국과 러시아 등 열강의 세력 다툼이 얽힌 복잡한 국제 정세 속에서 주권을 지키는 데 어려움을 겪어야 했습니다. 이러한 상황 속에서 조선의 중립국화가 하나의 대안으로 떠오르게 됩니다. 조선 주재 독일 부영사 **부들러**는 조선의 국제적 중립을 보장하는 '조선 중립화 선언'을 제안하였고, 미국 유학을 마치고 귀국한 **유길준**도 『중립론』을 집필하며 이에 동조하였습니다. 일본에 망명 중이던 김옥균 또한 조선의 중립화를 주장하며, 청을 비롯해 영국·러시아·일본·프랑스 등 열강의 동의를 얻어야 한다고 강조하였습니다. 하지만 이러한 중립화 구상은 조선 정부의 무관심과 국제 정세의 복잡성 속에서 실행되지 못하고 이론적 주장에 그치고 말았습니다.

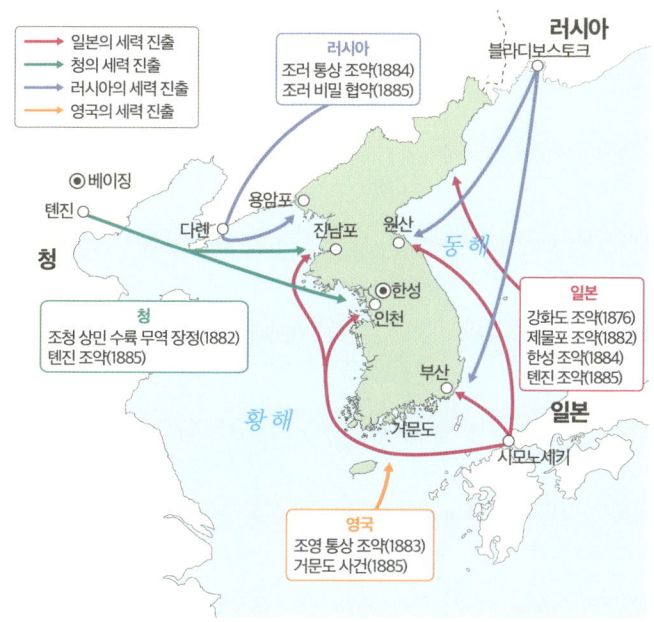

◎― **한반도를 둘러싼 열강의 각축**

한편 고종은 청의 내정 간섭을 견제하고 자주 외교를 펼치기 위해 실질적 외교 활동에도 나섰습니다. 그는 1887년 박정양을 초대 주미 한국 공사로 임명하여 미국에 파견하였고, 1889년에는 워싱턴에 조선 최초의 서양 상주 공사관인 '주미 대한 제국 공사관'을 설치하였습니다. 이를 통해 조선은 미국과의 우호 관계를 강화하고 미국의 제도와 문물을 도입하고자 하였습니다. 그러나 이 공사관은 1905년 을사늑약 체결로 외교권이 일본에 의해 박탈되면서 기능을 상실하게 되었습니다.

> **로빈의 역사 KICK**

1884~1889년 외교 관련 주요 사건

연도	사건명	개요 및 의의
1884년	조러 수호 통상 조약 체결	러시아와의 외교 관계 수립으로 외교 다변화 모색
1885년	거문도 사건	영국이 러시아 견제를 명분으로 조선의 거문도를 불법 점령
1885년	흥선 대원군 귀국	청이 민씨 세력 견제와 조선 통제 강화를 위해 대원군을 귀국시킴
1886년	조선 중립화론 제기	독일 부영사 부들러와 유길준, 김옥균 등이 중립화 제안했으나 실현되지 못함
1887년	초대 주미 공사 박정양 파견	고종이 자주 외교 시도, 미국과의 관계 강화 모색
1889년	주미 대한 제국 공사관 설치	워싱턴에 조선 최초의 서양 상주 외교 공관 설립 → 자주 외교의 상징적 성과

1860~1893년 | 동학의 성장과 교조 신원 운동

사람이 곧 하늘이라는 외침, 민중 속으로 번지다

1860년 경주의 몰락한 양반 출신인 **최제우**는 '사람이 곧 하늘'이라는 뜻의 '인내천'과 '하늘(한울, 천주)을 모신다'는 의미의 '시천주' 사상을 바탕으로 동학을 창시하였습니다. 동학은 인간의 존엄성과 평등을 강조하며 신분 차별을 거부하고, 양반과 상민, 남성과 여성, 어른과 아이 모두가 존중받는 사회를 추구하였습니다. 이러한 사상은 당시 현실 사회에 불만을 품은 농민들의 공감을 얻으며 전국적으로 빠르게 확산되었습니다.

하지만 동학의 교세가 커지자 조선 정부는 동학을 사악한 종교로 규정하고 탄압하였습니다. 결국 제1대 교주 최제우는 '세상을 어지럽히고 백성을 현혹한다'는 '혹세무민'의 죄목으로 체포되어 처형당합니다. 뒤를 이은 제2대 교주 **최시형**은 최제우의 시천주 사상을 더욱 확장하여 '사람을 하늘처럼 섬기라'는 의미의 '사인여천'을 강조하며 동학의 정신을 계승·발전시켰습니다. 그는 교단 조직을 정비하고 **'포접제'라는 체계적인 교단 관리 제도를 시행하였으며**, 『동경대전』과 『용담유사』 등을 간행하여 동학의 교리를 정리하고 대중에게 보급하였습니다.

> 사람이 곧 하늘이라. 그러므로 사람은 평등하며 차별이 없나니, 사람이 마음대로 귀천을 나눔은 하늘을 거스르는 것이다. 우리 도인은 차별을 없애고 선사의 뜻을 받들어 생활하기를 바라노라. – 최시형의 설법

 이후 동학교도들은 동학에 대한 탄압을 멈추고 억울하게 처형된 교조 최제우의 명예를 회복해 달라는 '교조 신원 운동'을 벌였습니다. 1892년에는 삼례에서 수천 명이 참여한 대규모 집회를 열어 정부에 동학 탄압 중지와 최제우의 복권을 요구하였습니다.
 1893년에는 손병희를 비롯한 동학 대표 40여 명이 서울 경복궁 앞에서 광화문 복합 상소 운동을 벌이며 더욱 적극적인 신원 활동을 펼쳤습니다. 이어 3월에는 충청도 보은에서 수만 명의 동학교도가 참여한 대규모 집회가 열렸습니다. 이 **'보은 집회'**에서는 단순히 교조의 신원만을 요구하는 데 그치지 않고 부패한 관리의 처벌과 외세 배척 등 정치적 구호를 내세움으로써 동학 운동의 성격이 종교적 차원에서 정치·사회적 차원으로 확대되었습니다.

> 지금 왜양의 도적떼가 나라 한복판에 들어와 어지럽힘이 극에 이르렀다. 진실로 오늘날 서울을 보건대 오랑캐 소굴이다. 임진년의 원수요 병인년의 치욕을 차마 어찌 말로 할 수 있겠으며 어찌 잊을 수 있겠는가? 지금 우리나라 삼천리강토가 전부 금수에 짓밟히고, 오백 년 종묘사직이 장차 끊어지게 되었다. …… 무릇 왜양은 개나 양과 같다는 것은 비록 어린애라 할지라도 그것을 모르는 사람이 없다. 그런데 명석한 재상으로서 어찌하여 우리가 왜양을 배척하는 것을 도리어 사류라고 배척하는가? – 『취어』

이처럼 동학은 단순한 종교 운동을 넘어 민중의 불만과 저항 의지를 결집하는 정치·사회 운동으로 발전해 갔고, 이는 곧 1894년의 동학 농민 운동으로 이어지게 됩니다.

*『취어(聚語)』
동학의 2대 교주 최시형이 집필한 문헌 중 하나로, 동학 교리와 사상, 사회에 대한 입장을 정리한 정치·사회 비판 성격의 글.

로빈의 역사 KICK

교조 신원 운동 시점별 주요 사건

연도	사건	내용
1864년	최제우 처형	동학 창시자 최제우, '혹세무민' 혐의로 정부에 의해 처형됨
1860~1870년대	동학 교단 재건	제2대 교주 최시형, 동학 교리 정비 및 포접제 실시, 교세 확대
1892년 12월	삼례 집회	전라도 삼례에서 수천 명의 동학도 집결, 최제우 복권과 동학 탄압 중지 요구
1893년 2월	광화문 복합 상소	서울 경복궁 앞에서 손병희 등 40여 명이 상소 - 평화적 시위 방식, 동학 신앙 자유 호소
1893년 3월	보은 집회	충청도 보은에서 수만 명 집회 - 최제우 복권 + 부패 관료 처벌 + 외세 배척(反外勢) 요구 확대
1893년 이후	운동 탄압, 조직 보존	정부의 탄압 강화 → 동학교도들 은밀히 조직 유지 → 1894년 동학 농민 운동으로 이어짐

1894년 | 제1차 동학 농민 운동

고부의 분노에서 전주 화약까지,
민중이 개혁을 외치다

1890년대 조선 사회는 탐관오리의 부정부패와 극심한 재정난 속에서 세금 수탈이 강화되었고, 일본과 청 상인의 활동 확대, 곡물 값 폭등, 면포 수입 증가, 정부의 당오전 남발로 물가는 계속해서 상승했습니다. 민중의 삶은 피폐해졌고, 농촌 사회의 불만은 폭발 직전에 이르렀습니다.

이러한 상황 속에서 고부 군수 **조병갑**은 만석보라는 저수지를 강제로 개수하고 물세를 걷는 등 농민을 가혹하게 수탈했습니다. 이에 몰락한 양반 출신 **전봉준**을 중심으로 한 고부 농민들이 조병갑에게 시정을 요구했지만 받아들여지지 않았고, 비밀리에 사발통문을 돌려 세력을 모은 농민들은 1894년 1월 고부 농민 봉기를 일으켰습니다. 이들은 관아를 습격해 조병갑이 불법으로 거둔 양곡을 농민에게 나누어주고, 억울하게 수감된 사람들을 풀어주었으며, 수탈의 상징인 만석보를 파괴하였습니다.

정부는 조병갑을 파면하고 박원명을 새 고부 군수로 임명했으며, 박원명이 농민들과 대화하고 시정을 약속하자 농민군은 자진 해산하였습니다. 그러나 정부가 안핵사 **이용태**를 파견하여 봉기 주모자들을 가혹하게 색출하고 재산을 약탈하자 이번에는 반봉건적 성격의 '**제1차 동학 농민 운동**'으로 이어졌습니다.

◎— 동학 농민군의 제1차 봉기

전봉준, 손화중, 김개남 등 동학 지도자들은 농민군을 재조직하고 1894년 전라도 무장에서 봉기하여 **백산에 집결한 뒤 '보국안민'**(나라를 돕고 백성을 편안하게 함), **'제폭구민'**(폭정을 제거하고 백성을 구함)**을 내세운 격문을 발표**하였습니다.

농민군은 4월 7일 **황토현 전투**에서 전라도 감영군을 대파하였고, 4월 23일 **황룡촌 전투**에서는 초토사 홍계훈의 군대를 신식 무기인 장태로 격파하였습니다. 이어 4월 27일 **전주성을 점령**하며 전라도 전역으로 세력을 확장하자 위기의식을 느낀 정부는 청에 군사 파병을 요청하였습니다.

청군이 아산만에 상륙한 후 일본은 텐진 조약을 근거로 조선에 군대를 파

병하였는데, 일본군이 인천에 주둔하면서 조선을 둘러싼 청일 간 긴장감이 고조되었습니다. 외세의 개입을 원치 않았던 농민군은 1894년 5월 청일 양군의 철수와 농민군의 신변 보장, 개혁 약속 등을 조건으로 정부와 '전주 화약'을 체결하고 자진 해산하였습니다.

이후 정부는 개혁을 추진하기 위해 '교정청'을 설치하였고, **농민군은 전라도 53개 군현에 '집강소'라는 자치 조직을 세워 자체적인 개혁 활동**을 펼쳤습니다. 집강소는 '폐정 개혁안 12개 조'를 중심으로 지방 행정 질서를 바로잡고자 했습니다.

1. 동학교도는 정부와의 원한을 씻고 정서(서쪽(전라도 지역) 정벌)에 협력한다.
2. 탐관오리는 그 죄상을 조사하여 엄징한다.
3. 횡포한 부호를 엄징한다.
4. 불량한 유림과 양반의 무리를 징벌한다.
5. 노비 문서를 소각한다.
6. 7종의 천인 차별을 개선하고, 백정이 쓰는 평량갓을 없앤다.
7. 청상과부의 개가를 허용한다.
8. 무명의 잡세는 일체 폐지한다.
9. 관리 채용에는 지벌을 타파하고 인재를 등용한다.
10. 왜와 통하는 자는 엄징한다.
11. 공·사채를 물론하고 기왕의 것을 무효로 한다.
12. 토지는 평균하여 분작한다.

-『동학사』

이처럼 동학 농민 운동은 단순한 반봉건 운동을 넘어 민중이 직접 사회 개혁의 주체로 등장한 전환점이었습니다. 그러나 청과 일본 양군이 조선에 주둔하면서 상황은 또 다른 방향으로 흘러가기 시작합니다.

> 로빈의 **역사 KICK**

1차 동학 농민 봉기 핵심 정리

구분	내용
원인	고부 농민 봉기 수습을 위해 파견된 안핵사 이용태가 오히려 봉기 주모자 등을 색출하여 탄압하면서 농민들의 반발이 심화됨
봉기	• 전봉준·손화중·김개남 주도 • 백산 집결 → 보국안민·제폭구민 기치
주요 전투	• 황토현 전투(4.7): 황토현에서 장태를 이용해 관군 격파 • 황룡촌 전투(4.23): 황룡촌에서 홍계훈의 경군 격파 • 진주성 점령(4.27): 전라도 주요 지역 점령 이후 전주성까지 점령하며 세력 확장

1894~1895년 | 제2차 동학 농민 운동과 청일 전쟁

우금치의 최후, 반외세 항쟁의 불꽃

전주 화약 이후 조선 정부는 교정청을 설치하고 개혁을 추진하며 청일 양군의 철수를 요구하였습니다. 그러나 일본은 조선에서의 우위를 확보하기 위해 병력 철수를 거부한 채 청에 공동 개혁을 제안했고, 청이 이를 거절하자 1894년 7월 **일본군은 경복궁을 무력 점령**하고 친일 개화파를 중심으로 내각을 재편하였습니다. 이후 일본은 서울에 '군국기무처'를 설치하고 조선 내 개혁을 주도하기 시작하였으며 아산만의 청군을 기습 공격하며 **청일 전쟁**을 일으켰습니다.

전쟁이 본격화되자 일본군은 성환 전투를 시작으로 평양 전투, 서해 해전 등에서 잇따라 승리하였고, 나아가 청의 본토까지 침입해 뤼순과 펑후 열도까지 점령하며 압도적인 전과를 거두었습니다. 결국 1895년 3월 일본과 청은 '시모노세키 조약'을 체결하였는데, 그 결과 청은 조선의 자주 독립을 인정하고, 일본에 랴오둥반도, 타이완, 펑후 열도를 할양하였으며, 막대한 배상금도 지급하기로 하였습니다.

일본의 승리에 위기감을 느낀 러시아는 프랑스와 독일을 끌어들여 '삼국 간섭'을 단행하였습니다. 이들은 일본의 랴오둥반도 점유가 동아시아의 평화를 해칠 수 있다고 주장하며 일본을 압박하였고, 이에 일본은 세 열강의 압력에 굴복하여 랴오둥반도를 청에 반환하는 대신 추가 배상금을 받는 조건을 수용하였습니다.

한편 청일 전쟁 발발 이후 일본군은 조선 정부군과 연합하여 농민군 진압에 나섰고, 이에 위기의식을 느낀 농민군은 일본군을 몰아내기 위한 반외세 항쟁으로서 '제2차 동학 농민 운동'을 전개하게 되었습니다.

손병희가 이끄는 **북접군과** 전봉준이 이끄는 **남접군은 논산에서 합류**하여 서울로 북상할 것을 계획하였으며, 이외에

◎― 동학 농민군의 제2차 봉기

도 경기, 강원, 경상, 평안, 황해 등 전국 각지에서 동학 농민군이 봉기하여 일본군과 관군에 맞서 싸웠습니다. 이 과정에서 각지의 농민군은 지방 관아를 습격했고, 일부 지역에서는 자체적인 개혁을 시도하기도 하였습니다.

결정적인 전투는 1894년 11월 **공주 우금치**에서 벌어졌습니다. 농민군은 수차례 공세를 퍼부었지만, 화승총과 창검류를 주 무기로 삼았던 그들은 신식 무기로 무장한 **일본·정부 연합군의 화력 앞에 참패**하였습니다. 특히

양반과 아전이 조직한 민보군이 관군에 협조하여 정보를 제공하고 후방을 교란하였기에 농민군은 더욱 불리한 상황에 내몰렸습니다. 결국 1894년 12월 전봉준, 손화중, 김개남 등 지도부가 체포되고 1895년까지 남은 농민군 역시 진압되면서 동학 농민 운동은 실패로 끝났습니다.

동학 농민 운동은 양반 중심의 봉건적 질서를 무너뜨리고 민중 주도의 사회 개혁을 이루고자 했던 아래로부터의 근대 운동이자, 외세 침략에 맞서 싸운 반외세 민족 운동이었습니다. 농민군은 비록 근대 국가 건설을 위한 구체적인 체제를 마련하지는 못했지만, **신분제 폐지, 과부의 재가 허용, 토지 개혁 등 그들의 요구는 갑오개혁에 영향을 주어 봉건 질서 해체를 앞당기는 데 기여**했습니다.

이후 생존한 농민군 세력은 을미의병이나 활빈당, 향후 항일 의병 운동에 참여하며 그 정신을 이어갔습니다. 동학의 씨앗은 살아남아 이후 한국 민족 운동의 밑거름이 되었습니다.

로빈의 역사 KICK

2차 동학 농민 봉기 핵심 정리

구분	내용
원인	청일 전쟁 발발과 일본의 경복궁 점령 → 농민군이 외세 배척을 위해 재봉기
봉기	• 전봉준(남접), 손병희(북접) 등 지도 • 논산에서 연합하여 서울 진격 시도 • 전국 각지(경기·강원·경상·평안·황해 등)에서 동시다발적 항쟁 전개
주요 전투	우금치 전투(1894): 공주에서 정부·일본 연합군과 결정적 전투 → 농민군 대패 → 전봉준 등 지도부 체포 → 1895년까지 잔여 농민군 진압

1894년 | 제1차 갑오개혁

신분제 해체와 자주 개혁,
조선이 바뀌기 시작하다

    1894년 동학 농민 운동을 계기로 조선 사회 전반에 걸쳐 개혁의 필요성이 크게 대두되자 조선 정부는 **동학 농민군의 요구를 반영**하여 교정청을 설치하고 자체 개혁에 착수하였습니다. 그러나 청일 전쟁이 발발하면서 일본이 경복궁을 점령하고 흥선 대원군을 일시적으로 내세워 정국을 정당화하고자 하였고, 김홍집을 중심으로 한 친일 내각을 구성하면서 일본이 개혁을 주도하는 양상을 띠게 됩니다.

    이렇게 구성된 제1차 김홍집 내각은 행정·입법·개혁 전반을 통제하는 최고 권력 기구인 **'군국기무처'를 설치**하고, 과거 갑신정변의 개혁안과 동학 농민군의 폐정 개혁안을 일부 수용하여 '제1차 갑오개혁'을 본격적으로 추진하였습니다. 다만 청이 조선에서 철수한 직후라 이 시기에 진행된 개혁은 일본의 직접 간섭이 상대적으로 적었고, 일부 개화파의 의견도 일정 부분 반영되었습니다.

    정치 개혁 면에서는 먼저 조선이 청과의 사대 관계를 청산한다는 상징적 의미로 '**개국 기년제**'를 도입하였습니다. 조선을 건국한 1392년을 원년으로 삼아 더 이상 청의 연호를 사용하지 않았습니다. 또한 왕실 사무와 행정 사무를 분리하여 '궁내부'와 '의정부'로 나누고 국왕의 전제권을 제한하여 근대적 권력 분립의 기반을 마련하였습니다. **기존 6조 체제를 폐지하고 '8아문' 체계로 개편**하였으며, 경찰 행정의 현대화를 위해 '경무청'을 신설하였습니다. **과거제를 폐지**하고 실력 중심의 관리 채용 원칙을 도입하려 시도한 것도 큰 변화였습니다.

경제 개혁 분야에서는 **국가 재정을 '탁지아문'으로 일원화**하고, **화폐 가치를 은으로 고정하는 '은본위 화폐 제도'를 실시**하였습니다. 조세 제도 역시 정비되어 다양한 세금 항목을 지세와 호세로 단순화하고, 세금을 화폐로 납부하게 하는 '조세 금납제'를 도입하였습니다. 아울러 **도량형을 통일**하여 상업과 물류의 효율성을 높이고자 하였습니다.

사회 개혁은 일련의 개혁의 핵심이자 가장 큰 파급력을 가진 부분이었습니다. 우선 양반과 상민, 천민의 구분을 철폐하고 공·사노비를 해방하여 신분제를 사실상 완전히 해체하였습니다. **과부의 재가가 법적으로 허용**되었고, 인신매매와 조혼이 금지되었으며, 고문과 연좌제 같은 구시대의 악습도 폐지되었습니다. 또한 모든 공문서에는 국문 또는 국한문을 사용할 것을 명시하여 행정의 대중화도 꾀하였습니다.

> 국내외 공사 문서에는 개국 기년을 사용할 것.
> 문벌과 양반, 상민 등의 계급을 타파할 것.

인재는 귀천에 구애 없이 등용할 것.

남자 20세, 여자 16세 이하의 조혼을 금지할 것.

과부의 재혼은 귀천을 따지지 않고 자유에 맡길 것.

공·사노비법을 혁파하고 인신매매를 금지할 것.

각 도의 각종 조세는 화폐로 납부하도록 할 것.

– 경장의정존안

> **＊경장의정존안(更張擬定存案)**
> 1894년 갑오경장이 전개되면서 군국기무처에서 1894년 6월 28일부터 10월 1일까지 의결한 약 210건의 사항 가운데 약 190건의 의결사항을 일지식으로 정리한 것.

이러한 개혁은 조선 사회가 봉건적인 신분제 중심 질서에서 벗어나 근대적 제도와 질서로 나아가기 위한 중대한 첫걸음이었습니다. 비록 외세의 압력과 주도 아래 진행된 점에서 한계를 가졌지만, 제1차 갑오개혁은 결과적으로 조선 사회의 근간을 흔들어 놓은 근대 개혁의 출발점이라 할 수 있습니다.

로빈의 역사 KICK

1차 갑오개혁 핵심 정리

구분	내용
정치	• 개국 기년제 도입(청 연호 폐지) • 왕실(궁내부)과 행정(의정부) 분리 • 6조 → 8아문 개편, 경무청 신설 • 과거제 폐지, 실력 위주 인재 등용
경제	• 탁지아문으로 재정 일원화 • 조세 금납제, 은 본위제 실시 • 도량형 통일
사회	• 신분제 폐지, 공·사노비 해방 • 과부 재가 허용, 조혼·인신매매 금지 • 고문·연좌제 폐지 • 국문 사용 확대

1895년 | 제2차 갑오개혁과 홍범 14조

자주독립을 선언한 나라. 근대 국가로 나아가다

청일 전쟁에서 우위를 점한 일본은 조선 개혁에 본격적으로 간섭하기 시작했습니다. 일본은 개혁에 소극적이던 흥선 대원군을 정국에서 완전히 배제시키고, 기존의 군국기무처를 폐지한 뒤, 일본에서 망명 생활 중이던 박영효와 서광범을 귀국시켜 김홍집과 함께 연립 내각을 구성하였습니다. 이를 바탕으로 1895년 보다 본격적이고 체계화된 '제2차 갑오개혁'이 시작되었습니다.

이 시기 고종은 조선의 자주독립 의지를 천명하기 위해 종묘에 나가 '독립 서고문'을 바쳤고, 이어 **최초의 근대적 헌법 성격을 띤 '홍범 14조'를 반포**하였습니다. 이를 국정 개혁의 기본 강령으로 삼음으로써 조선이 더 이상 청에 예속되지 않는 자주 국가임을 대내외에 천명하였습니다.

1. 청국에 의존하는 마음을 버리고 자주독립의 기초를 세운다.
4. 왕실 사무와 국정 사무는 반드시 분리하여 서로 뒤섞이는 것을 금한다.
5. 의정부와 각 아문의 직무 권한을 명확히 제정한다.

7. 조세의 부과와 징수, 경비 지출은 모두 탁지아문에서 관할한다.

9. 왕실 비용 및 각 관부의 비용은 연간 예산을 작성하여 재정의 기초를 확립한다.

10. 지방 관제를 시급히 개정하여 이로써 지방 관리의 직권을 한정한다.

12. 장교를 교육하고 징병법을 실시하여 군제의 기초를 확립한다.

14. 인물을 쓰는 데 문벌 및 지벌에 구애되지 말고, 선비를 두루 구하여 널리 인재를 등용한다.

- 홍범 14조

이후 정치, 경제, 사회, 군사, 교육 등 여러 방면에 걸쳐 개혁이 진행되었습니다.

정치 개혁으로는 의정부 중심 체제를 폐지하고 근대적 내각제를 도입하여 국왕의 직접 정치 개입을 차단하고 행정의 근대화를 꾀하였습니다. **8아문 체계는 7부 체제로 개편**되었고, 8도의 지방 체계도 23부로 개편되었으며, 부·목·군·현 등의 명칭은 '군'으로 통일되었습니다. 징세 권한은 중앙으로 일원화되었고, 지방관의 사법·군사권이 박탈되면서 권한이 대폭 축소되었습니다. 더불어 한성 재판소, 고등 재판소 등을 설치하여 사법권의 독립을 제도적으로 확립하였습니다.

경제 개혁에서는 상업의 자유화를 위해 육의전이 폐지되고, 민씨 정권과 결탁한 보부상 단체인 '상리국'도 해체되었습니다. 이는 독점 상업을 폐지하고 자유로운 시장 경제 형성을 유도하기 위한 조치였습니다. 이외에도 관세사와 징세사 설치로 재정 행정의 전문성을 강화하고자 하였습니다.

군사 개혁으로는 훈련대와 시위대 설치를 통해 근대적 군제 개편의 기반을 마련하였습니다.

사회·교육 개혁 측면에서 가장 상징적인 조치는 고종이 발표한 '**교육입국 조서**'였습니다. 이 조서는 교육을 국가의 근본으로 삼고, 근대 교육 제도의 확립을 국가 재건의 핵심 과제로 제시하였습니다.

> 짐은 정부에 명하여 널리 학교를 세우고 인재를 양성하여 너희들 신민의 학식으로써 국가 중흥의 큰 공을 세우고자 하노니… 국가의 부강도 너희들 신민의 교육에 있도다. 세계의 형세를 보건대, 부하고 강하며 독립하며 웅비하는 제국은 다 인민의 지식이 개명하였도다. – 교육입국 조서

이에 따라 한성 사범 학교, 한성 외국어 학교 등이 설립되었고, 소학교 관제, 사범 학교 관제, 외국어 학교 관제 등도 발표되어 본격적인 근대 교육 체계가 가동되기 시작했습니다.

로빈의 역사 KICK

2차 갑오개혁 핵심 정리

구분	내용
정치	• 의정부 폐지 → 내각제 도입 • 8아문 → 7부 체제 개편 • 8도 → 23부, 부·목·군·현 '군'으로 통일 • 지방관의 사법·군사권 박탈, 징세권 중앙 집중 • 한성·고등 재판소 설치 → 사법권 독립
경제	• 육의전 폐지, 상리국 해체 → 상업 자유화 • 관세사·징세사 설치 → 재정 전문화
사회	• 교육입국 조서 발표 → 교육을 국가 핵심으로 선언 • 한성 사범 학교, 한성 외국어 학교 등 설립 • 소학교·사범 학교 관제 공포 → 근대 교육 체계로의 개편 착수

1895~1896년 | 을미사변과 을미개혁

흔들리는 개혁의 운명

1895년 **청일 전쟁에서 승리한 일본은 청과 시모노세키 조약을 맺고 랴오둥반도와 타이완을 차지**하였습니다. 그러나 러시아는 프랑스와 독일을 끌어들여 **'삼국 간섭'을 단행**했고, 일본은 막대한 배상금을 추가로 받는 조건으로 랴오둥반도를 반환하였습니다.

삼국 간섭 이후 일본의 영향력이 급격히 약화되자 조선 정부는 러시아와 가까운 인사들을 등용하며 대일 균형 외교를 시도했습니다. 박영효가 명성 황후 폐위 음모 혐의로 다시 일본으로 망명하고, 이범진, 이완용 등 친러 성향의 인물들이 정계에 진출하면서 '제3차 김홍집 내각'이 구성되었습니다.

명성 황후가 러시아를 끌어들이려 한다고 판단해 위기의식을 느낀 일본은 같은 해 10월 8일 경복궁을 습격하고 **명성 황후를 시해하는 '을미사변'을 감행**했습니다.

명성 황후 시해 이후 일본의 영향력이 다시 커지면서 김홍집, 유길준 등 친일 개화파 중심의 제4차 김홍집 내각이 집권하였고, 일본의 압력하에

'을미개혁'이 추진되었습니다. 이 개혁은 제도적 정비보다는 상징적 근대화 조치를 강조한 개혁이었고, 정치·사회·군사·문화 전반에 걸쳐 변화가 이루어졌습니다.

정치적으로는 **'건양'**이라는 새 연호를 제정하여 자주 개혁을 선언했고, 군사 면에서는 훈련대를 해산하고 중앙에는 친위대, 지방에는 진위대를 설치하여 새로운 군제를 도입하였습니다. 사회적으로는 근대 교육 체제를 강화하고, 한성 소학교 설립, 종두법(천연두 백신) 시행, 서양식 태양력 도입, 우편 사무 재개 등이 이루어졌습니다.

그러나 무엇보다 논란이 되었던 조치는 **단발령**이었습니다. 고종이 머리를 깎은 뒤 신민에게도 상투를 자르도록 명령하자 사회 전반에서 극심한 반발이 일어났습니다. 유교적 효 사상을 바탕으로 부모에게서 물려받은 신체를 훼손하는 것을 금기시해 온 사상을 부정한 것으로 인식되면서 단발이 단순한 외형 변화가 아닌 정체성 훼손으로 받아들여졌기 때문입니다.

> 1895년 11월 15일 고종은 비로소 머리를 깎고 내외 신민에게 명하여 모두 머리를 깎도록 하였다. …… 궁성을 포위하고 대포를 설치한 후 머리를 깎지 않는 자는 죽이겠다고 선언하였다. 고종은 긴 한숨을 내쉬며 정병하에게 말하기를 "경이 짐의 머리를 깎는 것이 좋겠소"라고 하였다. 머리를 깎으라는 명령이 내려지니 곡성이 하늘을 진동하고 사람들은 분노하여 목숨을 끊으려 하였다. – 『매천야록』

을미사변이 일어나고 단발령이 시행되자 전국 각지에서 유생과 농민들이 중심이 된 **'을미의병'**이 일어나 일본에 저항하기 시작했습니다. 이는 단순한 문화적 반발이 아니라 외세의 침략과 내정 간섭에 맞선 자발적 민족 운동으로 발전하였습니다.

이듬해인 **1896년 일본의 침략이 거세지자 신변의 위협을 느낀 고종이 러시아 공사관으로 피신하는 '아관 파천'을 단행**하였습니다. 이로써 김홍집 내각은 붕괴하였고, 일본의 영향력도 급격히 약화되었으며, 을미개혁은 중단되고 단발령 역시 철회되었습니다.

> 로빈의 **역사 KICK**

을미개혁 핵심 정리

구분	내용
배경	• 삼국 간섭으로 일본 영향력 약화 → 조선의 친러 경향 강화 • 일본, 을미사변(명성 황후 시해) 감행 후 친일 내각 구성
주요 정책	• 연호 '건양' 제정(근대 개혁 상징) • 군제 개편: 훈련대 해산, 친위대·진위대 설치 • 사회 개혁: 한성 소학교 설립, 종두법 실시, 태양력 도입, 우편 사무 재개 • 단발령 시행: 고종 단발 후 전국에 명령 → 전국적 반발 유발
결과	• 을미의병: 유생·농민 중심의 항일 무장 저항 확산 • 아관 파천(1896): 고종, 러시아 공사관으로 피신 → 개화 내각 붕괴, 을미개혁 중단

갑오개혁과 을미개혁은 갑신정변과 동학 농민 운동의 개혁 의지가 반영되고 봉건적 전통 질서 및 신분제를 개혁하여 평등 사회의 기틀을 마련한 근대적 개혁이었습니다. 하지만 일본의 필요와 강요에 의해 시행된 제도 개혁에 불과하였습니다. 또한, 군제 개혁과 상공업 진흥 등에 소홀하였고 토지 개혁 등 민중의 요구를 외면하여 민중의 지지를 얻지 못하였다는 한

계를 지니고 있었습니다.

  이후 살아남은 개혁 세력 일부는 독립 협회를 창립하고 만민 공동회 운동을 주도함으로써 새로운 방향의 자주 민권 운동을 펼치게 됩니다.

1896~1898년 | 독립 협회와 만민 공동회

자주와 민권을 외친 민중, 의회를 꿈꾸다

1896년 아관 파천 이후 조선에 친러 정권이 수립되자 러시아를 포함한 열강들은 조선이 다른 나라에 부여한 가장 유리한 조건을 자신들에게도 적용하라는 '최혜국 대우'를 요구하며 본격적인 이권 침탈에 나섰습니다.

이러한 위기 속에 미국에서 귀국한 **서재필**은 1896년 4월 **「독립신문」을 창간**하고 자주독립과 근대 민권의 중요성을 강조했습니다. 그해 7월에는 이완용이 위원장을 맡고 **이상재**·남궁억·김가진 등이 발기인으로 참여한 **'독립 협회'를 창립**하였습니다. 독립 협회는 **자주 국권, 자유 민권, 자강 개혁을 3대 강령**으로 삼고 전국 각지의 신지식인, 학생, 상인, 교사, 여성 등 다양한 계층을 포괄하며 국민적 단체로 성장해 갔습니다.

이들은 강연회, 토론회, 기관지 발간 등을 통해 민중 계몽 활동을 펼쳤고, 민중이 직접 참여하는 **'만민 공동회'**라는 대중 집회를 통해 국권과 민권 의식을 조직적으로 확산시켰습니다.

독립 협회는 '자주 국권 운동'의 일환으로 러시아 공사관으로부터 고종의 환궁을 요구하고, 1897년 11월 청의 사신을 맞이하던 문인 영은문 자리에 '독립문'을 건립하였으며, 청의 사신을 영접하던 모화관을 독립관으로 개수하였습니다. 뿐만 아니라, '구국 운동 상소문'을 통해 재정·군사·인사권에 대한 자주적 행사를 주장하고, 1898년 3월 우리나라 최초의 민중 대회인 만민 공동회를 개최하여 러시아의 간섭과 이권 요구를 규탄하였습니다. 고종은 이에 힘입어 러시아의 요구를 거절하였고, 결국 러시아는 군사 교관과 재정 고문 철수, 한·러 은행 폐쇄, 부산 절영도 조차 요구를 철회하였습니다.

아관 파천 이후 제국주의 열강은 두만강 삼림 벌채권, 울릉도 삼림 벌채권, 경의선 부설권, 운산 금광 채굴권 등 국가의 각종 이권을 침탈하였습니다. 이에 독립 협회는 구국 선언 상소문을 국왕에게 올렸고, 열강의 이권 침탈에 반대하는 자주 국권 운동을 전개하였습니다. - 독립협회 관련 사료

◎— 열강의 이권 침탈

자유 민권 운동에서는 재산권 보호, 언론·출판·집회·결사의 자유, 신체의 자유 등 국민 기본권 확보를 주장하였습니다. 나아가 국민 참정권 운동을 전개하여 민

의가 국정에 반영되는 제도 개혁을 요구하였습니다.

자강 개혁 운동의 핵심은 의회 설립 운동이었습니다. 1898년 10월 백정 출신 박성춘이 대중 앞에서 연설할 정도로 다양한 계층이 모인 **관민 공동회가 개최되었고, 여기서 '헌의 6조'가 결의**되었습니다.

1. 외국인에게 의지하지 않고 관민이 합세하여 전제 황권을 견고하게 할 것.
2. 광산·철도·차관 등은 대신과 중추원 의장이 합동 날인하여 시행할 것.
3. 국가 재정을 탁지부가 관리하되, 예산·결산을 인민에게 공포할 것.
4. 중대 범죄는 공판하고 자백 후 형을 시행할 것.
5. 칙임관은 황제가 정부 과반 동의 후 임명할 것.
6. 장정을 실천할 것.
– 헌의 6조

고종은 이 헌의 6조를 수용하고, **중추원을 개편**하여 반의회적 성격의 상설 기구가 아니라 민의가 반영되는 새로운 기구로 바꾸었습니다. 이때 발표된 중추원 관제는 의장 1인, 부의장 1인, 의원 50인, 참서관 2인, 주사 4인으로 구성되며, 의원의 절반을 독립 협회가 추천하도록 하였습니다.

독립 협회는 박정양 내각과 협상하여 새로운 중추원 관제를 발표하게 하였습니다. … 의관의 절반은 국가에 공로가 있는 사람으로 정부가 추천하고, 나머지 절반은 당분간 이 단체의 회원들이 정치, 법률, 학식에 통달한 자를 투표해서 추천하도록 하였습니다. – 중추원 관제 규정하지만 독립 협회의 성장에 위기의식을 느낀 보수 세력은 이들의 활동이 공화정을 세우려는 음모라며 왜곡하여 탄압했고, 결국 고종은 1898년 12월 독립 협회 해산과 간부 체포를 명령했습니다. 이에 독립 협회는 만민 공동회 철야 농성을 전개했지만, 보부상 조직인 황국 협회와 관군이 이를 강제 해산 시키면서 독립 협회는 역사 속으로 퇴장하게 됩니다.

독립 협회는 우리나라 최초의 민주주의 정치 운동이자 민중에 의한 자주적 근대화 운동이었습니다. 그러나 주로 러시아를 견제하고 미국, 영국, 일본에 대해서는 우호적인 태도를 보여 열강의 침략 의도를 제대로 파악하지 못하였다는 한계를 지니고 있었습니다. 하지만 그 정신은 살아남아 이후 애국 계몽 운동에 막대한 영향을 끼쳤습니다.

> 로빈의 **역사 KICK**

독립 협회 핵심 정리

구분	내용
설립 배경	• 아관 파천 이후 친러 정권 수립 • 열강의 이권 침탈
설립 및 목표	• 서재필 귀국, 「독립신문」 창간(1896) • 독립 협회 창립(1896) - 자주 국권, 자유 민권, 자강 개혁
주요 활동	• 만민 공동회 개최, 민중 계몽, 정치 참여 확대 • 독립문 건립, 모화관 → 독립관 개수 • 절영도 조차, 러시아 고문단, 한러 은행 설립 반대 운동 • 헌의 6조 채택(1898, 관민 공동회) → 고종 수용
주요 주장	• 자주 국권: 청·러·일 등 외세 간섭 배격 • 자유 민권: 언론·집회·신체의 자유, 재산권 보장 • 자강 개혁: 의회 설립, 예산 공포, 법제 개편

1897~1904년 | 대한 제국과 광무개혁

황제국을 꿈꾼 마지막 자주 개혁

 아관 파천 이후 열강의 이권 침탈이 심화되자 고종의 환궁을 요구하는 여론이 높아졌습니다. 이에 **고종은 1897년 2월, 약 1년간의 러시아 공사관 생활을 마치고 현재의 덕수궁인 경운궁으로 돌아왔습니다.**
 고종의 환궁 이후 국가의 위상을 높이고 조선이 자주독립 국가임을 대내외에 선포해야 한다는 분위기가 조성되었습니다. 이에 고종은 같은 해 8월 **연호를 '광무'로 고쳤고**, 10월에는 환구단에서 황제로 즉위하며 **국호를 '대한 제국'이라 선포**하였습니다.

 대한 제국은 만국 공법에 따라 자주국임을 선언하고 복고주의적 성격의 **'광무개혁'을 추진**하였습니다. '옛것을 근본으로 삼고 새것을 참고한다'는 뜻의 **'구본신참'** 원칙을 바탕으로, 정치·군사·경제·교육 등 다양한 분야에 걸쳐 점진적인 개혁이 이루어졌습니다.
 정치적으로는 전제 황권을 강화하며 입헌 군주제와 의회 설립을 추구하던 독립 협회의 정치 개혁 운동을 탄압하였습니다. 1899년 8월에는 대한

◎— 개혁 전후 고종

제국이 황제 중심의 전제 국가임을 천명하는 '**대한국 국제**'를 반포하였으며, 이를 통해 **황제에게 육해군 통수권, 입법권, 사법권, 행정권, 외교권 등을 부여하여 황제권이 무제한적임을 명시**하였습니다.

제1조. 대한국은 세계 만국에 공인된 자주독립한 제국이다.

제2조. 대한국의 정치는 과거 500년간 전래되었고, 앞으로 만세토록 불변할 전제 정치이다.

제3조. 대한국 대황제는 무한한 군권을 향유하니 공법에서 말한 바 정체를 스스로 세우는 것이다.

제5조. 대한국 대황제는 국내의 육해군을 통솔하고 편제를 정하며 계엄과 그 해제를 명한다.

제6조. 대한국 대황제는 법률을 제정하여 그 반포와 집행을 명령하고 만국 공통

의 법률을 본받아 국내의 법률도 개정하고, 대사·특사·감형·복권을 명령하니, 공법에서 말한 바 율례를 스스로 정하는 것이다.

제9조. 대한국 대황제는 각 조약국에 사신을 파견·주재하게 하고 선전 포고, 강화 및 제반의 조약을 체결하니, 공법에서 말한 바 사신을 스스로 파견하는 것이다.

- 대한국 국제

또한 대한 제국은 '한청 통상 조약'을 체결하여 중국과의 대등한 외교 관계를 선언하였고, **'대한 제국 칙령 제41호'로 독도를 자국 영토로 명시**하였으며, 1903년에는 **이범윤을** 간도 관리사로 **임명**하여 간도를 함경도의 행정 구역으로 편입하였습니다.

군사 부문에서는 황제 직할 군 기관인 '원수부'를 설치하여 중앙과 지방의 군을

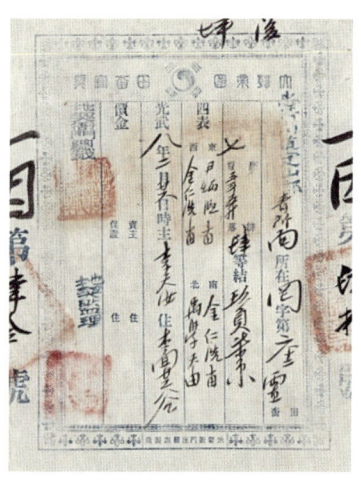

◎─ 지계

직접 통솔하였으며, 한성 경비를 위한 시위대를 재설치하고 친위대 및 지방 진위대를 확대·증강하였습니다. 또한 무관 학교를 설립하여 근대적 군사 인재를 양성하였습니다.

경제 개혁은 황실 기구인 궁내부 중심으로 이루어졌으며, 전환국을 통해 백동화를 대량 주조해 근대화 재원으로 활용하였습니다. 광산 개발, 철도 부설, 인삼 전매 등 수익성 높은 사업은 황실 자산 기관인 내장원에서 직접 운영하였고, 금 본위제와 중앙은행 설립도 시도되었습니다. 다만 이 과정에

서 정부 재정이 황실 재정과 이원화되어 결과적으로 국가 재정 확충은 유명무실해지는 한계가 있었습니다. 또한 근대적 토지 소유 제도 확립을 위해 **양전 사업을 실시**하고, **지계아문을 통해 근대적 토지 소유 증명서인 '지계'를 발급**하였습니다. 이 사업은 국가 재정 기반을 확보하고 사유 재산권을 보장하는 데 목적이 있었습니다.

상공업 육성을 위한 '식산흥업 정책'도 활발히 추진되었습니다. 섬유, 철도, 운수, 광업, 금융 등 다양한 분야에서 근대 기업과 공장이 설립되었고, 서양의 기술을 받아들여 전화, 우편, 전차, 철도 등 근대적 도시 기반 시설도 확충되었습니다.

교육 부문에서는 상공 학교, 농림 학교 등 실업·기술 교육 기관을 설립하였고, 근대 산업 기술 습득을 위해 유학생도 해외로 파견하였습니다.

광무개혁은 외세의 간섭 속에서도 자주적 의지를 바탕으로 근대화를 시도한 전제 개혁이었습니다. 하지만 위로부터의 개혁이라는 구조적 한계로 인해 민중의 직접적 지지를 얻기 어려웠고, 집권층의 부정부패, 열강의 간섭, 국제 정세의 변화로 인해 지속성과 효과 면에서 많은 제약을 안고 있었습니다.

로빈의 **역사 KICK**

광무개혁 핵심 정리

구분	내용
정치	• '대한국 국제'(1899) 반포 → 황제 절대권 명시 • 입법·행정·사법·군사·외교 모두 황제에 집중 • 의회제·입헌제는 배제
군사	• 원수부 설치 - 황제 직속 지휘 • 시위대·친위대·진위대 확대 • 무관 학교 설립 - 근대식 군사 교육
외교	• 한청 통상 조약 - 청과 대등 외교 • 대한 제국 칙령 제41호 - 독도 영유권 명시 • 간도에 이범윤 파견 - 간도 실효 지배 시도
경제	• 양전 사업 + 지계 발급 - 근대적 토지 소유제 확립 • 내장원 중심의 황실 재정 강화(광산·철도·인삼 등의 사업 운영) • 백동화 주조, 금 본위제, 중앙은행 설립 시도
산업·도시	• 식산흥업 정책 - 민간 기업·공장 설립 장려 • 전화·우편·전차·철도 등 도시 기반 확충
교육	• 실업 교육 강화 - 상공 학교·농림 학교 등 설립 • 해외 유학생 파견 - 근대 기술 습득 목적

1902~1905년 | 러일 전쟁과 한일 협약

동아시아 패권 전쟁과 조선의 운명

삼국 간섭 이후 한반도를 둘러싸고 러시아는 남하 정책을, 일본은 대륙 진출을 본격화하면서 양국 간의 대립이 심화되었습니다. 이런 가운데 영국은 러시아를 견제하고 일본과의 공조를 강화하기 위해 1902년 '제1차 영일 동맹'을 체결하였습니다.

1903년 **러시아는 압록강 하류 용암포 지역의 삼림 채벌권을 보호한다는 구실로 해당 지역을 강제로 점령**하였고, 이는 일본과 러시아 간 갈등을 더욱 고조시키는 '용암포 사건'으로 이어졌습니다. 위기 상황 속에서 **고종은 1904년 1월 대한 제국의 국외 중립을 선언**하였으나, 일본은 이를 무시하고 같은 해 2월 인천 제물포와 랴오둥반도 뤼순에서 러시아 함대를 기습 공격하여 격침시킴으로써 **'러일 전쟁'**을 일으켰습니다.

전쟁 개시 직후 일본은 서울을 점령하였고, 2월 중순에는 대한 제국과 **'한일 의정서'를 체결**하였습니다.

제1조. 한일 양국 사이에 항구적이고 변함없는 친교를 유지하고 동양 평화를 확

립하기 위하여 대한 제국 정부는 대일본 제국 정부를 확고하게 믿고 시정 개선에 관한 충고를 받아들인다.

　제4조. 제3국의 침해나 혹은 내란으로 인하여 대한 제국 황실의 안녕과 영토의 보전에 위험이 있을 경우 대일본 제국 정부는 신속히 임기응변의 필요한 조치를 취할 수 있다. 그러나 대한 제국 정부는 위 대일본 제국의 행동을 용이하도록 충분한 편의를 제공한다. 대일본 제국 정부는 전항의 목적을 성취하기 위하여 군사 전략상 필요한 지점을 상황에 따라 차지하여 이용할 수 있다.

　제5조. 대한 제국 정부와 대일본 제국 정부는 상호 간에 승인을 거치지 않고 후일본 협정의 취지에 반하는 협약을 제3국과 체결할 수 없다.

　- 한일 의정서

　이를 통해 일본은 조선의 군사 전략 요충지를 자유롭게 점령하고 외교, 내정에도 깊숙이 개입할 수 있는 발판을 마련하였습니다.

　이후 러일 전쟁에서의 전세가 일본에 유리해지자 일본은 1904년 8월 '제1차 한일 협약'을 체결하였습니다. 이 협약으로 대한 제국은 일본 정부가 추천한 인물을 재정 고문과 외교 고문으로 받아들이게 되었고, 이를 '고문 정치'라 부릅니다.

　제1조. 한국 정부는 일본 정부가 추천한 일본인 1명을 재정 고문으로 하여 한국 정부에 용빙하고, 재무에 관한 사항은 일체 그 의견을 물어 시행할 것.

　제2조. 한국 정부는 일본 정부가 추천한 외국인 1명을 외교 고문으로 하여 외부에 용빙하고, 외교에 관한 사항은 일체 그 의견을 물어 시행할 것.

　- 제1차 한일 협약

이에 따라 재정에는 일본인 메가타, 외교에는 미국인 스티븐스가 파견되었고, 대한 제국은 고문의 동의 없이는 자율적인 외교·재정 업무를 할 수 없게 되었습니다. 이듬해인 1905년 러일 전쟁에서 확실한 승기를 잡은 일본은 미국과 '가쓰라·태프트 밀약'을 맺었습니다. 여기서 **일본은 필리핀에 대한 미국의 권리를 인정하는 대신, 미국으로부터 조선에 대한 지배권을 인정받았습니다.**

> 셋째, 미국은 일본이 대한 제국의 보호권을 확립하는 것이 러일 전쟁의 논리적 귀결이며 극동 평화에 직접 이바지할 것으로 인정한다. – 가쓰라·태프트 밀약

이어 일본은 8월 러시아와 '**제2차 영일 동맹**'을 체결하여 영국의 인도 지배를 인정하는 대신 **영국으로부터 한국 지배를 승인받았습니다.** 같은 해 9월에는 '포츠머스 강화 조약'을 통해 러시아로부터도 대한 제국에 대한 일본의 지배권을 공인받았습니다.

> 제2조. 러시아 제국 정부는 일본 제국이 한국에서 정치·군사상 및 경제상의 탁월한 이익을 갖는다는 것을 인정하고 일본 제국 정부가 한국에서 필요하다고 인정하는 지도, 보호 및 감리의 조치를 취하는데 이를 방해하거나 간섭하지 않을 것을 약정한다. – 포츠머스 강화 조약

이로써 일본은 국제적으로 대한 제국 지배에 대한 미국, 영국, 러시아의 승인을 모두 확보하였고, 이는 곧 을사늑약으로 이어지는 결정적 기반이 되었습니다.

한편 일본은 군사·외교적 침탈뿐만 아니라 경제적으로도 조선을 잠식해 나가고 있었습니다. 이미 1876년 '조일 수호 조규 부록'을 통해 일본인은 개항장에서 10리 이내의 거류지를 설정하고 활동할 수 있게 되었으며, 개항장 내에서 일본 화폐의 유통도 허용되었습니다. 또한 같은 해 맺은 '조일 무역 규칙'에서는 일본 상품에 무관세 혜택을 부여하고 양곡의 무제한 유출을 허용함으로써 조선의 농민 경제와 식량 안보에 막대한 타격을 주었습니다.

> 제6칙. 조선국 항구에 거주하는 일본 인민은 양미와 잡곡을 수출, 수입할 수 있다.
> 제7칙. 일본국 정부에 소속된 모든 선박은 항세를 납부하지 않는다.
> – 조일 무역 규칙

이로써 조선은 일본의 경제적 침탈에 사실상 무방비 상태에 놓이게 되었습니다. 이후 1883년 체결된 '조일 통상 장정'을 통해 조선은 일본 상품에 대해 관세를 부과할 수 있는 권리를 얻었고, 곡물 유출을 제한하는 방곡령 시행 규정도 명시되었습니다. 그러나 이 통상 장정에서도 조선은 일본에 최혜국 대우를 인정하였고, 이는 일본 상인의 내지 무역 진출을 정당화하는 기반이 되었습니다. 이처럼 일본은 무력에 의한 외교 압박과 함께 조선 내부 시장과 자원을 광범위하게 장악하며 식민 지배를 준비해 나가고 있었습니다.

로빈의 **역사 KICK**

1902~1905년 일본의 침탈과 외교 사건

연도	사건	주요 내용
1902년	제1차 영일 동맹	영국과 일본이 러시아 견제를 위해 동맹 체결
1903년	용암포 사건	러시아가 용암포 무단 점령 → 한반도 긴장 고조
1904년 2월	러일 전쟁 발발	일본, 제물포·뤼순에서 러시아 함대 선제 공격
1904년 2월	한일 의정서	일본군 주둔과 전략 요충지 점령 권한 확보
1904년 8월	제1차 한일 협약	재정·외교 고문(메가타·스티븐스) 파견 → 대한 제국의 자율권 상실
1905년 7월	가쓰라·태프트 협약	미국의 필리핀 지배, 일본의 조선 지배 상호 인정
1905년 8월	제2차 영일 동맹	영국의 인도 지배, 일본의 조선 지배 상호 인정
1905년 9월	포츠머스 조약	러시아, 일본의 조선 지배 인정

1905~1910년 | 을사늑약과 국권 피탈

무너진 외교, 잃어버린 나라

러일 전쟁에서 승리한 일본은 1905년 11월 고종 황제와 대한 제국의 대신들을 협박하고 회유하여 **을사늑약(제2차 한일 협약)을 강제로 체결**하였습니다. 이 조약으로 대한 제국은 **외교권을 박탈당했고, 일본은 초대 통감으로 이토 히로부미를 임명하고 통감부를 서울에 설치**하였습니다. 그 결과 대한 제국은 외교는 물론 내정 전반에 걸쳐 일본의 간섭을 받게 되면서 실질적으로 일본의 보호국으로 전락하였습니다.

> 제2조. 일본국 정부는 한국과 타국 사이에 현존하는 조약의 실행을 완수하는 책임을 지며 한국 정부는 금후 일본국 정부의 중개를 거치지 않고서는 국제적 성질을 가진 어떠한 조약이나 약속을 하지 않을 것을 약속한다.
> 제3조. 일본국 정부는 그 대표자로서 한국 황제 폐하의 아래에 1명의 통감을 두되, 통감은 오로지 외교에 관한 사항을 관리하기 위하여 서울에 주재하고, 직접 한국 황제 폐하를 궁중에서 알현할 권리를 가진다.
> – 을사늑약

고종 황제는 을사늑약의 부당함을 세계에 알리고 국권을 회복하고자 다방면으로 노력하였습니다. 미국인 자문관 헐버트를 특사로 미국에 파견하여 외교적 지원을 요청하였으며, 1907년에는 **네덜란드 헤이그에서 열린 만국 평화 회의에 이상설, 이준, 이위종을 특사로 보내** 외교권 회복을 위한 국제 여론전을 시도하였습니다. 이들은 황제의 서명 없이 체결된 조약은 무효임을 주장하며 일본의 침략을 고발하였지만, 일본의 방해와 열강의 외면 속에 큰 성과를 얻지 못하였습니다. 이후 **일본은 이를 구실로 고종을 강제 퇴위**시키고 황태자 순종을 즉위시켰습니다.

◎─ 헤이그 특사(이준, 이상설, 이위종)

을사늑약에 대한 국내의 저항도 거셌습니다. **최익현, 신돌석** 등은 의병을 일으켜 '**을사의병**'으로 맞섰으며, **민영환**, 조병세 등의 우국지사들은 자결로 항거하였습니다. **장지연**은 「황성신문」에 '시일야방성대곡'이라는 논설을 실어 조약을 강력히 규탄하였습니다.

소위 우리 정부의 대신이라는 자들이 출세와 부귀를 바라고 거짓 위협에 겁을 먹어 뒤로 물러나 벌벌 떨며 매국의 역적이 되기를 달게 받아들였다.

4,000년 강토와 500년 종사를 남에게 바치고 2,000만 국민을 남의 노예로 만드니……

아! 원통하고, 아! 분하도다. 우리 2,000만 남의 노예가 된 동포여! 살았는가, 죽었는가!

단군, 기자 이래 4,000년 국민정신이 하룻밤 사이에 갑자기 멸망하고 말 것인가.

원통하고 원통하다. 동포여, 동포여!

- 시일야방성대곡

또한 나철, 오기호 등은 을사늑약 체결에 가담한 이완용 등 을사오적을 처단하기 위해 **5적 암살단을 조직하였습니다.** 이재명은 명동 성당 앞에서 **이완용 암살을 시도하였고, 장인환, 전명운**은 미국 샌프란시스코에서 **외교 고문 스티븐스를 저격**하였습니다. 나아가 **1909년 안중근은 만주 하얼빈에서 이토 히로부미를 저격**하여 조선인의 분노를 전 세계에 알렸습니다.

일본은 1907년 7월 '**한일 신협약**(정미 7조약)'을 **체결**하여 대한 제국의 행정권을 장악하고 내각 각 부서에 일본인 차관을 임명하는 **차관 정치를 시행**하였습니다. 이어서 부속 기밀 각서를 통해 **대한 제국 군대의 해산도 결정**하였습니다.

제1조. 한국 정부는 시정 개선에 관하여 통감의 지도를 받는다.

제2조. 한국 정부의 법령 제정 및 중요한 행정상의 처분은 미리 통감의 승인을

거친다.

    제4조. 한국의 고등 관리를 임명하고 해임시키는 것은 통감의 동의에 의하여 집행한다.

    제5조. 한국 정부는 통감이 추천한 일본인을 한국의 관리로 임명한다.

    제6조. 한국 정부는 통감의 동의 없이 외국인을 초빙하여 고용하지 않는다.

  – 한일 신협약(정미 7조약)

1909년 7월 일본은 **'기유각서'를 체결하여 대한 제국의 사법권과 감옥 관리권을 박탈**하였고, 이어서 경찰권 위탁 각서를 통해 치안권마저 장악하였습니다. 이와 동시에 일본은 친일 인사들과 함께 '합방 청원 운동'을 벌이며 여론을 조작하였고, 마침내 1910년 8월 '한일 병합 조약'을 강제 체결하여 대한 제국을 완전히 병합하였습니다. 이로써 조선은 '대한 제국'이라는 국호를 잃고, 일본 제국의 식민지인 '조선'으로 불리게 되었으며, 조선 총독이 최고 통치자로 군림하게 되었습니다.

로빈의 역사 KICK

1905~1910년 한일간 주요 협약

연도	협약명	주요 내용	영향 및 특징
1905년	을사늑약 (제2차 한일 협약)	• 외교권 박탈 • 통감부 설치(초대 통감: 이토 히로부미)	• 대한 제국 → 일본 보호국 전락 • 고종의 헤이그 특사 파견 시도 • 민영환, 장지연, 을사의병 등 격렬한 저항
1907년	한일 신협약 (정미 7조약)	• 통감의 행정 간섭 강화 • 각 부에 일본인 차관 임명(차관 정치) • 대한 제국 군대 해산(부속 기밀 각서)	• 내정 장악 완성 • 군대 해산 → 정미의병 확산
1909년 7월	기유각서	• 사법권과 감옥 사무 박탈	• 사법 주권 상실 • 일본식 법 체계 확대
1909년 7월 이후	경찰권 위탁 각서	• 경찰권 박탈 → 일본 경찰에 이양	• 치안권 상실, 치안 통제 완전 장악
1910년 8월 29일	한일 병합 조약	• 조선의 국권 완전 박탈 • 일본에 의한 조선 병합 공식화	• 대한 제국 → 일본 식민지 조선 • 조선 총독부 설치, 식민 통치 시작

PART 06.

일제 강점기

1910~1919년 | 무단 통치와 식민 지배

칼과 규율로 제압한 조선

1910년 일제는 대한 제국의 국권을 강탈한 뒤 조선을 본격적으로 식민 지배하기 위해 '조선 총독부'를 설치하였습니다. 조선 총독은 일본 국왕에 직속된 식민지의 최고 통치권자로서 **일본 육해군 대장 출신 가운데 임명**되었고, 입법·사법·행정권은 물론 군 통수권까지 장악하며 막강한 권한을 행사했습니다.

총독부와 각급 행정 기관의 고위 관리는 대부분 일본인이었고, 형식적으로 한국인의 정치 참여를 보장하기 위해 설치된 중추원도 실상은 이완용, 송병준 등 친일 인사들로 구성되어 민의를 반영할 수 없는 허수아비 기구에 불과했습니다.

일제는 지방 행정 조직을 13도 12부 220군 체제로 개편하였으며, 군·면·동·리 단위를 통폐합하여 전통적 지역 공동체를 해체하고 지방 세력을 약화시키려 하였습니다. 이 과정에서 전직 관리나 지역 유지들을 면장으로 임명하여 식민 지배의 하위 협력자로 활용하였습니다.

이 시기의 식민 통치는 **무단 통치**라는 이름 그대로 칼과 규율을 앞세운 강압적 지배 체제였습니다. 일제는 전국에 경찰 관서와 헌병대를 설치하고 헌병이 일반 경찰 업무는 물론 일반 행정까지 관할하는 **헌병 경찰 제도를 실시**하였습니다. 헌병 경찰은 단순한 치안을 넘어 세금 징수, 검열, 언론 통제, 교육 통제, 정보 수집까지 관장하며 일상을 감시하고 통제하였고, 1910년에는 **범죄 즉결례를 적용해 구류, 태형, 3개월 이하 징역 등에 해당하는 범죄에 대해서는 재판 없이 직접 처벌할 수 있는 즉결 처분권**을 가지게 되었습니다.

1911년에는 '105인 사건'으로 신민회를 해체하며 조직적인 독립운동을 탄압하였습니다. 이 사건은 데라우치 총독 암살 음모를 꾸몄다는 혐의를 씌워 600여 명을 체포, 이 중 105인을 기소한 대표적 조작 사건입니다. 이어 1912년에는 **'조선 태형령'을 제정하여 조선인에게만 적용되는 가혹한 형벌을 법제화**하였습니다.

- 3개월 이하의 징역 또는 구류에 처하여야 할 자는 그 정상에 따라 태형에 처할 수 있다.
- 태형은 감옥 또는 즉결 관서에서 비밀리에 행한다.
- 조선인에 한하여 5대 이상의 태형에 처할 수 있다.
- 본령은 조선인에 한하여 적용된다.

   – 조선 태형령

일제는 학교 교원과 일반 관리자에게 제복과 칼 착용을 의무화하여 위압적 분위기를 조성하고, 보안법, 신문지법, 출판법 등을 제정하여 언론·출판·집회·결사의 자유를 전면 억압하였습니다. 「황성신문」, 「대한매일신보」 등 민족 신문이 폐간되었고, 민족주의 계열의 학회나 출판 활동도 강제 해산되거나 금지되었습니다.

또한 일제는 1911년 '**제1차 조선 교육령'을 제정**하여 한반도를 영구히 일본의 영토로 삼고, 식민 통치에 순응하는 한국인을 육성하고자 하였습니다. 이 교육령은 '내선일체'를 표방했으나 실질적으로는 일본인이 다니는 소학교와 조선인이 다니는 보통학교의 수업 연한이 달랐습니다. 즉 **한국인에게는 훨씬 더 단순한 보통 교육과 실업 교육이 행해졌습니다.** 더불어 고등교육기관의 수가 턱없이 적고 대학이 없어 고등 교육의 기회가 극히 제한되었습니다.

> 제2조. 교육은 교육에 관한 칙어에 입각하여 충량한 국민을 육성하는 것을 본의로 한다.
> 제5조. 보통 교육은 보통의 지식 기능을 부여하고, 특히 국민된 성격을 함양하며, 국어(일본어)를 보급함을 목적으로 한다.
> 제6조. 실업 교육은 농업·상업·공업 등에 관한 지식과 기능을 가르치는 것을 목적으로 한다.
> – 제1차 조선 교육령

민족 교육의 뿌리를 지키려던 사립 학교들은 지속적인 탄압으로 급격히 감소하였고, 이를 피해 민족 교육을 지속하고자 하는 개량 서당이 늘어나자 1918년에는 '서당 규칙'을 발표하여 민족 정체성과 역사 의식을 기르는 교육조차 억압하였습니다.

이처럼 1910년대는 강압과 억압, 통제와 감시로 일관된 식민 지배의 시작이었습니다. 하지만 이러한 억압은 결국 민중의 분노를 키워 1919년의 3·1 운동으로 이어지는 불씨가 되었습니다.

> 로빈의 **역사 KICK**

무단 통치기 핵심 정리

구분	주요 내용
정치	• 조선 총독부 설치: 총독이 모든 권력(입법·행정·사법·군사) 장악 • 헌병 경찰제·태형령·범죄 즉결례 등 강압 통치 • 신민회 해산(105인 사건), 정치적 저항 전면 탄압
경제	• 토지 조사 사업으로 토지 수탈 기반 마련 • 일본인 지주 확대, 농민 몰락 시작 • 본격 수탈은 1920년대부터 가속
사회·문화	• 신문·출판·결사 자유 철저히 제한 • 제1차 교육령: 일본어 중심, 고등 교육 제한 • 서당 규칙 제정, 민족 교육 탄압

1910~1918년

토지 조사 사업

땅을 빼앗고 농민을 내몬 제국의 장부

무단 통치를 강화하던 일제는 보다 효과적인 식민 통치를 위하여 기초 자료 수집 작업에 착수하였습니다. 이를 위해 **임시 토지 조사국**을 설치하고 토지 소유권, 지명, 가격, 면적 등에 대한 대대적인 조사를 시작하였으며, 1912년에는 **'토지 조사령'을 공포**하며 토지 조사 사업을 본격화하였습니다.

> 제1조. 토지의 조사 및 측량은 본령에 의한다.
>
> 제4조. 토지 소유자는 조선 총독이 정하는 기간 내에 주소, 씨명 또는 명칭 및 소유지의 소재, 지목, 자번호, 사표, 등급, 지적, 결수를 임시 토지 조사 국장에게 신고해야 한다. 단, 국유지는 보관 관청이 임시 토지 조사 국장에게 통지해야 한다.
>
> 제6조. 토지의 조사 및 측량을 할 때, 조사 측량 지역 내의 2인 이상의 지주로 총대를 선정하고 조사 및 측량에 관한 사무에 종사하게 할 수 있다.
>
> – 조선 총독부 관보

일제는 이 사업이 지세 부담의 공정성 확보와 근대적인 토지 소유 제도 정착을 위한 것이라고 선전하였지만, 실질적 목적은 지세를 안정적으로 확보하고 토지의 매매와 저당을 용이하게 하여 일본인의 토지 투자를 활성화하는 데 있었습니다.

조사는 소유권을 가진 자가 일정 기간 내 서류를 제출해야만 그 권리를 인정받는 신고주의 방식으로 진행되었는데, **기간은 촉박하고 절차는 복잡했으며, 관련 서류를 제대로 갖추기 어려웠던 이들이 많아 미신고 토지가 급증**(기한 후 신고 경우에도 결국 토지 소유권 인정은 받음)하였습니다. 이 과정에서 일제는 소유자가 불명확한 토지를 총독부의 국유지로 편입하였습니다. 대상에는 미신고 토지, 궁방전(황실 소유지), 역둔토(관유지), 문중 공유지 등이 포함되었고, 그 결과 조선 총독부는 전체 농경지의 약 10%를 직접 소유하게 되었습니다. 이렇게 확보한 국유지는 동양 척식 주식회사를 비롯한 일본 기업들과 일본인 지주들에게 헐값에 대거 매각되었고, 이로 인해 일본 농업 회사들이 조선에 대거 진출하게 되었으며, 이주한 일본인들은 단숨에 대지주로 성장하였습니다.

일제는 대체로 지주의 소유권만을 인정하고, 전통적 관습이었던 **소작농의 경작권**(도지권)**은 공식적으로 인정하지 않았습니다.** 이로 인해 지주에게 일정 기간만 땅을 빌려 쓰는 기한부 소작인의 수가 증가하고, 농민이 고향을 떠나 유랑하는 것이 사회적 문제가 되었습니다.

소작인들은 대부분 고율의 소작료를 부담해야 했고, 토지 계약에서 매우 불리한 조건을 감수해야 했습니다. 생활고에 시달리던 농민들은 화전민이나 도시 빈민으로 몰락하거나, **생계를 찾아 만주, 연해주, 일본 등지로**

이주하는 상황에 내몰렸습니다.

> 로빈의 **역사 KICK**

토지 조사 사업의 결과
- 총독부가 조선 전체 농경지의 약 10%를 국유지로 편입
→ 미신고 토지, 문중 공유지, 궁방전 등이 대상
- 소유권 없는 소작농은 권리 박탈
→ 지주만 법적 소유권 인정, 소작농은 기한부 소작인으로 전락
- 고율 소작료와 생계 악화
→ 농민이 화전민·도시 빈민화, 만주·연해주 등지로 대량 이주
- 일본 자본의 토지 독점 강화
→ 동양 척식 주식회사 등 일본 기업이 국유지 헐값 매입
➡ 결과적으로 조선 농업 기반이 붕괴되고 식민지 지주제가 확립됨

1910~1918년

회사령과 자원 수탈

민족 자본의 싹을 자르다

일제는 식민 지배를 강화하면서 한국인의 산업 활동을 억제하고 **민족 자본의 성장을 철저히 통제**하였습니다. 조선 총독부는 1910년 '회사령'을 공포하고, 한국인의 기업 설립을 법적으로 제약하였으며, 기업 활동 전반을 총독의 허가와 통제하에 두었습니다.

> 제1조. 회사의 설립은 조선 총독의 허가를 받아야 한다.
> 제2조. 조선 밖에서 설립된 회사가 조선에 본점이자 지점을 둘 때에도 조선 총독의 허가를 받아야 한다.
> 제5조. 회사가 본령 혹은 본령에 의거하여 발하는 명령과 허가 조건에 위반하거나 또는 공공질서와 선량한 풍속에 반하는 행위를 할 때, 조선 총독은 사업의 정지·금지, 지점의 폐쇄 또는 회사의 해산을 명령할 수 있다.
> – 회사령

이로 인해 전기·철도·금융 등 중대 산업은 모두 일본 기업이 독점하게 되었고, 한국인 기업은 경공업과 소규모 제조업 수준에 머무를 수밖에 없었습니다. **민족 자본 형성의 기반 자체가 제도적으로 차단된 것입니다.**

이 밖에도 일제는 조선의 자원을 체계적으로 약탈하기 위해 다양한 법령을 제정하였습니다. 1911년 '삼림령'과 1918년 '임야 조사령'을 발표하고 전국 산림과 임야를 국유화하였는데, 특히 압록강·두만강 유역에서의 벌채를 통해 일본 내 수요를 충족시킬 목적으로 대규모 목재를 유출하였습니다. 또한 1911년에는 '조선 어업령'을 제정해 어업권을 허가제로 바꿈으로써 일본 어민들에게 주요 어장을 내주었고, 1915년 '조선 광업령'을 통해 **한국인의 광산 운영을 제한하여 지하자원 역시 일본 기업이 독점**하게 만들었습니다.

그뿐만 아니라 일제는 담배·소금·인삼 등 주요 상품에 대해 전매 제도를 실시, 생산과 유통을 독점하여 막대한 수익을 챙겼습니다. 한국은행은 '조선은행'으로 개칭되었고, '조선 식산 은행'이 설립되어 일본 자본의 산업 장악을 위한 금융 기반이 마련되었습니다.

자원 약탈과 수탈을 위한 물류 기반 시설 정

◎— 일제가 건설한 간선 철도망과 주요 항만

비도 빠르게 진행되었습니다. 일제는 농산물, 지하자원 등을 빠르게 반출하고 일본 상품을 효율적으로 들여오기 위해 철도·도로·항만 등 기간 시설을 적극 확충하였습니다. 1914년에는 호남선과 경원선 철도가 개통되면서 'X자 형태의 간선 철도망'이 완성되었고, 이는 수탈을 위한 공급망 구조로 활용되었습니다.

> **로빈의 역사 KICK**
>
> **1910~1918년 일제의 회사령과 자원 수탈 정책**
> - 회사령: 기업 설립 총독 허가제 → 한국인 기업 활동 억제, 일본 기업 독점
> - 자원 수탈 법령: 삼림령·광업령·어업령 등으로 산림·광산·어장 일본이 장악
> - 전매 제도: 담배·소금·인삼 등 생산·판매를 총독부가 독점
> - 금융 지배: 조선은행·조선 식산 은행 설립 → 일본 자본 투자 기반 마련
> - 물류 인프라: 철도·도로 확충(호남선·경원선 등) → 자원·농산물 반출 용이화

1919~1929년
문화 통치와 치안 유지법

겉은 부드럽고 속은 더 강해진 통제

3·1 운동은 조선 전역에서 거족적인 저항을 이끌어냈고, 일제의 식민 통치에 대한 국제 사회의 비난도 거세졌습니다. 특히 민간인에 대한 집단 학살과 고문 등 만행이 알려지면서 무단 통치의 한계가 분명히 드러났습니다. 이에 일제는 통치 방식을 전환하여 겉으로는 부드럽게 보이는 이른바 **'문화 통치'를 선언**하였습니다.

새롭게 부임한 조선 총독 사이토 마코토는 "조선인의 문화와 이익을 존중한다"는 취지의 통치 방침을 발표하며 유화적인 제스처를 보였습니다. 실제로 일제는 **문관 총독 임명이 가능하도록 법을 바꾸었고, 헌병 경찰제를 폐지한 후 보통 경찰제를 시행**하였습니다. 또한 언론·출판·결사에 대한 제한을 완화하겠다며 1920년 「조선일보」와 「동아일보」 창간을 허가하고 한글 신문 발행을 일부 인정하기도 하였습니다. 교육 면에서는 1922년 **제2차 조선 교육령을 발표**하여 보통학교의 수업 연한을 6년으로 늘리고 고등 보통학교를 증설하는 등 형식적인 변화도 시도하였습니다.

> 총독은 문무관 어느 쪽이라도 임용될 수 있는 길을 열고, 헌병에 의한 경찰 제도를 바꿔 경찰에 의한 경찰 제도를 채택할 것이다. 복제를 개정하여 관리와 교원이 제복을 입고 칼을 차던 것을 폐지하고, 조선인의 임용과 대우를 더 많이 고려하고자 한다. – 조선 총독 사이토 마코토 통치 방침 발표

하지만 이는 형식적인 변화에 불과하였습니다. **총독직에는 끝내 문관이 한 명도 임명되지 않았고, 경찰 조직은 이전보다 인원, 예산, 장비 모두 3배 이상 확대**되었습니다. 일제는 1925년 '치안 유지법'을 제정해 항일 세력, 특히 사회주의 계열 독립운동가를 집중 탄압하였으며, 고등 경찰제를 도입해 민족 운동 전반에 대한 감시와 처벌을 제도화하였습니다.

> 제1조. 국체를 변혁하는 것을 목적으로 하는 결사를 조직한 자 또는 결사의 임원, 기타 지도자의 임무에 종사한 자는 사형이나 무기 또는 5년 이상의 징역 또는 금고에 처한다. …… 사유 재산 제도를 부인하는 것을 목적으로 결사를 조직한 자, 결사에 가입한 자 또는 결사의 목적 수행을 위해 행위를 한 자는 10년 이하의 징역 또는 금고에 처한다. – 치안 유지법

언론에 허용된 자유 역시 매우 제한적이었습니다. 「조선일보」, 「동아일보」 등은 잦은 검열과 기사 삭제, 정간 조치를 받았고, 사설이나 논평은 대부분 통제 대상이었습니다. 정치 참여 확대를 위한다는 명목으로 지방 평의회·협의회가 설치되었지만 실제 권한은 없었고, 구성원도 대부분 일본인 또는 친일 인사로 채워졌습니다.

교육 확대 역시 허울뿐이었습니다. 보통학교 수는 늘어났지만 학비 부

담이 컸고, 1920년대 후반까지 조선인의 취학률은 20%를 넘지 못하였으며, 고등 교육으로 올라갈수록 그 문은 더욱 좁아졌습니다. 일제는 초등·실업 교육에만 초점을 맞추었고 민족 동화 교육을 강화하였으며, **1924년에는 경성 제국 대학을 설립**하고 이를 구실로 고등 교육 기관의 설립을 억제하였습니다.

이러한 문화 통치 아래 일부 민족주의 진영에서는 참정권이나 자치를 주장하는 자치론, 민족 개조론, 참정론 등의 타협적 주장도 등장하였습니다. 이는 일제의 유화 정책과 억압 정책이 공존하는 상황 속에서 민족 내부의 분열을 유도하는 전략의 결과이기도 했습니다.

로빈의 역사 KICK

문화 통치기 핵심 정리

구분	주요 내용
정치	• 헌병 경찰제 폐지, 보통 경찰제 도입 • 치안 유지법(1925)으로 사상 탄압 강화 • 지방 자문 기구 설치(형식적 운영)
경제	• 회사령 유지, 한국인 기업 활동 제한 • 일본 자본 우위 지속
사회·문화	• 「조선일보」, 「동아일보」 창간(검열·정간 잦음) • 제2차 교육령(보통학교 6년제), 취학률 낮음 • 경성 제국 대학 설립 → 고등 교육 기관 설립 억제

1918~1929년 | 산미 증식과 일본 자본 침투

쌀은 일본으로, 고통은 조선 농민에게

　제1차 세계 대전 전후, 일본은 인구 증가와 공업화의 진전에 따라 쌀 수요가 급격히 증가하였습니다. 여기에 경제 호황으로 인한 물가 상승과 쌀 생산량 감소가 겹쳐 1918년 '쌀 파동'이 일어나면서 일본 사회는 심각한 식량 위기를 겪게 되었습니다. 이를 해결하기 위해 일제는 조선을 자국의 식량 공급 기지로 삼고자 1920년부터 **'산미 증식 계획'을 본격적으로 추진**하였습니다.

　조선에서는 쌀 생산을 늘리기 위해 개간·간척 사업, 수리 시설 확충, 다수확 품종 보급, 비료 사용 확대 등 다양한 정책이 시행되었습니다. 논 면적이 확대되었고, **군산항과 목포항** 등을 통해 대량의 쌀이 일본으로 반출될 수 있는 수송 체계도 정비되었습니다. 쌀 생산량의 증가에도 불구하고 **조선 내 식량 사정은 악화**되었습니다. **증산된 쌀의 대부분이 일본으로 수출**되었기 때문에 한국인의 1인당 쌀 소비량은 오히려 감소하였고, 일제는 그 대책으로 만주에서 조, 수수, 콩 등 잡곡을 대량 수입하여 조선에 유통시켰습니다. 이는 조선인들이 질 낮은 곡물로 끼니를 연명해야 했던 현실을 반영합니다.

이러한 구조에서 가장 큰 이익을 얻은 집단은 지주였습니다. 일본과 한국의 지주들은 소작농으로부터 쌀을 고율의 소작료로 거두어 일본에 되팔았고, 쌀 증산에 드는 수리 조합비, 개량비, 비료 대금 등 추가 비용을 고스란히 소작인에게 전가하였습니다. 결과적으로 조선 농민들의 삶은 점점 피폐해졌으며, 많은 이들이 도시 빈민으로 전락하거나 만주, 연해주 등으로 이주할 수밖에 없는 상황에 몰렸습니다.

한편 제1차 세계 대전에서 막대한 이윤을 축적한 일본은 **1920년 '회사령'을 폐지**하고 **회사 설립을 허가제에서 신고제로 완화**하였습니다. 이로 인해 일본 대기업과 자본이 대거 조선으로 진출하였고, 면방직·식품·경공업 분야는 물론 금융, 광업, 유통 전반에 걸쳐 미쓰이, 미쓰비시, 노구치 등의 독점 자본이 자리 잡았습니다.

1923년에는 관세 철폐를 통해 일본 상품이 조선에서 저가로 유통될 수 있게 되었고, 이는 조선의 민족 기업을 심각하게 위축시켰습니다. 이어 1928년 '신은행령'을 발표하여 한국인 소유 은행을 강제 통합시킴으로써 금융 주도권 역시 조선은행 등 일본계 기관에 집중되었습니다.

결국 이 시기에 조선은 식량·자원·노동력 공급처로 철저히 구조화되었으며, 경제적 수탈과 민족 자본 말살이 동시에 이루어졌습니다. 이는 곧 1930년대 공업화와 전시 동원 체제로 이어지는 기초 작업이기도 했습니다.

로빈의 역사 KICK

산미 증식 계획과 일본 자본 침투

산미 증식 계획의 본질
- 쌀 증산 → 대부분 일본으로 수출
- 조선 농민의 식량 사정 악화, 잡곡으로 연명
- 농민은 고율 소작료 + 각종 비용 부담 → 생계 악화, 이주 증가

일본 자본 침투의 구조화
- 1920년 회사령 폐지 → 일본 대기업 조선 진출 본격화
- 1923년 관세 철폐 → 일본 상품에 밀려 민족 기업 위축
- 1928년 신은행령 → 한국인 은행 강제 통합 → 금융권 장악

1931~1943년 | 병참 기지화와 민족 말살 통치

전쟁터가 된 조선, 지워지는 조선인의 정체성

　제1차 세계 대전 동안 호황을 누렸던 일본은 전쟁 종료 후 수출 시장 위축과 대공황으로 인해 심각한 경제적 위기를 맞았습니다. 이를 타개하고자 일본 군부는 전쟁을 통해 군수 공업을 육성하고, 일본·한국·만주를 연결하는 경제 블록을 구축하여 위기를 돌파하려는 전략을 세웠습니다.

　이 전략은 1931년 만보산 사건과 자작극이었던 만주 철도 폭파 사건을 빌미로 시작된 '만주 사변'으로 본격화됩니다. 일본은 1932년 만주를 점령한 뒤 괴뢰국인 '만주국'을 수립하였고, 이로써 한국은 중화학 군수 공업의 거점, 만주는 농업과 원료 공급지로 기능하게 됩니다. 특히 **함경도 등 조선 북부에는 화학·금속 공장이 집중 설립**되었고, 전력 생산을 위한 대형 발전소가 건설되는 등 공업화가 본격 추진되었습니다.

　이와 함께 일제는 **'남면북양'** 정책을 시행하여 **한반도 남부에서는 목화 재배, 북부에서는 양 사육을 강제함**으로써 일본의 산업 원료를 안정적으로 공급받고자 하였습니다.

그러나 만주 침략만으로 경제난을 극복하기에는 역부족이었습니다. 이에 일본은 1937년 '노구교 사건'을 구실로 중국 본토를 침략, 중일 전쟁을 일으켰습니다. 전쟁이 확대되자 일본은 **조선을 '병참 기지'로 전환**하고 물자와 인력을 대규모로 동원하는 계획을 추진하였습니다.

이를 위해 일제는 **1938년 '국가 총동원법'을 제정**하고 조선을 전시 체제로 전환시켰습니다. 조선의 인적·물적 자원은 일본의 침략 전쟁에 동원되었고, 동시에 '황국 신민화' 정책이 본격적으로 시행되었습니다. 이는 한국인을 일본인으로 동화시켜 전쟁 수행에 적극 참여시키는 것을 목표로 하였습니다. 학교에서는 '황국 신민 서사' 암송이 의무화되었고, 신사 참배와 궁성 요배가 강요되었으며, 소학교는 '황국 신민 학교'의 줄임말인 '국민학교'로 개칭되었습니다.

1. 우리는 황국 신민이다. 충성으로써 군국에 보답한다.
2. 우리들 황국 신민은 신애 협력 단결을 굳게 한다.
3. 우리들 황국 신민은 인고 단련의 힘을 길러 황도를 선양한다.
   – 황국 신민 서사

이와 더불어 일본은 '내선일체'(일본과 조선은 하나)와 '일선동조론'(조선과 일본은 같은 조상) 등을 내세워, 1940년부터 '창씨개명'을 강요하였습니다. 응하지 않으면 공직 진출, 교육 기회, 사회적 참여 등에서 불이익이 따랐습니다.

또한 1938년에는 '제3차 조선 교육령'을 통해 조선인 학교 명칭을 일본식으로 바꾸고, 조선어 교육을 선택 과목으로 축소하였습니다. 결국 1943

년에는 조선어 과목이 완전히 폐지되었으며, 수업 연한도 단축되었습니다. 1940년 「조선일보」, 「동아일보」 등 모든 민간 언론은 강제 폐간되었고, 한국어와 문화 연구 중심이던 진단 학회도 해산되었습니다.

사상 통제 역시 강화되어 1936년 '조선 사상범 보호 관찰령', 1941년 '조선 사상범 예방 구금령'이 발표되었고, 독립운동가와 사회주의자는 형을 마친 뒤에도 계속 감시와 구금 대상이 되었습니다. 1942년에는 『우리말 큰사전』 편찬 작업 중이던 조선어 학회를 독립운동 단체로 몰아 강제 해산시킨 '조선어 학회 사건'이 발생하는 등 언어와 학문, 민족 정체성까지 철저히 말살하려는 통치 방식이 정점에 이르렀습니다.

로빈의 역사 KICK

1931~1943년 병참 기지화와 민족 말살 통치
- 전쟁과 동원: 만주사변(1931), 중일 전쟁(1937) → 조선 병참 기지화, 자원·인력 총동원
- 공업화: 북부 중심 군수 공업 육성, 발전소·공장 건설, 남면북양 정책 추진
- 황국신민화: 황국 신민 서사, 신사 참배, 창씨개명(1940), 내선일체
- 언어·문화: 조선어 과목 축소 → 폐지(1943), 국민학교로 명칭 변경, 신문·학회 강제 해산
- 사상 통제: 사상범 감시·예방 구금, 조선어 학회 사건(1942) 등 민족 정체성 말살

1930~1945년 | 일제의 경제 침탈

총력전을 위한 수탈과 저항의 불씨

1929년 대공황 이후 일본은 경제 혼란과 정치적 위기를 극복하기 위한 방안으로 침략 전쟁을 본격화하였습니다. 일본은 전쟁 물자 확보를 위해 한국을 군수 물자를 공급하는 병참 기지로 전환하려는 전략을 추진하였고, 그 일환으로 **식민지를 공업화**하여 금속·기계·화학 공업을 집중적으로 육성하고 선박, 차량, 비행기, 화약 등을 제조하는 공장을 세워 필요한 물자를 생산하였습니다. 이로 인해 **공업 발전은 주로 북부 지역에 집중**되었고, 경공업보다 중화학 공업의 비중이 커지면서 **산업 구조 내 불균형도 심화**되었습니다.

한편 당시 한국의 농촌 사회는 다양한 경제적 어려움에 직면해 있었습니다. 특히 소작 농민들의 삶은 매우 열악하였고, 이는 전국적인 소작 쟁의 확산으로 이어졌습니다. 이에 일제는 농촌 자력갱생과 경제 안정화를 명분으로 **'농촌 진흥 운동'을 전개**하였습니다. 1934년에는 **'조선 농지령'을 제정**하여 농민의 불만을 잠재우려 했지만, 실제로는 소작 쟁의를 무마하고 농민을 황국 농민으로 동화시키려는 의도가 숨어 있었습니다. 이와 함께 '자력갱생'을 주제로 한 농가 갱생 계획도 추진되었지만 실질적인 효과를 거두지는 못하였습니다.

1937년 중일 전쟁이 발발하자 일본은 1938년 '국가 총동원법'을 제정하고 전투 병력 확보를 위해 **1938년에는 지원병제를, 1939년에는 징용제를, 1943년에는 학도 지원병제를, 1944년에는 징병제를 시행**하였습니다. 수많은 한국 청년들이 전쟁터로 강제 동원되었고, 노동력을 보강하기 위해 1939년에는 '국민 징용령'을 공포하여 탄광, 비행장, 군수 시설 등에 강제로 투입하였습니다. 또한 1944년에는 '여자 정신 근로령'을 통해 여성들을 군수 공장 등에서 일하게 하였고, 이 중 일부는 전쟁터로 이송되어 일본군 '위안부'로 끔찍한 삶을 강요당하였습니다.

전쟁이 확대됨에 따라 일본은 한국에서의 물자 수탈을 가속화하였습니다. 군수 산업에 필요한 철광석, 석탄 등의 지하자원을 약탈하고, 다양한 형태의 세금을 부과하는 한편 위문 금품 모금, 국방 헌금 강요, 저축 강제 등을 시행하였습니다. 1940년대 들어 군량미 확보를 위해 산미 증식 계획이 재개되었고, **미곡 공출제**와 식량 배급제를 통해 한국인의 식량까지 수탈하였습니다. 또한 **금속 공출제**를 통해 교회 종, 사찰 불상, 가정용 놋그릇과 숟가락까지도 빼앗아 갔습니다.

교육 분야 역시 전시 체제에 맞춰 개편되었습니다. 1943년에는 '제4차 조선 교육령'이 공포되어 수업 연한을 단축하고, 군사 훈련을 실시하였습니다.

제4조. 정부는 전시에 국가 총동원상 필요할 때는 칙령이 정하는 바에 따라 제국 신민을 징용하여 총동원 업무에 종사하게 할 수 있다.

제8조. 물자의 생산·수리·배급·양도 기타의 처분, 사용·소비·소지 및 이동에 관하여 필요한 명령을 내릴 수 있다.

제20조. 정부는 전시에 국가 총동원상 필요할 때는 칙령이 정하는 바에 따라 신문지, 기타 출판물의 게재에 대하여 제한 또는 금지를 행할 수 있다.

– 국가 총동원법

이처럼 일제는 침략 전쟁을 위해 조선 사회를 철저히 통제하며 인적·물적 자원을 수탈하였고, 민족 정체성과 주체성을 말살하려는 정책을 지속적으로 펼쳤습니다.

로빈의 역사 KICK

1930~1945년 일제 전시 수탈 체제

구분	주요 내용
인력 동원	• 지원병제(1938) → 징용제(1939) → 학도 지원병제(1943) → 징병제(1944) • 여성: 여자 정신 근로령으로 강제 동원
물자 수탈	• 군수 자원: 철광석·석탄 수탈 • 미곡 공출제, 금속 공출제, 헌금 강요, 식량 배급제 시행
교육 통제	• 제4차 조선 교육령(1943): 군사 훈련 포함, 조선어·한국사 완전 폐지

1910~1915년

국내 비밀 결사 운동

침묵 속에서도 꺼지지 않은 독립의 불씨

국권을 상실한 이후 국내의 민족 운동은 일제의 철저한 감시와 탄압 아래 위축될 수밖에 없었습니다. 특히 1909년 가을부터 약 두 달간 일본군은 남한 지역 의병 세력을 대상으로 '남한 대토벌 작전'을 전개하며 대규모 학살을 자행하였습니다. 이어 1910년에는 안명근 등이 황해도 신천에서 무관 학교 설립 자금을 모금하던 중 체포되는 '안악 사건'이 발생했고, 1911년에는 조선 총독부가 데라우치 마사타케 총독 암살 미수 사건을 조작하여 105명의 독립운동가를 투옥하는 '105인 사건'을 일으키면서 항일 운동의 기반은 더욱 위축되었습니다.

그럼에도 불구하고 항전을 이어가려는 의지는 꺾이지 않았습니다. 마지막 의병장으로 불리는 채응언을 포함한 의병들은 1915년 무렵까지 전국 각지에서 분산된 형태로 활동을 이어갔지만, 일제의 끈질긴 색출과 탄압으로 조직적인 저항은 점차 어려워졌습니다. 이에 따라 많은 의병과 애국지사가 보다 자유로운 투쟁의 장을 찾아 만주와 연해주로 이주하였고, 국내에 남은 민족 지도자들은 은밀히 비밀 결사를 조직하여 항일 운동의 불씨를 지켜나갔습니다.

1912년 **임병찬**은 고종 황제의 밀명을 받고 전국의 의병장과 유생을 모아 **'독립의군부'를 결성**하였습니다. 이 단체는 **조선 왕조의 부흥을 목표로 한 복벽주의 노선**을 따르며, 황제 국가의 부활과 고종의 복위를 추구했습니다. 임병찬은 전국적인 의병 활동을 재조직하고 대규모 무장 투쟁을 준비하는 한편, 조선 총독부와 일본 총리대신에게 국권 반환을 요구하는 상소를 보내 일제의 불법적인 침략을 비판하고자 하였습니다. 하지만 계획이 실행되기도 전에 일제에 의해 발각되어 독립의군부는 해체되었으며 임병찬은 옥중에서 순국하고 말았습니다.

1915년에는 **박상진**과 **김좌진** 등 항일 인사들이 대한 광복단과 조선 국권 회복단 일부를 통합하여 **'대한 광복회'를 창설**하였습니다. 이들은 국권 회복과 함께 **민주 공화국 수립**이라는 명확한 목표를 내세우며 각지에 **군대식 조직을 편성**하였습니다. 또 **독립군 양성, 군자금 모집, 무기 확보, 친일 부호 처단** 등의 다양한 실천 활동을 전개하며 조직적인 투쟁을 이어갔습니다. 비록 대한 광복회 역시 일제의 탄압으로 해체되었지만, 김좌진을 비롯한 일부 인사들은 만주로 망명하여 무장 독립운동의 맥을 이어갔습니다.

1. 부호의 의연금 및 일본인이 불법 징수하는 세금을 압수하여 무장을 준비한다.
2. 남북 만주에 군관 학교를 설치하여 독립 전사를 양성한다.
5. 본 회의 군사 행동·집회·왕래 등 일체 연락 기관의 본부를 상덕태 상회에 두고 한·만 요지와 북경·상해 등에 지점 또는 여관·광무소 등을 두어 연락 기관으로 한다.

7. 무력이 완비되는 대로 일본인 섬멸전을 단행하여 최후 목적을 달성한다.

– 대한 광복회 강령

1913년에는 **평양의 숭의 여학교 교사와 학생이 중심**이 되어 **'송죽회'를 조직**하였는데, 이들은 독립운동 자금을 모아 해외로 전달하거나, 망명한 지사들의 가족을 지원하고, 국내로 잠입한 독립운동가들에게 은신처와 여비를 제공하는 등의 활동을 전개하였습니다. 이외에도 교사와 학생이 주축이 된 기성볼단, 자립단 등의 조직도 항일 정신을 이어갔지만, 비밀 결사 운동은 일제의 집요한 감시와 탄압으로 점차 조직력을 상실해 갔습니다. 이후 많은 지식인과 민족 운동가가 무력 투쟁보다 교육을 통한 민족의식 고취에 힘을 기울이며 새로운 저항 방식을 모색하게 됩니다.

로빈의 역사 KICK

1910~1915년 국내 비밀 결사 운동

조직명	결성 시기	주요 인물	이념 및 목표	주요 활동
독립의군부	1912년	임병찬	복벽주의(조선 왕정 복고)	고종 복위 주장, 국권 반환 상소, 의병 재조직 시도
대한 광복회	1915년	박상진, 김좌진	공화주의 (민주 공화국 수립)	군자금 모집, 무기 확보, 무장 투쟁 계획, 친일 부호 처단
송죽회	1913년	숭의 여학교 교사·학생	여성 중심, 비폭력 후원 활동	독립운동 자금 지원, 독립운동가 은신처 제공, 지사 가족 후원
기성볼단·자립단	기성볼단-1914년 자립단-1915년	학생·지식인 중심	계몽·민족의식 고취	비밀 결사 통한 항일 운동, 독립운동가 지원, 민족 교육 중점

1900~1920년 | 만주·연해주 독립운동 기지 건설

국경 너머에서 피어난 자치와 투쟁의 씨앗

19세기 후반부터 몰락한 농민들이 새로운 삶의 터전을 찾아 **북간도**로 대거 이주하였습니다. 일제의 강제 병합 전후로 이주민은 더욱 급증하였고, 한인들은 용정촌, 명동촌 등 한인 집단촌을 형성하며 '간민회'를 조직하여 자치적으로 동포 사회를 운영해 나갔습니다. 이들은 새로운 환경에서의 생활 기반을 마련하는 동시에, 공동체 내 상호 지원과 협력을 통해 민족적 정체성을 지키고자 하였습니다.

이상설과 김약연 등은 용정, 왕청, 연길 일대에 '서전서숙'과 '명동학교' 등의 교육 기관을 설립, 민족 교육에 힘썼습니다. 대종교는 일제의 탄압을 피해 북간도로 활동 무대를 옮긴 뒤 1911년 무장 독립운동을 위한 **'중광단'을 결성**하였는데, 이 조직은 1919년 군정부를 거쳐 **'북로 군정서'로 확대 개편**되며 항일 무장 투쟁의 핵심 기반으로 성장하였습니다. 북로 군정서에서는 '사관 연성소'를 설립해 독립군을 체계적으로 양성하였습니다. 한편 이상설 등은 북만주 밀산부에 독립운동 기지인 '한흥동'을 건설하여 전략적 거점을 마련하기도 했습니다.

서간도 독립운동 기지 건설에 앞장선 단체는 '신민회'였습니다. 신민회는 국내 의병 운동이 어려움을 겪자, 독립 운동 기반을 국외에 마련하기 위하여 무관 학교와 독립군 기지 설립을 추진하였습니다. 일제의 강력한 탄압으로 신민회가 해체되는 상황에서도 회원들은 **류허현**(삼원보)**에 신한민촌을 건설**하며, 항일 독립운동 단체인 '**경학사**'를 설립하고 '신흥 강습소'를 통해 독립군을 체계적으로 훈련시켰습니다. 신흥 강습소는 현대식 군사 교육을 실시하여 독립운동가들에게 군사적 기술과 지식을 전달함으로써 독립을 위한 실질적인 힘을 길러주었습니다. 경학사는 신흥 강습소의 정신을 이어받아 '**부민단**'으로 계승되었으며, 1919년 3·1운동 직후 '**한족회**'로 개편되었습니다. 한족회는 군사 기관인 '**서로 군정서**'를 설립하고, 신흥 강습소의 후신인 신흥 중학교를 '**신흥 무관 학교**'로 개편하여 교육의 범위를 넓혔습니다. 또한, 여러 항일 의병 출신들이 설립한 다양한 단체들이 통합되어 '대한 독립단' 등의 새로운 독립운동 조직이 탄생하였습니다.

> 삼원보의 경학사가 설립한 학교에 청년들이 모여들었다. 기억을 더듬어보면 학생들의 의지가 대단하였다. 학교에 입학이 가능한 연령은 18세 이상이었지만 더 어린 학생들이 찾아온 적도 있었다. 아침 7시부터 저녁 8시까지 학과 교육 이외에도 군사 훈련을 받아야 했지만 학생들의 지친 기색을 찾아볼 수 없었다. 학교가 더욱 활기를 띠었던 시절은 지청천, 김창환이 합류한 이후였다. 이들은 모두 대한 제국 무관 학교 출신으로, 교관으로 활동하며 독립군 양성에 힘을 쏟았다. – 독립운동 관련 사료

연해주 지역 또한 독립운동의 주요 무대였습니다. 연해주 지역의 경우

1860년대부터 경제적 이유로 이주한 조선인들이 형성한 공동체가 독립운동의 기반이 되었으며, 1908년에는 **해외 최초의 한글 신문인 「해조신문」이 창간**되어 민족 의식을 고취했습니다. 1911년 블라디보스토크에서는 한인 집단촌 **'신한촌'**이 조성되었고, 이상설 등을 중심으로 **'권업회'**가 결성되어 「권업신문」을 발간하고 민족 교육과 군정 준비에 주력

◎— 1910년대 국외 독립운동 기지 건설

하였습니다. 권업회는 이후 **'대한 광복군 정부'를 수립**하고 **이상설**을 정통령, **이동휘**를 부통령으로 추대하며 무장 투쟁의 정통성을 확보하려 하였지만, 일제와의 관계 약화를 우려한 러시아 정부의 탄압으로 해산되고 말았습니다.

1917년 러시아 혁명 이후에는 '전로 한족회 중앙 총회'가 결성되며 연해주 지역의 독립운동은 새로운 활력을 얻게 되었고, 이 단체는 1919년 3·1 운동 직후 **'대한 국민 의회'로 발전**하여 임시 정부 성격의 독립운동 조직으로 재편되었습니다. 한편 이동휘 등 사회주의 계열 인사들은 1918년 한국 최초의 사회주의 정당인 '한인 사회당'을 조직하여 연해주 지역 내에서 사회주의 이념에 기반한 독립운동을 병행하기도 하였습니다.

민족의 최고 가치는 자주와 독립이다. 이를 수호하기 위한 투쟁은 민족적 성전이며, 청사에 빛난다. …… 1910년 일본에 의하여 국권이 침탈당하자 국내외 지사들은 이곳에 결집하여 국권 회복을 위해 필사의 결의를 다짐했다. 성명회와 권업회 결성, 한민 학교 설립, 신문 발간, 13도 의군 창설 등으로 민족 역량을 배양하고 …… 대일 항쟁의 의지를 불태웠다. – 신한촌 기념비 비문

만주와 연해주의 이 같은 독립운동 기지들은 단순한 망명의 공간을 넘어, 민족 교육과 군사 훈련, 자치 조직과 언론 활동까지 포괄하는 종합적인 저항 거점으로 기능했습니다.

로빈의 역사 KICK

1900~1920년 만주·연해주 독립운동 기지 활동

지역	주요 활동 거점	주요 단체 및 인물	주요 활동
북간도	용정, 명동	이상설, 김약연, 대종교 (중광단, 북로군정서)	서전서숙·명동학교 설립, 민족 교육, 독립군 양성(사관 연성소), 무장 투쟁 기지 형성
서간도	삼원보(신한민촌)	신민회, 박은식, 이회영, 김좌진 등	경학사·신흥 강습소·신흥 무관 학교 설립, 군사 교육, 서로 군정서로 발전
연해주	블라디보스토크(신한촌)	이상설, 이동휘, 권업회	「권업신문」 발간, 권업회 및 대한 광복군 정부 수립, 대한 국민 의회 결성, 한인 사회당 조직 등

1908~1919년

해외 독립운동 기지

미주와 중국에서 울려 퍼진 독립의 외침

중국 본토에서는 **상하이를 중심**으로 항일 운동이 활발히 전개되었습니다. 신규식, 박은식 등이 1915년 '신한 혁명당'을 조직하여 항일 운동을 이어 갔고, 김규식, 여운형, 문일평 등이 주축이 되어 **1918년 '신한 청년당'을 결성**하였습니다. 이들은 해외에서의 독립운동에 중요한 역할을 하게 됩니다.

신한 청년당은 1919년 **김규식**을 **파리 강화 회의에 대표로 파견**하여 국제 정세를 파악하는 한편 한국의 독립 의지를 전 세계에 알리고자 했습니다. 또한 기관지 「신한 청년보」를 발행하여 해외 동포들에게 독립 정신을 고취시키고 독립운동에 대한 정보와 사상을 널리 전파하려 하였습니다.

> 중국 상하이에서 활동하던 신한 청년당은 파리 강화 회의(1919.1)에 김규식을 파견하여 우리의 독립 의지를 알리고자 하였습니다. …… 김규식은 한국 독립에 관한 청원서를 파리 강화 회의에 제출하고 독립운동 홍보 문서를 각국 대표와 언론사에 배포하는 등 한국인의 독립 의지를 전 세계에 알렸습니다. – 신한 청년당 보고 자료

이 사료는 신한 청년당이 독립을 위해 얼마나 다양한 외교적 노력을 기울였는지를 잘 보여주고 있습니다.

한편 **미주 지역에서는 하와이 이주를 계기로 독립운동의 기초가 마련**되었습니다. 이는 하와이의 농장주들이 값싼 노동력을 위해 외국인 노동자를 찾는 과정에서 시작되었으며, 1900년대 초 한국인들은 하와이의 사탕수수 농장에서 일하기 시작했습니다. 이로 인해 미주 지역 한인 수가 늘어났고, 자연스럽게 한인 동포 사회가 형성되어 갔습니다.

이후 유학, 기업 경영 등 다양한 목적의 이민이 증가하면서 미주 한인 사회에서도 독립운동이 활발히 전개되었는데, 1908년 장인환과 전명운이 샌프란시스코에서 일본의 한국 침략을 정당화한 스티븐스를 사살한 사건은 큰 반향을 일으켰습니다. 이 사건은 미주 한인들 사이에서 민족운동에 대한 관심을 크게 높였고, 독립운동 단체들의 통합 계기로 작용하였습니다.

그 결과 1910년 **안창호**, 박용만, 이승만 등을 중심으로 **'대한인 국민회'가 결성**되었으며, 이 단체는 미국 본토, 하와이, 멕시코 등에 지부를 설치하고 독립운동 자금을 모아 만주와 연해주의 항일 운동을 지원하였습니다. 또한 기관지 「신한민보」를 통해 항일 의식을 고취하고 교민들의 권익을 보호하는 등 활발한 언론 활동도 이어갔습니다.

1913년에는 안창호가 **샌프란시스코에서 실력 양성 운동 단체인 '흥사단'을 창립**하고, 흥사단과 같은 계열의 단체였던 '수양동우회'의 기관지인 『동광』을 통해 교육, 계몽, 독립운동 관련 사상과 정보를 널리 전파하였습니다. 이와 함께 **박용만**은 1914년 하와이에서 독립군 사관 양성을 목표로 '대조선 국민 군단'을 조직하였고, 1910년에는 이근영 등이 **멕시코에 '숭무 학교'를 세워** 동포 독립군을 양성하고 무장 투쟁 활동도 펼쳤습니다.

이처럼 1900년대 초부터 1910년대 후반까지 미주와 중국 각지에서는 다양한 방식으로 독립운동이 전개되었으며, 이는 훗날 임시 정부 수립과 국제 외교 활동의 밑거름이 되었습니다.

로빈의 역사 KICK

1908~1919년 해외 독립운동 기지 활동

지역	주요 활동 거점	주요 인물	주요 활동
중국	상하이	신규식, 박은식, 김규식, 여운형	• 신한 혁명당 결성(1915) • 신한 청년당 결성(1918), 기관지 「신한 청년보」 발간 • 파리 강화 회의에 김규식 파견(1919), 외교 활동 전개
미주	미국, 하와이, 멕시코	안창호, 박용만, 이승만, 이근영	• 대한인 국민회 결성(1910), 지부 운영 및 독립 자금 모집, 「신한민보」 발간 • 흥사단 창립(1913), 잡지 『동광』 발행 • 대조선 국민 군단 창설 (1914, 하와이), 독립군 사관 양성 • 숭무 학교 설립(1910, 멕시코) – 무장 독립군 양성 • 스티븐스 사살 사건(1908) – 민족의식 고양 계기

1917~1919년

3·1 운동

전 민족이 외친 독립의 함성, 세계를 울리다

1917년 러시아 혁명을 성공으로 이끈 레닌은 식민지 민족의 해방 운동을 지원하겠다고 선언하였습니다. 이듬해 제1차 세계 대전의 전후 처리를 위해 열린 파리 강화 회의에서는 미국 대통령 윌슨이 '모든 민족은 다른 민족의 지배를 받아서는 안 되며, 민족의 운명은 그 민족 스스로 결정해야 한다'는 **민족 자결주의 원칙**을 내세웠습니다. 이러한 국제 정세의 변화 속에서 우리 민족은 독립을 위한 여론을 결집하고 본격적인 독립운동을 전개하였습니다.

중국 상하이에서는 '신한 청년당'이 **김규식**을 파리 강화 회의에 파견하여 독립 청원서를 제출하였고, 미주 지역에서는 '대한인 국민회'의 이승만이 미국 대통령에게 한국 독립 지지를 요청하는 외교 활동을 벌였습니다. 또 1917년 7월, 신규식, 박은식, 신채호, 조소앙, 박용만 등 주요 인사들은 상하이에서 '대동 단결 선언'을 발표하며 국민 주권을 강조하고 독립 및 자주 정부 수립에 대한 강한 의지를 드러냈습니다.

1919년 만주 지린성에서는 해외의 민족 지도자 39인이 모여 '대한 독립 선언서'를 발표하였습니다. 이 선언서는 독립 전쟁을 촉구하며 전 세계에 한국인의 독립 의지를 알리는 중요한 계기가 되었습니다. 같은 해 일본 도쿄에서는 한국 유학생들이 '조선 청년 독립단'을 조직하고 **'2·8 독립 선언'**을 통해 일본과 국제 사회에 한국의 독립 의지를 표명하였습니다.

- 본 단은 한일 병합이 우리 민족의 자유의사에서 나오지 않고 우리 민족의 생존, 발전을 위협하고, 동양의 평화를 유린하는 원인이 된다는 이유로 독립을 주장한다.
- 본 단은 일본 의회 및 정부에 조선 민족 대회를 소집하여, 대회의 결의로 우리 민족의 운명을 결정할 기회를 주기를 요구한다.
- 앞에서 요구한 내용이 실패할 때는 일본에 대하여 영원히 혈전을 선언한다. 이로써 발생하는 참화는 우리 민족이 그 책임을 지지 않는다.

– 2·8 독립 선언서

한편 1919년 1월 고종 황제가 갑작스럽게 승하하였는데, 그가 일제에 의해 독살되었다는 의혹이 퍼지며 민족의 반일 감정이 크게 고조되었습니다. 이를 계기로 천도교의 **손병희**, 기독교의 **이승훈**, 불교의 **한용운** 등 종교계 지도자들과 학생 대표들은 **고종의 인산일을 기점**으로 전국적인 만세 시위를 계획하였습니다. 이들은 시위의 원칙으로 '일원화', '대중화', '비폭력'을 내세우고 33인의 **민족 대표를 조직**한 뒤 최남선이 초안한 '기미 독립 선언서'를 인쇄하여 전국에 배포하였습니다.

오등은 이에 아(我) 조선의 독립국임과 조선인의 자주민임을 선언하노라. ……

> 오늘 우리의 이 거사는 정의, 인도, 생존, 존영을 위하는 민족적 요구이니 오직 자유적 정신을 발휘하는 것이요, 결코 배타적 감정으로 치닫지 말라. 최후의 1인까지 최후의 시간까지 민족의 정당한 의사를 시원하게 발표하라. - 기미 독립 선언서

1919년 3월 1일 민족 대표들은 서울 탑골 공원에서 시위를 벌일 예정이었으나, 시위가 격화될 우려로 인해 **태화관에 모여 기미 독립 선언서를 낭독하고 만세 삼창을 외친 뒤 자진 체포**되었습니다. 같은 시각 탑골 공원에서는 학생들과 시민들이 독립 선언서를 낭독하고 거리로 나와 만세를 외쳤습니다.

> 그날 오후 2시 10분 파고다 공원에 모였던 수백 명의 학생들이 10여 년간 억눌려 온 감정을 터뜨려 '만세, 독립 만세'를 외치자 뇌성벽력 같은 소리에 공원 근처에 살던 시민들도 크게 놀랐다. …… 학생들은 종로 거리를 달리며 몸에 숨겼던 선언서들을 길가에 뿌리며 거리를 누볐다. 윌슨 대통령이 주장한 약소민족의 자결권이 실현되는 신세계가 시작된 것이다. 시위 학생들은 덕수궁 문 앞에 당도하자 붕어하신 고종에게 조의를 표하고 잠시 멎었다. - 스코필드 기고문

3월 1일 이후 **평양, 원산** 등 주요 도시에서도 독립 선언식이 열렸고, 만세 **시위는 전국으로 퍼졌습니다.** 일제는 군대와 경찰을 동원하여 진압에 나섰지만, 상인들의 철시, 노동자들의 파업, 학생들의 동맹 휴학 등 각계각층의 적극적인 참여로 시위는 계속 확대되었습니다.

3월 중순 이후에는 만세 시위가 **농촌으로까지 확산**되었습니다. 토지 조사 사업으로 피해를 본 농민들이 대거 참여하였고, **일부 지역에서는 비폭**

력 원칙을 벗어나 일제의 탄압에 강하게 저항했습니다. 민중들은 면사무소와 군청을 습격하고 세금 장부를 불태웠으며, 주재소와 일본인 지주, 고리대금업자 등을 공격하기도 하였습니다.

만세 운동은 해외에서도 활발하게 전개되었습니다. 미국 필라델피아에서는 서재필의 주도로 '한인 자유 대회'가 개최되었고, 태극기를 들고 시가행진을 하며 독립 선언서를 낭독하였습니다. 서간도의 삼원보를 비롯해 만주·연해주, 일본의 도쿄·오사카 등지에서도 시위가 이어졌으며, 이 같은 활동은 국제 사회의 관심을 끌고 독립운동에 대한 지지 기반을 넓히는 데 중요한 역할을 했습니다.

시위가 전국으로 확산되자, 일제는 헌병 경찰, 군대, 소방대, 재향 군인회까지 동원하여 무력으로 진압하였습니다. 이 과정에서 수많은 이들이 체포되었고, 유관순 열사는 천안 아우내 장터 만세 시위를 이끌다 체포되어 옥중에서 순국하였습니다. **화성에서는 제암리 학살 사건**이 벌어지기도 했습니다.

3·1 운동은 결국 일제의 강압적인 무력 진압으로 인해 독립을 이루지는 못했지만, 신분, 계급, 종교, 이념을 초월하여 전 국민이 참여한 최대 규모의 민족 운동으로 기록되었습니다. 또한 한국인의 독립 의지와 민족 정체성을 세계에 알리는 계기가 되었으며, **일제의 무단 통치를 '문화 통치'로 바꾸는 계기를 마련**하였습니다.

이후 만주와 연해주에서는 무장 독립군의 활동이 활발해졌고, 보다 조직적인 독립운동을 위한 통일된 지도부의 필요성이 제기되면서 1919년 4월 11일 **중국 상하이에 대한민국 임시 정부가 수립**되었습니다. 이는 우리 역사상 최초의 공화제 정부로, 독립운동의 구심점이자 이념과 방향성을 제시한 기념비적 사건이었습니다.

3·1 운동은 민중의 사회 의식을 크게 고취시켰고, 이는 사회주의 사상의 확산으로도 이어졌습니다. 사회주의는 1920년대에 접어들며 노동자·농민 운동의 기반이 되었으며, 3·1 운동은 **중국의 5·4 운동, 인도의 비폭력·불복종 운동, 베트남·필리핀 등의 반제국주의 민족 운동에도 큰 영향**을 끼쳤습니다.

> 로빈의 **역사 KICK**

3·1 운동 핵심 정리

구분	주요 활동
배경	• 국제 정세 변화: 러시아 혁명(1917), 윌슨의 민족 자결주의(1918), 파리 강화 회의 개최 • 국외 독립운동 준비: 대동단결 선언, 2·8 독립 선언, 대한 독립 선언 발표 등 • 국내 상황: 고종의 의문사(1919.1)로 민심 격앙, 일제 무단 통치에 대한 누적된 불만
전개	• 1919년 3월 1일 서울에서 민족 대표 33인, 기미 독립 선언서 발표 → 태화관과 탑골공원 중심 만세 시위 시작 • 전국 확산: 학생·시민·농민·종교계 등 계층 초월한 참여, 상인 철시·노동자 파업 등 연대 • 해외 확산: 미주(한인 자유 대회), 만주·연해주·일본 등지에서도 동시다발적 만세 시위 • 일제의 무력 진압: 수많은 사망·체포자 발생, 제암리 학살, 유관순 순국 등
의의 및 영향	• 민족 통합 운동: 신분·계급·종교 초월한 전국적 항일 민족 운동 • 국제 사회 주목: 한국 독립 의지 세계에 알림, 민족 운동의 국제화 계기 • 임시 정부 수립: 1919년 4월 11일 상하이에 대한민국 임시 정부 수립 • 일제 통치 변화 유도: 무단 통치 → 문화 통치 전환 • 이후 운동에 영향: 사회주의 확산, 노동·농민·청년 운동 성장, 아시아 민족 운동에 자극

1919~1945년 | 대한민국 임시 정부의 수립과 활동

외교와 무장, 독립을 향한 숨 가쁜 여정

   3·1 운동 이후 한국인들은 임시 정부 수립을 위해 여러 지역에서 다양한 노력을 기울였습니다. 연해주에서는 전로 한족회 중앙 총회를 열고 이를 '대한 국민 의회'로 개편하였으며, 국내에서는 13도 대표들이 모여 국민 대회를 열어 '한성 정부'를 수립하고 이승만을 집정관 총재로, 이동휘를 국무총리로 임명하였습니다.

   상하이에서는 각지에서 모인 독립운동가들이 임시 의정원과 임시 정부를 구성하고 이승만을 국무총리로 선출하였습니다. 각지의 임시 정부들은 인민 주권과 인민 평등을 기반으로 하는 민주 공화정을 지향하였습니다.

◎— 상하이 임시 정부 청사

독립 국가 건설이라는 공통된 목표 아래 각 임시 정부는 통합 논의를 빠르게 진행하였습니다. 이 과정에서 이동휘 측은 무장 투쟁의 거점을 고려하여 임시 정부를 연해주에 두자고 주장하였고, 이승만 측은 외교 활동에 유리한 상하이를 선호하며 대립하기도 하였습니다. 마침내 1919년 9월 상하이에서 이승만을 대통령으로, 이동휘를 국무총리로 하는 '대한민국 임시 정부'가 공식 출범하였습니다. 임시 정부는 **삼권 분립 원칙에 기반한 민주 공화제를 도입**하여, 입법 기관인 의정원, 행정 기관인 국무원, 사법 기관인 법원을 구성하였습니다.

임시 정부는 독립운동 자금을 모으고 국내 항일 세력과의 연결을 강화하기 위해 **'연통제'와 '교통국'을 설치**하였습니다. 연통제는 국내 각 도·군·면에 비밀 연락망을 구축하여 명령 전달, 군자금 모집, 정보 보고 등의 업무를 수행하였으며, 교통국은 상설 통신 기구로서 국내외 사건 정보를 수집·분석하고 대응 체계를 마련하는 데 주력하였습니다.

해외 동포를 대상으로 독립 공채를 발행하여 자금을 모았고, 「**독립신문**」을 통해 독립운동 소식을 전파하였습니다. 또한 『**한일 관계 사료집**』을 간행하여 국민들의 독립 의식을 높이고자 하였습니다.

외교 활동에도 주력한 임시 정부는 **1919년 김규식을 외무 총장 겸 전권 대사로 임명하여 파리 강화 회의에 독립 청원서를 제출**하였으며, 이후 워싱턴 회의 등 여러 국제 회의에도 대표를 파견하였습니다. **미국에는 '구미 위원부'를 설치**하고 이승만 중심의 외교 활동을 전개하여 미국 내 독립운동 지지 기반을 마련하고자 했습니다.

무장 투쟁에도 적극적으로 나서 서간도에는 '광복군 사령부'를, 이후에는 '광복군 총영'을 설치하여 무장 항일 투쟁을 지원하였습니다. 만주의 독립군 단체들도 임시 정부 산하의 서로 군정서와 북로 군정서로 재편되었고, 1924년에는 **'육군 주만 참의부'를 조직**하여 본격적인 군사 활동을 전개하였습니다. 다만 이들 독립군 대부분은 임시 정부와 별개로 활동하였고, 임시 정부는 상대적으로 외교 활동에 더 집중하는 모습을 보였습니다.

1920년대 초 연통제와 교통국은 일본의 탄압으로 기능을 상실하였으며, 외교 활동도 강대국들의 외면으로 큰 성과를 거두지 못했습니다. 이승만의 외교 중심 노선, 이동휘의 무장 투쟁 노선, 안창호의 실력 양성론이 충돌하면서 내부 갈등이 심화된 결과 이승만이 귀국하고 이동휘가 사임하면서 임시 정부의 지도력은 약화되었습니다.

이런 상황에서 임시 정부의 외교 중심 노선에 반대한 신채호 등은 무장 투쟁 중심의 독립운동을 주장하며 개편을 요구하였고, **이승만이 주도한 대한인 국민회가 국제연맹 위임 통치를 요청하는 청원서를 제출한 사실이 알려지자** 독립 운동의 새로운 방향을 모색할 필요성이 대두되었고, 1923년 '국민대표 회의'가 소집되었습니다.

> 미국 대통령 각하, 대한인 국민회 위원회는 본 청원서에 서명한 대표자로 하여금 다음과 같이 공직 청원서를 각하에게 제출합니다. …… 자유를 사랑하는 2,000만의 이름으로 각하에게 청원합니다. 각하도 평화 회의에서 우리의 자유를 강력하게 주장하여 참석한 열강들과 함께 먼저 한국을 일본의 학정으로부터 벗어나게 하여 주십시오. 장래 완전한 독립을 보증하고 당분간은 한국을 국제 연맹 통

치 밑에 두게 할 것을 바랍니다. – 1919년 2월 25일 청원서

　회의에서는 **신채호**, 김규식, 박용만 등이 주도한 '**창조파**'가 임시 정부를 해체하고 새로운 정부를 수립하자고 주장한 반면, **안창호, 이동휘**, 여운형 등이 주도한 '**개조파**'는 기존 임시 정부를 유지하되 현재 상황에 맞게 개선과 개편을 추진하자고 주장하며 **극심하게 대립**하였습니다. 결국 회의는 결렬되고 독립운동 세력은 분열되었습니다.

　회의 결렬 이후 임시 정부는 심각한 침체기를 맞았고, 이를 타개하기 위해 1925년 의정원은 이승만을 탄핵하고 **박은식**을 제2대 대통령으로 선출하였습니다. 이후 대통령제를 국무령제로 바꾸었고, 1944년 제5차 개헌에서는 김구를 주석, 김규식을 부주석으로 선출하였습니다.

　1932년 **이봉창**의 도쿄 의거와 **윤봉길**의 상하이 홍커우 공원 의거 이후 일본의 탄압을 피해 임시 정부는 상하이에서 항저우로, 다시 전장, 창사, 광저우 등으로 이동하였고, 마침내 1940년 충칭에 정착하였습니다. **충칭 정착** 이후 김구의 한국 국민당, 조소앙의 한국 독립당, 지청천의 조선 혁명당이 '**한국 독립당**'으로 **통합**되며 임시 정부의 실질적인 여당 역할을 수행하게 되었습니다.

　한국 국민당, 조선 혁명당, 한국 독립당은 각각 자기 당을 해소하고 새로운 한국 독립당을 창립하였음을 중외 각계에 정중히 선언한다. …… 우리 민족 해방 운동의 역사적 임무를 달성하려면 각계각층의 협력 합작을 통하여 비로소 총동원될 것은 누구도 부인하지 못할 명확한 결론이므로, 가까운 장래에 각방의 정성 단결이 확립되어야 우리의 광복 대업이 속히 이루어질 것으로 믿는다. – 한국 독립

당 창당 선언문

　1940년에는 **지청천**을 총사령관으로 하는 '한국 광복군'이 창설되어 중국 국민당과 협력하에 항일 전선에 참여하였고, 1942년에는 김원봉의 조선 의용대 일부를 흡수하여 전력을 강화하였습니다.

　또한 1941년 **조소앙**은 **'삼균주의'를 바탕으로 건국 강령을 제정**하였고, 이는 임시 정부의 기본 이념이 되었습니다. 삼균주의는 정치·경제·교육의 균등을 실현하자는 이념으로, 보통 선거, 국유 재산제, 국비 의무 교육, 생산 시설 국유화, 자영농 중심의 토지 개혁, 남녀 평등 등을 핵심 가치로 제시하였습니다.

> 우리나라의 건국 정신은 삼균 제도의 역사적 근거를 두었으니 … 이는 사회 각 층 각급의 지력과 권력과 부력의 향유를 균평하게 하야 국가를 진흥하며 태평을 보유하려 함이니 … 이화세계를 하자는 것은 우리 민족의 지킬 바 최고 공리이다. – 대한민국 건국 강령

　1941년 태평양 전쟁 발발 직후 임시 정부는 **'대일 선전 포고'를 발표**하며 연합군의 일원으로 참전 의사를 밝히고, 한국 광복군의 이름으로 **국내 진공 작전을 준비**하게 됩니다.

로빈의 역사 KICK

대한민국 임시 정부 주요 활동

항목	주요 활동
출범 시기와 위치	1919년 9월 상하이
정치 체계와 조직	• 삼권 분립 원칙 기반 민주 공화제 도입 • 연통제, 교통국 설치
외교 활동	• 파리 강화 회의에 독립 청원서 제출 • 구미 위원부 설치
무장 투쟁 협력	• 광복군 사령부, 광복군 총영 설치 • 육군 주만 참의부 조직
국민대표 회의 개최	• 임정 개편 논의 • 창조파 vs 개조파 대립으로 결렬
한국 독립당 결성	김구, 조소앙, 지청천 3당 통합 → 임시 정부 여당 역할
한국 광복군 창설	• 총사령관: 지청천 • 중국 국민당과 협력, 항일 전선 참여 • 조선 의용대 일부 흡수
건국 강령 제정	조소앙의 삼균주의 바탕 → 정치·경제·교육 균등 강조
대일 선전 포고	• 태평양 전쟁 직후 연합군 일원으로 참전 의사 밝힘 • 국내 진공 작전 준비

1910~1921년 | 봉오동 전투와 청산리 대첩

무장 독립운동의 전성기 그리고 참변의 상처

1910년대 간도와 연해주의 한인들은 독립운동을 조직적으로 준비하고 실행하기 위해 자치 단체를 조직하고 독립군을 양성하였습니다. 3·1 운동을 계기로 각 지역의 독립군들은 압록강과 두만강을 건너 국내로 진격하는 것을 목표로 일본군에 대한 공격을 개시하였고, 이 과정에서 홍범도 장군이 이끄는 대한 독립군은 국경 지역에서 여러 차례 전투를 벌이며 압록강 연안 혜산진의 일본군 수비대를 습격해 섬멸하는 성과를 거두었습니다.

독립군의 국내 진공 작전에 대응하여, 일본은 정규군 1개 대대를 투입해 두만강을 넘어 독립군의 근거지를 공격하였습니다. 이에 **홍범도**의 **대한 독립군**, 최진동의 군무 도독부군, 안무의 국민회군 등이 연합하여 '대한 북로 독군부'를 조직하였고, 이들

◎— 홍범도

은 1920년 6월 '**봉오동 전투**'에서 기습 공격을 감행해 일본군 157명을 사살하며 대승을 거두었습니다.

연패에 시달리던 일본군은 전세를 역전시키기 위해 만주 군벌과 협상을 맺고 독립군 공격 계획을 세웠으나, 이 정보는 홍범도와 김좌진이 이끄는 독립군에게 사전에 입수되었습니다. 독립군은 백두산 인근의 안전지대로 이동해 일본군의 대공세에 대비하였습니다.

한편 일본은 봉오동 전투의 패배를 만회하기 위해 훈춘에 위치한 자국 영사관을 마적단으로 하여금 공격하게 한 뒤, 이를 독립군의 소행으로 조작하는 '**훈춘 사건**'을 일으켰습니다. 이를 구실로 일본은 만주로의 군사 진출을 정당화하고, 조선 주둔군, 시베리아 파병군, 랴오둥반도 주둔군 등 2만여 명의 병력을 동원해 독립군 근거지를 공격하였습니다.

이에 맞서 독립군은 **김좌진의 북로 군정서, 홍범도의 대한 독립군**, 천주교 항일 부대인 의민단, 대한 국민군 등을 포함한 연합 부대를 편성하였고, 1920년 10월 청산리 부근에서 일본군과 격돌하였습니다. **백운평, 완루구**, 어랑촌, 고동하 등지에서 6일간 총 10여 차례 전투가 벌어졌으며, 독립군은 일본군 1,200여 명을 사살하며 독립 전쟁사 최대의 승리를 거두었습니다.

- 완루구에서 홍범도 장군은 일본군의 포위 작전을 미리 알아채고 치고 빠지는 전술로 적들을 교란하였다. 마주 오던 일본군은 우리 부대가 이미 진지를 빠져 나간 줄도 모르고 자기 편끼리 사격을 퍼부었다. 이 틈에 우리는 적의 후미를 공격해

대승을 거두었다. …… 어랑촌에서 적은 병력으로도 적의 총공세에 맞서 싸우던 김좌진 부대는 뒤이어 당도한 우리 부대의 지원 사격에 힘입어 승리를 이끌었다.

• 천수평에서 북로 군정서의 기습 공격을 받아 참패한 일본군은 그들을 추격하여 어랑촌으로 들어갔다. 어랑촌 전투는 해가 질 때까지 계속되었는데, 북로 군정서는 지형적 이점을 활용하여 일본군의 공격을 효과적으로 방어하였다. 교전 중 독립군 연합 부대가 합류하였고, 치열한 접전 끝에 일본군에 큰 승리를 거두었다.

– 청산리 전투 보고서

청산리 대첩 이후 일본군은 독립군의 근거지를 뿌리 뽑겠다는 명분으로 간도의 한인 마을을 습격하며 '**간도 참변**'을 일으켰습니다. 1920년 10월부터 1921년 4월까지, 일본군은 한인 주거지와 학교, 교회 등을 불태우고 무차별 학살을 자행하였습니다.

◎— 봉오동 전투와 청산리 대첩

경신년에 왜군이 내습하여 31명이 살고 있는 촌락을 방화하고 총격을 가하였다. 나도 가옥 9칸과 교회당, 학교가 잿더미로 변한 것을 보고 그것이 사실임을 알았다. 11월 1일에는 왜군 17명, 왜경 2명, 한인 경찰 1명이 와서 남자들을 모조리 끌어내어 죽인 뒤 남은 주민들을 모아 일장 연설을 하였다. - 『무장독립운동비사』

이후 만주의 독립군 부대들은 일본군의 대규모 공세에 대응하기 위한 통합 부대의 필요성을 절감하였습니다. 그리고 일본군의 만주 진출이 한인 사회에 미칠 부정적 영향을 고려하여 러시아와 만주 사이의 국경 지역인 밀산(미산)으로 이동하여 집결하였습니다. 이곳에서 36개 독립군 단체, 약 3,500여 명의 병력이 모여 서일을 총재로 한 **'대한 독립군단'을 조직**하였고, 약소민족의 독립운동을 지원하겠다는 레닌의 약속에 희망을 걸고 러시아로 이동하였습니다. 그러나 러시아 내전의 혼란 속에서 일부는 다시 만주로 귀환하였고, 일부는 러시아령 자유시(스보보드니)로 이동하였습니다.

하지만 자유시에 도착한 독립군 내부에서는 지휘권을 둘러싼 갈등이 벌어졌고, 1921년 6월 러시아 적군이 무장 해제를 요구하면서 갈등은 격화되었습니다. 이를 거부하는 과정에서 수백 명의 독립군이 희생당한 **'자유시 참변'이 발생**하였고, 이후 일부 독립군은 적군에 편입되었으며, 나머지는 다시 만주로 돌아갔습니다.

로빈의 **역사 KICK**

봉오동 전투 vs 청산리 대첩

항목	봉오동 전투	청산리 대첩
일시	1920년 6월	1920년 10월 21~26일
장소	두만강 인근 봉오동(북간도)	백운평, 어랑촌, 완루구, 고동하 등 청산리 일대(북간도)
주도 세력	홍범도(대한 독립군), 최진동(군무 도독부군), 안무(국민회군) 등 연합	김좌진(북로 군정서), 홍범도(대한 독립군), 의민단, 대한 국민군 등 연합군
전개	• 일본군이 독립군 근거지 습격 • 독립군이 매복·기습으로 대응	• 훈춘 사건을 구실로 대규모 일본군 투입 • 독립군이 유인·기습 전술로 대응
결과	일본군 157명 사살, 독립군 대승	일본군 약 1,200명 사살
의의	• 최초의 독립군 연합 승리 • 무장 독립운동의 전환점 마련	• 독립 전쟁 최대 승리 • 독립군의 위상 강화, 일본의 위기감 고조

1922~1929년

3부 성립과 통합 운동

무장 투쟁의 기반 마련과 만주의 분열, 그리고 연대의 모색

　간도 참변과 자유시 참변으로 인해 세력이 약화된 독립군들은 항일 투쟁을 지속하기 위해 흩어진 세력을 통합하고자 하였습니다. 이에 남만주에서는 서로 군정서와 대한 독립단 등이 통합되어 '대한 통군부'를 조직하였고, 이어 상하이 임시 정부의 승인을 받아 **'육군 주만 참의부'가 설립**되었습니다. '참의부'는 대한민국 임시 정부의 지도를 받는 조직으로, 압록강 건너편 지안현 일대의 한인 사회를 자치적으로 이끄는 정부 역할을 하였습니다. 행정만이 아니라 군사 조직도 갖추고 군사 교육을 실시하며 적극적인 무장 투쟁을 전개하였습니다.

　한편 국민대표 회의가 실패로 돌아가자 김동삼을 중심으로 한 세력은 **'정의부'를 조직**하였습니다. 정의부는 하얼빈 이남 남만주를 중심으로 삼권 분립에 기초한 통치 기구와 700여 명의 군사 조직을 운영하며 독립운동을 이어갔습니다.

　북만주에서는 자유시 참변 이후 귀환한 독립군들이 대한 독립 군단을 재정비하고, 김좌진의 주도로 **'신민부'를 결성**하였습니다. 신민부 역시 삼

권 분립에 입각한 통치 체계를 갖추고 500여 명의 병력을 확보한 상태에서 군사 활동을 전개하였습니다.

참의부, 정의부, 신민부는 이른바 '3부 체제'를 이루며 **한인 사회를 이끌어가는 민주적 민정 기구이자 무장 투쟁을 총괄하는 군정 조직으로서 기능**하였습니다. 각 부는 행정·입법·사법의 조직 체계를 갖추었고, 한인들의 세금으로 군대와 조직을 운영하였으며, 공화주의적 자치 정부의 형태를 띠었습니다. 또한 독립군 훈련과 작전 외에도 산업 진흥, 학교 설립 등 한인 사회의 발전을 위해 다양한 시도를 하였습니다.

그러나 1920년대 중반 만주 지역의 독립군 활동은 여러 난관에 부딪혔습니다. 일본군의 보복 위협으로 한인 동포들의 지원이 줄어들었고, 일본과 만주 군벌 사이에 체결된 **'미쓰야 협정'**으로 독립군 탄압이 가속화되었습니다. 조선 총독부 경무국장 미쓰야와 만주 군벌 장쭤린이 1925년 독립군 색출과 한인 단체 억압을 목적으로 체결한 협정이 바로 미쓰야 협정입니다.

> 한국인이 무기를 가지고 다니거나 한국으로 침입하는 것을 엄금하며, 위반하는 자는 검거하여 일본 경찰에 인도한다. 만주에 있는 한인 단체를 해산시키고 무장을 해제하며, 무기와 탄약을 몰수한다. 일본이 지명하는 독립운동가를 체포하여 일본 경찰에 인도한다. - 미쓰야 협정

> 동북 3성의 군벌 장쭤린과 일본과의 협정이 성립되어 독립운동하는 한국인은 잡히는 대로 왜에게 넘겨졌다. 심지어 중국 백성들은 한국인 한 명의 머리를 베어 왜놈 영사관에 가서 몇 십 원 내지 3, 4원씩 받고 팔기도 했다. - 『무장독립운동비사』

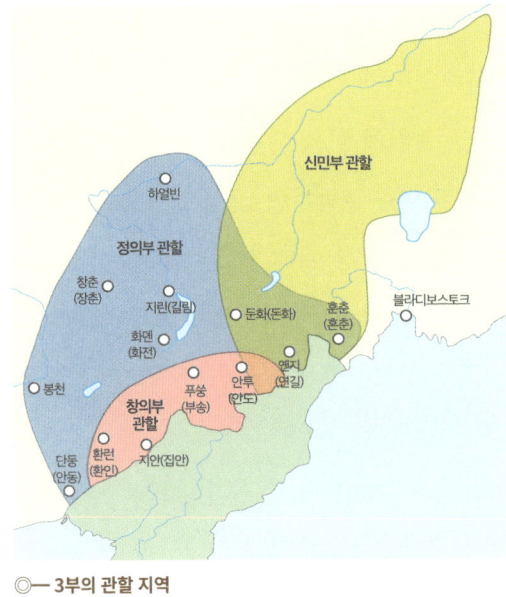

◎ㅡ 3부의 관할 지역

이 협정 이후 독립군은 일본뿐 아니라 만주 군벌에게까지 탄압을 받게 되었고, 무장 투쟁의 기반은 크게 흔들렸습니다.

미쓰야 협정 체결과 국민 대표 회의 실패 등으로 독립운동의 중심이 흔들리면서 1920년대 후반에는 독립운동 단체들의 통합이 절실히 요구되었습니다. 특히 6·10 만세 운동을 계기로 민족주의 진영과 사회주의 진영 사이에 통합 움직임이 일어나 '민족 유일당 운동'이 본격화되었고, 만주에서는 **'3부 통합 운동'이 전개**되어 독립운동의 효율성과 단결을 모색하게 되었습니다.

중국 관내에서는 베이징을 중심으로 '한국 독립 유일당 북경 촉성회'가 조직되었고, 이는 상하이와 난징 등지로 확산되며 중국 내 독립운동 세력 간의 연대와 단합을 강화하는 데 중요한 계기를 마련하였습니다.

만주에서도 3부를 비롯한 다양한 단체들이 통합을 위한 협상을 활발히 진행하였으며, 완전한 통합에는 이르지 못했지만 **남만주에서는 '국민부'가 조직**되어 '조선 혁명당'과 '조선 혁명군'을 창설하였고, **북만주에서는 '혁신의회'가 결성**되어 '한국 독립당'과 '한국 독립군'을 결성함으로써 새로운 무장 투쟁 진영이 갖추어졌습니다.

로빈의 역사 KICK

3부(참의부, 정의부, 신민부)의 특징과 주요 활동

구분	참의부	정의부	신민부
설립 시기	1923년	1924년	1925년
활동 지역	남만주 지안현 일대	남만주(하얼빈 이남)	북만주
지도 인물	이청천, 임시 정부 측 인사들	김동삼 등 신민회 계열	김좌진 등 자유시 참변 후 귀환 독립군
조직 형태	임시 정부 승인 아래 구성된 반자치 정부 / 군정 조직	삼권 분립에 기반한 자치 정부 / 무장 조직 운영	삼권 분립에 기반한 통치 체제 / 군사 조직
군사 활동	무관 학교 운영, 무장 투쟁 전개	약 700여 명의 병력 보유, 독립군 작전 수행	약 500여 명의 병력 보유, 무장 독립운동 수행
주요 기능	행정 + 군사 통합 운영, 한인 자치, 군사 훈련	자치 행정·교육·산업 진흥 등 다방면에서 민족 기반 강화	독립군 양성, 한인 사회 지도, 공화제적 정치 체제 운영
특징	임시 정부와 연결된 합법성 강조, 비교적 조직력 유지	신민회 계열 기반, 민주적 통치 시도, 사회 기반 활동 활발	김좌진 주도, 자유시 참변 이후 결성, 북간도 중심

1919~1932년

의열단과 한인 애국단

폭탄보다 강한 의지, 독립을 향한 뜨거운 저항

3·1 운동 이후, 일제의 식민 통치에 맞서 암살과 폭탄 투척 등 다양한 형태의 저항 운동이 전개되었습니다. 1919년 11월 **만주 지린**(길림)**성**에서 **김원봉**, 윤세주 등에 의해 비밀리에 조직된 '의열단'은 본부를 베이징으로 옮긴 뒤 조선 총독부 고위 관리와 군 수뇌부, 친일파 등을 처단하는 방식으로 동포들의 애국심을 고취하고, 민중 혁명을 통해 한국의 독립을 이루고자 하였습니다. 김원봉의 요청으로 **신채호가 쓴 '조선 혁명 선언'**은 폭력 투쟁을 통한 민중 주도의 직접 혁명을 강조하며 의열단 활동의 핵심 지침이 되었습니다.

◎— 김원봉(맨 오른쪽)

> 조선 민족의 생존을 유지하자면 강도 일본을 쫓아낼 것이며, 강도 일본을 쫓아내자면 오직 혁명으로써 할 뿐이니, 혁명이 아니고는 강도 일본을 쫓아낼 방법이 없는 바이다. …… 구시대의 혁명으로 말하면, 인민은 국가의 노예가 되고 그 위에 인민을 지배하는 상전 곧 특수 세력이 있어 이른바 혁명이란 것은 특수 세력의 이름을 바꾸는 것에 불과하였다. …… 그러나 오늘날 혁명으로 말하면 민중이 곧 자신을 위하여 하는 혁명이기에 '민중 혁명', '직접 혁명'이라 부르며 …… – 조선 혁명 선언

의열단은 1920년대에 굵직한 의거를 여러 차례 실행하였습니다. **1920년에는 박재혁이 부산 경찰서에, 1921년에는 김익상이 조선 총독부에, 1923년에는 김상옥이 종로 경찰서에, 1924년에는 김지섭이 일본 왕궁에, 1926년에는 나석주가 동양 척식 주식회사에 각각 폭탄을 투척**하며 일제에 큰 타격을 입혔습니다. 이러한 의거는 조선인의 독립 의지를 내외에 각인시키는 데 결정적인 역할을 하였습니다.

그러나 1920년대 후반 개별적 의열 투쟁의 한계를 인식한 의열단은 조직적이고 체계적인 무장 투쟁으로 방향을 전환하였습니다. 김원봉과 단원들은 중국 정부의 지원으로 **황푸 군관 학교에 입학**하여 군사 교육을 받았고, 1932년에는 **'조선 혁명 간부 학교'를 설립**하여 독립운동가를 체계적으로 양성하였습니다. 이후 이들은 김원봉을 중심으로 **민족 혁명당 결성에 참여**하며 조직적 무장 투쟁을 주도하였습니다.

한편 국민대표 회의 이후 분열과 침체에 빠졌던 대한민국 임시 정부는 독립운동의 활력을 되찾기 위해 **김구가 1931년 상하이에서 '한인 애국단'**

을 조직하였습니다. 이 단체는 임시 정부의 정통성과 독립운동에서의 존재감을 다시 부각하고자 하였습니다.

1932년 1월 애국단원 **이봉창**은 **도쿄에서 일본 국왕의 마차를 향해 폭탄을 투척**하였고, 뒤이어 일본은 상하이 사변을 일으켜 무력 대응에 나섰습니다. 같은 해 4월 일본이 상하이 사변 승리와 일왕 생일을 기념하기 위해 개최한 **상하이 훙커우 공원 행사에서 윤봉길은 폭탄 의거를 감행**하여 일본군 장성과 고위 관리를 살상하였습니다.

이러한 한인 애국단의 의열 활동은 **대한민국 임시 정부의 위상을 높이고 국제 사회에 한국 독립운동의 존재를 각인시키는 계기**가 되었습니다. 특히 윤봉길 의거 이후 중국 국민당 정부는 한국인의 중국 내 무장 투쟁을 공식적으로 허용하고, 임시 정부에 대한 지원도 본격화하였습니다.

◎─ 이봉창

◎─ 윤봉길

이외에도 개인적인 의열 활동은 계속되었습니다. 1919년 **강우규**는 제3대 조선 총독 사이토 마코토의 마차에 폭탄을 투척하였고, 1928년 조명하는 타이완에서 일본 육군 대장 암살을 시도하는 등 끊임없이 일제에 맞서는 저항의 불씨를 이어갔습니다.

로빈의 역사 KICK

의열단 vs 한인 애국단

구분	의열단	한인 애국단
설립 시기	1919년 11월(만주 지린성)	1931년(상하이)
설립 인물	김원봉, 윤세주 등	김구
목표	일본 고위 관리·경찰·식민 기관에 대한 파괴 및 암살로 민중 항거 유도	임시 정부의 존재감 회복 및 국제 사회에 독립운동 존재 알리기
활동 방식	폭탄 투척·암살 등 개별 의열 투쟁 중심	선택적인 의거(국왕 암살 시도, 군 지휘부 공격)로 상징적 효과 극대화
대표 의거	박재혁(부산 경찰서), 김상옥(종로 경찰서), 나석주(동양 척식 주식 회사)	이봉창(일왕 마차 폭탄), 윤봉길(훙커우 공원 폭탄)
사상·이념	민중 직접 혁명 지향, 신채호의 '조선 혁명 선언' 영향	민족주의, 임시 정부의 정통성과 통합 강조
교육 활동	조선 혁명 간부 학교 설립, 황푸 군관 학교 등 군사 교육 중시	군사 교육보다는 의거 중심, 후속 무장 투쟁의 길 여는 역할
역사적 의의	1920년대 독립운동의 상징, 무장 투쟁 전환 계기	임시 정부 재조명, 중국 정부의 공식 지원 기반 마련

1930~1939년 만주의 독립군 전투와 항일 유격전

연합의 승리, 그리고 붕괴 직전의 투쟁

1930년대 만주 지역에서는 한국의 독립운동이 활발히 전개되었습니다. 북만주에서는 혁신 의회를 중심으로 한국 독립당과 한국 독립군이 조직되었고, 남만주에서는 국민부가 조선 혁명당과 조선 혁명군을 이끌며 항일 활동을 전개하였습니다. 이 시기 만주는 대공황의 여파로 농민들의 삶이 극도로 어려웠으며, 1931년 일제는 만주 사변을 일으켜 실질적으로 만주를 점령한 뒤 1932년에는 괴뢰 국가인 만주국을 수립하였습니다. 이에 중국인의 반일 감정이 고조되었고, 한국 독립군과 조선 혁명군은 중국군과 연합하여 항일 전쟁에 나서게 됩니다.

남만주를 근거지로 한 **조선 혁명군**은 **양세봉** 총사령관의 지휘 아래 **중국 의용군과 연합**하여 1932년 **영릉가 전투**, 1933년 **흥경성 전투**에서 **전략적 승리**를 거두며 만주 지역의 항일 투쟁에 큰 활력을 불어넣었습니다.

> 얼음이 풀린 소자강은 수심이 깊었다. 게다가 얼음덩어리가 뗏목처럼 흘러내렸다. 하지만 이 강을 건너지 못하면 영릉가로 쳐들어갈 수 없었다. 밤 12시 정각

까지 영릉가에 들어가 공격을 알리는 신호탄을 울려야만 했다. - 조선 혁명군 전투 기록

북만주에서 활동하던 **한국 독립군**은 **지청천** 총사령관이 이끄는 가운데 **중국 호로군과 연합**하여 항일 투쟁을 이어갔습니다. 이들은 **1932년 쌍성보 전투**, 1933년 사도하자 전투와 **대전자령 전투** 등에서 **일본군을** 크게 격파하며 연합 작전의 모범을 보여주었습니다.

> 오후 1시경 일본군의 전초 부대가 지나간 뒤 본대가 화물 자동차를 앞세우고 대전자령의 계곡으로 들어오기 시작했다. …… 독립군은 사격과 함께 바위를 굴려 일본군을 살상하고 자동차와 우마차를 파괴하거나 운행 불능의 상태에 빠뜨리며 적을 완전히 포위하여 고립시켰다. …… 독립군과 중국 호로군 부대는 절대적으로 유리한 지형에서 조직적으로 맹공을 퍼부었기 때문에, 매복에 걸려든 일본군은 중무기와 차량 등을 버리고 도주하고자 하였으나 결국 거의 궤멸되고 말았다. - 한국 독립군 전투 보고서

하지만 1930년대 중반으로 접어들며 일본군의 공격이 강화되고 한국과 중국 간의 주도권과 전략을 둘러싼 갈등이 심화되면서 양국의 연합은 점점 흔들리게 되었습니다. 이에 따라 상당수 독립군은 보다 안전한 활동 기반을 찾아 만리장성을 넘어 중국 본토로 이동하였으며, 이들은 훗날 한국 광복군 창설에 기여하게 됩니다.

한편 1920년대 초부터 만주에서는 사회주의 사상이 퍼져 많은 동포들

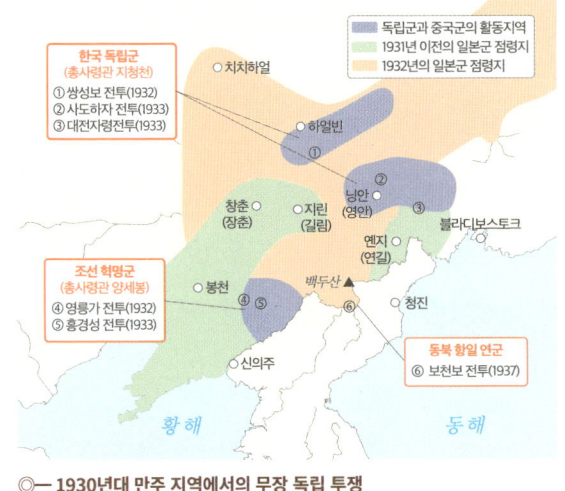

◎― 1930년대 만주 지역에서의 무장 독립 투쟁

이 사회주의 운동에 참여하였습니다. 만주 사변 이후 중국 공산당은 항일 유격대 조직을 지시하였고, 만주 전역에서 유격대 활동이 본격화되었습니다. 1933년 중국 공산당은 이들 유격대를 통합해 '동북 인민 혁명군'을 조직하였고, 이후 코민테른의 지시에 따라 모든 항일 세력의 연합을 목표로 **'동북 항일 연군'으로 개편**하였습니다. 이 연군은 민족주의자와 사회주의자를 모두 포괄한 광범위한 항일 전선이었습니다.

동북 항일 연군 내에서 활동하던 한인 유격대는 함경도의 사회주의자뿐 아니라 천도교 등 민족주의 세력까지 아우르며 1936년 '조국 광복회'를 결성하였습니다. 이들은 국내 운동가들과 협력하여 함경도 일대에서 활동을 확대하였고, 보천보 등지에서 일제 경찰 주재소와 면사무소를 공격하는 등 적극적인 항일 활동을 벌였습니다.

> 4일 오후 11시 30분경 함경남도 국경 보천보 우편소에 200여 명이 습격하여 우편소를 포위, 방화하고 계속하여 보천보 부근에 있는 면사무소와 보통학교, 소방 사무소 등을 습격, 방화하였다. 이 급보를 접한 혜산진 우편국에서는 현지에 자동차로 급행하였는데 우편소장 이하 가족들은 모두 무사하다고 한다. – 「동아일보」

그러나 1939년부터 일본 관동군이 대규모 '대토벌 작전'을 전개하면서 동북 항일 연군은 심각한 타격을 입었고, 조직적 군사 활동은 큰 어려움에 봉착하게 됩니다. 많은 유격대원들은 소련의 연해주로 이동하였으며, 일부는 소규모 부대를 유지해 만주에서 유격전을 지속하였습니다. 이후 이들 중 다수는 광복 이후 소련군과 함께 한반도 북부에 진입하여 북한 정권 수립의 핵심 세력이 되었습니다.

로빈의 역사 KICK

1930년대 무장 독립운동 조직별 활동

항목	한국 독립군	조선 혁명군	동북 항일 연군
주요 인물	지청천	양세봉	김일성 외 한인 유격대 다수
활동 지역	북만주	남만주	만주 전역(→일부 국내 진입)
성격	민족주의 계열 무장 독립군	민족주의 계열 무장 독립군	사회주의 계열 유격군 (중국공산당 주도)
주요 활동 및 전투	• 쌍성보 전투(1932) • 사도하자·대전자령 전투(1933)	• 영릉가 전투(1932) • 홍경성 전투(1933)	• 보천보 전투(1937)
연합 세력	중국 호로군	중국 의용군	중국 공산당, 한인 민족주의·사회주의 연합
특징	• 정규전 중심 • 중국군과 협공 • 이후 중국 본토로 이동	• 적극적 연합 전투 • 남만주 독립군 대표 조직	• 국내 진공 전투 • 조국광복회 결성 (1936) • 광복 후 북한 정권 주도 세력 중 일부

1935~1942년
민족 혁명당과 조선 민족 전선 연맹

중국 본토로 이동한 독립운동 세력의 재편

　일제가 만주를 점령함에 따라 대일 전선이 중국의 화베이 지역으로 옮겨졌고, 이로 인해 중국 본토가 무장 독립운동의 핵심 거점으로 부상하게 되었습니다. 이에 따라 만주에서 활동하던 여러 무장 독립운동 단체들도 중국 내륙으로 이동하였고, 서로 간의 연합과 통합의 필요성이 커졌습니다. 이러한 흐름 속에서 1935년 난징에서는 조소앙의 한국 독립당, 김원봉의 의열단, 최동오의 조선 혁명당, 지청천의 신한 독립당, 김규식의 대한 독립당 등 다양한 독립운동 세력이 연합하여 **'민족 혁명당'을 결성**하였습니다. 이들은 일본 제국주의에 맞서 한반도의 독립과 자주권 회복이라는 공동 목표를 내걸고 통합된 항일 전선을 구축하고자 하였습니다.

　민족 혁명당은 민족주의 세력과 사회주의 세력이 함께 결성한 중국 관내 최대 규모의 통일 전선 정당이었습니다. 그러나 김구 등 일부 인사들은 여기에 참여하지 않고, 같은 해 대한민국 임시 정부의 노선을 지지하며 '한국 국민당'을 창당하였습니다. 이후 민족 혁명당 내에서 김원봉의 의열단이 좌경화된 노선으로 주도권을 장악하자 조소앙과 지청천 등은 이탈하여 김구의 한국 국민당에 합류하게 됩니다. 이에 따라 민족 혁명당은 의열단 중심으로 재편되었고, 중국 관내의 독립운동은 김구와 지청천 중심의 민족주의 계열과 김원봉 중심의 사회주의 계열로 양분되어 서로 다른 이념과 전략 아래 활동하게 되었습니다.

1937년 중일 전쟁이 발발하자 민족 혁명당의 후신인 조선 민족 혁명당을 중심으로 여러 단체들이 모여 '**조선 민족 전선 연맹**'을 결성하였습니다. 이듬해인 1938년 중국 국민당 정부의 지원 아래 **김원봉**의 주도로 **우한**(한커우)**에서 조선 의용대가 조직**되었습니다. 조선 의용대는 **중국 본토에서 결성된 최초의 한국인 무장 부대**로, 전투는 물론 정보 수집, 포로 심문, 후방 교란, 심리전, 선전 활동 등을 통해 중국 국민당군을 지원하며 항일 전선에 활발히 참여하였습니다.

> 오늘날 동양의 강도 일본 군벌은 아시아를 침략하고, 나아가서는 다년간의 헛된 꿈인 세계 정복으로 옮기려 하는 광기가 되어 중화민국 침략 전쟁을 개시하였다. …… 중국에서 활동하고 있는 우리 조선 혁명가들은 모름지기 이 정의로운 전쟁에 직접 참가하고, 나아가 중국 항전 중에 조국의 독립을 쟁취해야 할 것이다. 이를 위해 우리는 우선 '조선 민족 전선 연맹'의 기치 아래 일치단결하고, 동시에 동양에 있어서의 항일의 위대한 최고 지도자인 장제스 위원장 아래 함께 모여, 조선 의용대를 조직한 것이다. - 조선 의용대 결성 취지문

하지만 전쟁이 장기화됨에 따라 중국 국민당이 대일 항전에 소극적인 태도를 보이자 조선 의용대 총본부는 **1942년 김원봉을 중심으로 충칭으**

로 이동하였고, 대한민국 임시 정부의 '한국 광복군'에 편입되어 활동을 이어가게 됩니다. 한편 조선 의용대 일부 병력은 더욱 적극적인 항일 투쟁을 위해 일본과 직접 교전 중인 화베이 지역으로 이동하여 '**조선 의용대 화북 지대**'를 **결성**하였고, 중국 공산군과 협력하여 **호가장 전투**와 반소탕전 등에서 일본군에 타격을 입히는 등 눈에 띄는 전과를 거두었습니다. 1942년에는 조직이 확대되어 '**조선 의용군**'으로 **개편**되었으며, 이들 중 일부는 광복 이후 북한으로 돌아가 인민군에 편입되었습니다.

이와 동시에 김구와 이시영 등 대한민국 임시 정부의 주요 인사들은 1935년 중국 항저우에서 '한국 국민당'을 결성하였는데, 민족 혁명당에서 이탈한 세력들과 연합해 다양한 이념을 포괄하는 통합 정당으로 발전시켰습니다. 이들의 활동은 이후 충칭 정착 이후 임시 정부가 '광복군' 창설로 나아가는 중요한 정치적 기반이 되었고, 한국 독립운동의 방향성을 재정립하는 데 기여하였습니다.

로빈의 역사 KICK

조선 민족 전선 연맹 핵심 정리
- 중국 관내 좌파 독립운동 세력의 연합체: 김원봉의 조선 민족 혁명당을 중심으로 결성된 좌파 성향의 항일 연합 전선 조직
- 조선 의용대 창설의 기반: 1938년 중국 국민당 정부의 지원을 받아 한국인 최초의 무장 항일 부대인 조선 의용대를 조직
- 중국과의 협력 전선 형성: 조선 의용대를 통해 중국 국민당군과 연합 작전을 수행하며 일본에 맞섬. 이후 일부 병력은 중국 공산군과도 협력
- 광복군·의용군으로의 연결 고리: 조선 의용대의 일부는 한국 광복군에 편입되고 일부는 조선 의용군으로 개편됨. 광복 이후 남북 독립운동 계보로 갈라짐

1940~1945년 | 한국 광복군과 조선 의용군

정규군 창설과 마지막 무장 독립 투쟁

중일 전쟁이 본격화되면서 대한민국 임시 정부는 일제와의 결전이 불가피하다고 판단하고 1940년 충칭에서 **정규군인 '한국 광복군'을 창설**하였는데, **총사령관에는 지청천**, 참모장에는 이범석이 임명되었습니다. 한국 광복군은 임시 정부가 군사력을 바탕으로 독립운동을 본격화하려는 중대한 전환점이었습니다.

> 대한민국 임시 정부는 대한민국 원년(1919)에 정부가 공포한 군사조직법에 의거하여 …… 광복군을 조직하고 …… 공동의 적인 일본 제국주의자들을 타도하기 위해 연합군의 일원으로 항전을 계속한다. …… 우리 민족의 확고한 독립 정신은 불명예스러운 노예 생활에서 벗어나기 위하여 무자비한 압박자에 대한 영웅적 항쟁을 계속하여 왔다. …… 우리들은 한중 연합 전선에서 우리 스스로의 부단한 투쟁을 감행하여 동아시아를 비롯한 아시아 민중들의 자유와 평등을 쟁취할 것을 약속하는 바이다. – 한국 광복군 선언문

1942년 한국 광복군은 **김원봉이 이끄는 조선 의용대 일부 병력을 흡수**하였고, 여기에 **일본군에서 탈출한 학도병들까지 합류**하면서 군세를 강화할 수 있었습니다. 한국 광복군이 대한민국 임시 정부의 정규군으로서의 면모를 갖춤에 따라 정당인 한국 독립당, 정부 조직인 대한민국 임시 정부, 군사 조직인 한국 광복군으로 이어지는 보다 체계적이고 조직적인 독립운동 기반이 마련되었습니다.

초기 한국 광복군은 중국 국민당의 군사적 지원을 받아 조직되었고, '한국 광복군 행동 9개 준승'에 의해 중국 군사 위원회의 통제를 받았습니다. 이 준승에는 한국 광복군이 중국군 총참모장의 지휘를 따르도록 되어 있었고, 대한민국 임시 정부는 상징적 통수권만을 가지는 형태였습니다. 그러나 1944년 이 준승이 폐기됨에 따라 임시 정부는 실질적인 군 지휘권을 회복하였고, 한국 광복군은 보다 자율적인 무장 활동을 전개할 수 있게 되었습니다.

일제가 1941년 태평양 전쟁을 일으키자 대한민국 임시 정부는 즉시 '대일 선전 포고문'을 발표하고 연합군과 합동 작전에 참여하였습니다. 1943년에는 영국군의 요청으로 **미얀마·인도 전선에 한국 광복군 공작대를 파견**하여 포로 심문, 정보 수집, 선전 활동 등을 통해 연합군을 지원하였습니다. 전쟁이 막바지에 이르자 임시 정부는 외세에만 기대지 않고 우리 스스로 일제를 항복시킴으로써 독립 과정에서 주도적인 역할을 해야 할 필요가 있다고 판단하였습니다.

이에 따라 한국 광복군은 **미국 전략 정보국(OSS)과 협력**하여 제2지대, 제3지대 병력 중 일부를 국내 진공 작전용 유격 요원으로 선발해 훈련을 실시하였고, 훈련을 마친 병력은 **'국내 정진군'으로 편성**되었습니다. 이들은

1945년 8월 20일 국내 진공 작전을 실행할 계획이었으나, 일본의 무조건 항복으로 인해 실제 투입은 이뤄지지 못하였습니다.

1942년에 조직된 '조선 의용군'은 조선 독립 동맹의 군사 조직으로, 화북 지역에서 활동하는 **김두봉** 등 공산주의자들에 의해 결성되었습니다. 조선 의용군은 사회주의 계열의 화북 청년 연합회가 조선 의용대 화북 지대를 통합하여 창설한 조직으로, 중국 공산군인 팔로군과 함께 연합 전선을 구축하고 항일 투쟁을 전개하였습니다. 이후 조선 의용군은 옌안으로 이동하여 정보 수집 활동을 강화하고, 항일 군정 학교를 설립하여 혁명가를 양성하기도 하였습니다. 광복 이후, 조선 의용군의 일부는 북한으로 들어가 북한의 군사력을 강화하는 데 기여하며 북한 인민군에 편입되었습니다.

로빈의 역사 KICK

한국 광복군 vs 조선 의용군

구분	한국 광복군	조선 의용군
창설 시기	1940년	1942년(조선 의용대 화북 지대에서 개편)
창설 주체	대한민국 임시 정부	조선 독립 동맹(조선 공산주의 계열)
주요 인물	지청천, 이범석, 김구 등	김두봉, 무정 등
이념 성향	민족주의, 임시정부 정통 계승	사회주의, 중국 공산당과 연계
활동 지역	중국 충칭 및 인도·미얀마 전선 등	중국 화북 지방(팔로군과 연합)
대표 활동	연합군 일원으로 대일전 수행, 국내 진공 작전 준비	호가장 전투·반소탕전 등 유격전 중심 전투
국제 연계	연합군(미·영 중심) + OSS(미 정보 기관) 협력	중국 공산군(팔로군)과 협력

PART 07.

현대

1940~1945년 | 광복과 분단의 씨앗

독립 준비와 국제 질서 속 한반도의 운명

대한민국 임시 정부는 1940년 중국 충칭에 정착한 이후 광복 이후의 독립 국가 건설을 위한 준비를 본격화하였습니다. 삼균주의를 바탕으로 민족의 자유와 독립, 민주주의 국가 수립을 목표로 한 건국 강령을 발표하며 이상적인 국가의 청사진을 제시하였습니다. 이 강령은 광복 이후 국가 건설의 중요한 기반이 되었습니다.

◎— 여운형

같은 시기인 1942년, 중국 옌안을 거점으로 김두봉을 주석으로 하는 '조선 독립 동맹'이 조직되어 보통 선거에 의한 민주 공화국 수립, 남녀평등, 토지 분배, 의무 교육 등을 주요 내용으로 한 강령을 발표하였습니다. 한편 국내에서는 1944년 **여운형**이 중심이 되어 **'조선 건국 동맹'을 결성**하였는데, 여기에는 **일본 제국주의의 몰락을 대비**

하여 민주주의 원칙에 따라 새로운 국가를 건설하겠다는 강한 의지가 담겨 있었습니다.

제2차 세계 대전에서 연합국의 전세가 유리해지자 1943년 미국의 루스벨트, 영국의 처칠, 중국의 장제스는 **'카이로 회담'**을 개최하였습니다. 이 회담에서 일본 점령지에 대한 처리 문제와 전후 국제 질서에 대한 논의가 이뤄졌고, 그 결과 발표된 카이로 선언에는 일본이 점령한 모든 지역의 반환과 더불어 한국의 독립이 '적당한 시기'에 이루어질 것이라는 문구가 포함되었습니다. 이는 연합국이 처음으로 한국의 독립을 공식 문서로 명시한 사례로, 큰 의미를 지니고 있었습니다.

1945년 2월 미국, 영국, 소련의 지도자들은 얄타에서 다시 회담을 열어 독일에 대한 처리와 소련의 대일전 참전 문제를 논의하였습니다. 이 회담에서 소련은 독일과의 전쟁을 종결한 후 3개월 이내에 일본에 선전 포고하고 태평양 전쟁에 참전하기로 합의하였습니다.

1945년 7월에는 독일의 항복 이후 **'포츠담 회담'**이 열렸고, 이 회담에서 연합국은 일본에 무조건 항복을 요구하는 포츠담 선언을 발표하였습니다. 이 선언에는 '카이로 선언의 모든 조항은 이행되어야 한다'고 명시되어 있었으며, 한국의 독립에 대한 약속이 다시금 확인되었습니다. 그러나 일본은 이를 거부하였고, 미국은 8월 6일과 9일 히로시마와 나가사키에 원자 폭탄을 투하하였습니다. 여기에 더해 소련이 일본에 선전 포고를 하자 일본은 결국 8월 15일 무조건 항복을 선언하였고, 우리 민족은 마침내 광복을 맞이하게 되었습니다.

광복은 연합군의 군사적 승리로 이뤄진 결과였지만, 우리 민족이 오랜 기간 지속해 온 독립운동의 결실이기도 하였습니다. 그러나 일본의 갑작스러운 항복으로 인해 독립을 위해 준비되었던 국내 진공 작전은 실행되지 못하였고, 연합국은 한반도를 패전국 일본의 식민지로 간주하여 자주 정부 수립이 어려워지고 말았습니다.

얄타 회담의 결정에 따라 1945년 8월 11일, 한반도 북부에 소련군이 진주하여 빠르게 일본군의 무장을 해제하며 점령 지역을 확대해 나갔습니다. 미국은 소련이 한반도 전역을 점령하는 것을 견제하기 위해 한반도를 북부와 남부로 나누어 점령할 것을 제안하였고, 소련이 이를 수락하면서 **38도선을 기준으로 한 분할 점령**이 이루어졌습니다. 이로써 **북쪽은 소련군이, 남쪽은 미군이 각각 통치**하게 되었고, 이는 훗날 한반도 분단의 시초가 되었습니다.

미국은 남부 지역에 군정청을 설치하고 직접 통치를 실시하였으며, 이 과정에서 조선 인민 공화국이나 대한민국 임시 정부와 같은 기존 조직을 인정하지 않았습니다. 오히려 일제 강점기의 조선 총독부 관료와 경찰 조직을 유지하여 군정을 운영하였습니다. 반면 **소련은 북부 지역에 구성된 인민 위원회에 행정권을 이양하고 간접 통치를 실시**하였으며, 공산주의 세력의 정권 장악을 적극 지원하였습니다. 또한 민족주의 세력인 조만식을 비롯한 인사들을 숙청하여 반대 세력을 제거하고 공산주의 세력의 입지를 공고히 하였습니다.

이처럼 미국과 소련이 서로 다른 방식으로 한반도 문제에 접근함에 따라 광복의 기쁨은 분단이라는 새로운 비극으로 이어졌고, 한반도의 정치적 대립은 점차 고착화되어 갔습니다.

로빈의 역사 KICK

광복 직전 조직별 활동

조직명	결성 시기 및 장소	주요 인물	핵심 목표 및 활동
대한민국 임시 정부	1940년, 충칭	김구	• 삼균주의 바탕 '건국 강령' 발표 • 민주주의 국가 건설 목표 제시
조선 독립 동맹	1942년, 옌안	김두봉	• 보통 선거 기반 민주 공화국 수립 목표 • 남녀평등, 토지 개혁, 의무 교육 등 발표
조선 건국 동맹	1944년, 서울	여운형	• 일본 몰락 대비 • 민족 자주·민주주의 원칙의 국가 수립 준비 • 광복 직후 조선 건국 준비 위원회로 개편

1945~1946년 | 해방 후 혼란과 좌우 대립

건준, 조선 인민 공화국, 그리고 신탁 통치 논쟁

　일본이 패망하기 직전 조선 총독부로부터 치안권을 이양받은 여운형은 1945년 8월 안재홍 등과 함께 **조선 건국 동맹을 중심으로 '조선 건국 준비 위원회**(건준)**'를 조직**하였습니다. 이는 좌우를 아우르는 연합의 기반을 마련하려는 시도였으며, 전국적으로 145개의 지부를 설치하여 치안과 행정 업무를 담당하며 광복 직후의 사회 질서 유지에 중요한 역할을 하였습니다. 그러나 활동이 진행됨에 따라 조선 공산당 등 좌익 세력이 위원회의 주도권을 잡게 되었고, 이에 반발한 안재홍 등 일부 우익 인사들은 건준에서 이탈해 '조선 국민당'을 창당하였습니다.

　1945년 9월 미군의 한반도 진주가 가시화되자 조선 건국 준비 위원회는 중앙 조직을 정부 형태로 개편하고 각 지부를 '인민 위원회'로 전환하였습니다. 이어 **'조선 인민 공화국' 수립을 선포**하였으며, 이와 함께 조선 건국 준비 위원회는 해체되었습니다. 조선 인민 공화국은 미군과의 협상에서 정치적 주도권을 확보하기 위한 시도였으나, 미국은 이를 인정하지 않았습니다.

이 시기 국내 정치 지형은 매우 복잡하였습니다. 우익 세력으로는 **송진우**와 **김성수**가 주도한 '**한국 민주당**'이 있었고, 이들은 대한민국 임시 정부를 지지하며 미 군정과 협력하였습니다. 미국에서 귀국한 **이승만**은 '**독립 촉성 중앙 협의회**'를 조직하였고, 김구는 대한민국 임시 정부의 주석이 아닌 개인 자격으로 귀국하여 '한국 독립당'을 중심으로 활동을 전개하였습니다. 좌익 세력은 박헌영 등이 조선 공산당을 개편하여 '남조선 노동당'을 창당하며 세를 확장하였고, 중도 진영에서는 안재홍이 '국민당'을, 여운형이 조선 인민 공화국 해체 이후 '조선 인민당'을 결성하며 활동을 이어갔습니다.

같은 해 12월 미국·영국·소련 3국의 외무 장관들은 모스크바 3국 외상 회의를 열고 한국의 독립 문제를 주요 의제로 다루었습니다. 회의 결과, 임시 민주 정부 수립을 위한 '**미소 공동 위원회**' 설치와 함께 **최대 5년간 미국·영국·소련·중국 4개국이 한반도를 신탁 통치하기로 결정**하였습니다. 그러나 이 회의의 핵심인 '임시 민주 정부 수립'보다 '신탁 통치' 결정이 국내에 먼저 알려지면서 큰 논란을 불러일으켰습니다.

우익 진영인 김구의 한국 독립당, 한국 민주당, 이승만 등은 신탁 통치를 또 다른 형태의 외세 지배로 간주하고 즉각 **반탁 운동을 전개**하였습니다. **좌익 진영**인 조선 공산당 역시 **처음에는 반탁을 주장**하였으나, 곧 모스크바 3국 외상 회의 결정의 본질이 임시 민주 정부 수립에 있다는 점을 받아들이며 **총체적 지지로 입장을 바꾸었습니다.**

이로 인해 국내 정치 세력은 신탁 통치를 두고 찬탁과 반탁으로 나뉘어 극심한 대립을 겪게 되었고, 이 갈등은 미소 양국의 이해관계와도 맞물리며 통일 정부 수립을 점점 어렵게 만들었습니다.

로빈의 역사 KICK

모스크바 3국 외상 회의 핵심 정리
- 회의 시기 및 장소: 1945년 12월, 소련 모스크바
- 참가국: 미국, 영국, 소련
- 핵심 의제: 광복 후 한국 통치 및 독립 방안
- 주요 결정 사항: 한반도에 임시 민주 정부 수립 → 이를 위한 미소 공동 위원회 설치, 최대 5년간 미국·영국·소련·중국에 의한 신탁 통치 실시
- 국내 반응: 우익은 강력한 반탁, 좌익은 초기에 반탁이었다 후에 찬탁으로 전환
- 결과: 좌우 대립 격화로 인해 통일 정부 수립에 큰 장애 발생

1946~1947년 | 미소 공동 위원회와 좌우 합작

통일 정부 좌절과 분단의 가속화

　모스크바 3국 외상 회의의 결정 이후 좌우 간 긴장이 극도로 고조되는 가운데, 1946년 2월 북한에서는 '북조선 임시 인민 위원회'가 출범하여 사실상의 정부 역할을 수행하게 되었습니다. 같은 해 3월 미국과 소련은 회의 결정을 토대로 한국에 임시 정부를 수립하고 신탁 통치를 도입하는 방안을 논의하기 위해 '제1차 미소 공동 위원회'를 개최하였습니다. 그러나 양측은 회의에 어떤 정치 세력과 사회 단체를 참여시킬 것인지에 대한 이견으로 격렬히 충돌하였습니다. 소련은 모스크바 회담 결정에 반대한 세력을 배제해야 한다고 주장한 반면, 미국은 신탁 통치에 반대하더라도 모든 단체가 협의에 참여해야 한다는 입장을 고수하였습니다. 결국 이러한 이견으로 인해 회의는 진전을 이루지 못한 채 1946년 5월 무기한 휴회에 들어갔습니다.

　제1차 미소 공동 위원회가 결렬되자 **6월 이승만은 '정읍 발언'을 통해 남한 단독 정부 수립 가능성을 공개적으로 언급**하였습니다. 그는 미소 공동 위원회의 재개 가능성이 불투명하다는 점을 지적하면서 남한만이라도 임시 정부나 위원회를 조직해 소련의 영향력을 배제해야 한다고 강조하였습니다. 이승만의 주장은 한국 민주당의 지지를 받으며 이후 남한 중심의 정치 구도 형성에 중요한 기반이 되었습니다.

> 이제 우리는 무기 휴회된 공위가 재개될 기색도 보이지 않으며 통일 정부를 고대하나 여의케 되지 않으니, 우리는 남방만이라도 임시 정부 혹은 위원회 같은 것을 조직하여 38 이북에서 소련이 철퇴하도록 세계 공론에 호소하여야 될 것이니, 여러분도 결심하여야 될 것이다. 그리고 민족 통일 기관 설치에 대하여 지금까지 노력하여 왔으나 이번에는 우리 민족의 대표적 통일 기관을 귀경한 후 즉시 설치하게 되었으니 각 지방에 있어서도 중앙의 지시에 순응하여 조직적으로 활동하여 주기 바란다. – 정읍 발언

이처럼 이승만의 발언이 남한 중심의 정치 노선을 강화하는 가운데, **중도 좌파 여운형과 중도 우파 김규식은 통일 정부 수립을 목표로 좌우 합작 운동을 전개**하였습니다. 미 군정이 일정 수준 지지하는 가운데 결성된 '좌우 합작 위원회'는 통일적 임시 정부 수립을 위한 **'좌우 합작 7원칙'**을 발표하였고, 미 군정은 이를 바탕으로 중도 정치 세력을 지원하며 '남조선 과도 입법 의원'을 출범시켰습니다.

1. 모스크바 3국 외상 회의의 결정에 따라 남북의 좌우 합작으로 민주주의 임시 정부를 수립할 것.
2. 미소 공동 위원회의 속개를 요청하는 공동 성명을 발표할 것.
3. 토지는 몰수, 유조건 몰수, 매수하여 농민에게 무상으로 분배하고, 중요 산

업을 국유화할 것.

4. 친일파, 민족 반역자를 처단할 조례를 제정할 것.

5. 정치범을 석방하고 남북, 좌우의 테러를 중지할 것.

6. 입법 기관의 권한, 구성, 운영 등을 좌우 합작 위원회에서 작성 실행할 것.

7. 언론, 집회, 결사, 출판, 교통, 투표의 자유를 보장할 것.

-좌우 합작 7원칙

이 원칙은 좌익이 제시한 5원칙과 우익이 제시한 8원칙을 절충한 결과였지만, 좌우 양 진영 모두의 반발을 초래하였습니다. 김구, 이승만 등 주요 인사와 조선 공산당이 불참한 가운데 진행된 합작 운동은 주요 정치 세력의 외면과 함께 신탁 통치, 토지 개혁, 친일파 처벌 등 민감한 문제에서의 이념적 갈등으로 한계에 봉착하였습니다.

더불어 냉전이 본격화되면서 미 군정의 태도도 점차 변화하였고, 결국 좌우 합작 운동에 대한 지원을 철회하게 됩니다. 결정적으로 1947년 여운형이 암살되면서 좌우 합작 위원회의 활동은 사실상 중단되었고, 통일 정부 수립을 위한 마지막 시도는 좌절되고 말았습니다. 이로써 한반도의 분단은 한층 더 구체화되었으며, 남북의 독자적 정부 수립 움직임은 가속화되기 시작하였습니다.

로빈의 역사 KICK

통일 정부 수립을 위한 주요 활동

항목	미소 공동 위원회(1차)	정읍 발언	좌우 합작 위원회
주도 국가 및 인물	미국, 소련	이승만	여운형, 김규식
핵심 목적	임시 민주 정부 수립 협의	남한 단독 정부 가능성 제시	좌우 중도 세력 연합 통한 통일 정부 수립
주요 내용	참여 단체 범위 이견 → 대립	남한만이라도 임시 정부 조직 제안	좌우 합작 7원칙 발표 - 토지개혁, 반민족 행위 처벌 등 포함
결과	무기한 휴회	우익 결집, 단독 정부 노선 본격화	좌우 양 진영 반발, 여운형 암살 → 활동 중단

1947~1948년 | 한국 문제 유엔 상정과 남북 협상

남한 단독 정부 수립과 분단의 현실화

1947년 5월에 열린 제2차 미소 공동 위원회에서도 미국과 소련은 협의 참여 단체 선정 문제를 놓고 끝내 합의에 이르지 못하였습니다. 이에 미국은 한반도 문제를 국제 연합(UN)으로 이관하였고, 그 결과 **1947년 11월 유엔 총회에서는 남북한 인구 비례에 따른 총선거를 통해 한국 정부를 수립하기로 결의**하였습니다. 이 결의에 따라 선거의 공정성 확보와 감독을 위해 '유엔 한국 임시 위원단'이 한반도에 파견되었으나, 북한과 소련은 유엔의 결정에 강하게 반발하며 위원단의 38도선 이북 접근을 거부하였습니다. 이에 따라 **1948년 2월 유엔 소총회는 '위원단의 접근이 가능한 지역에서 총선거를 실시한다'는 결의를 채택**함으로써 사실상 남한만의 총선거를 결정하게 되었습니다.

> 총회가 당면하고 있는 한국 문제는 근본적으로 한국민 자체의 문제이며 그 자유와 독립에 관련된 문제이므로 …… 총회는 한국 대표가 한국 주재 군정 당국에 의하여 지명된 자가 아니라 한국민에 의하여 실제로 정당하게 선출된 자라는 것

을 감시하기 위하여, 조속히 유엔 한국 임시 위원단을 설치하여 한국에 주재케 하고, 이 위원단에게 한국 전체를 여행·감시·협의할 수 있는 권한을 부여할 것을 결의한다. – 유엔 총회 결의

남한 단독 총선거 결정은 국내 정치 지도자들 사이에서 극심한 의견 차이를 불러왔습니다. 이승만과 한국 민주당은 남한만의 총선거를 통해 정부를 수립하는 것을 지지하였으나, 좌익 세력과 함께 김구, 김규식 등 임시 정부 계열 일부 우익 지도자들은 이를 반대하였습니다. 이들은 단독 선거가 결국 남북 분단을 고착화할 것이라고 보고 통일 정부 수립을 위한 노력을 지속하였습니다. 특히 **김구와 김규식은 남북 협상을 추진하며 1948년 4월 평양에서 열린 '전 조선 제 정당 사회 단체 대표자 연석 회의'에 참석**하였습니다. 이 회의에서는 **남한 단독 선거 반대**, 미소 양군 철수, 전국 총선거를 통한 통일 정부 수립을 촉구하는 공동 성명이 발표되었습니다.

그러나 유엔과 미 군정은 기존 선거 일정을 유지하였고, 마침내 1948년 5월 10일 남한에서는 '5·10 총선거'가 실시되었습니다. 같은 해 7월 17일 제헌 헌법이 제정·공포되었고, 8월 15일에는 대한민국 정부가 수립되었습니다.

한편 북한 역시 독자적인 헌법 제정과 최고 인민 회의 구성을 추진하였으며, 김일성을 중심으로 한 정권 수립 준비를 마

◎— 남북 연석 회의 참석을 위해 평양으로 향하는 김구 일행

친 상태였습니다. 이로써 남북한은 각각 독립 정부 수립을 향해 나아갔고, 통일 정부 수립을 위한 김구 등의 노력은 끝내 성과를 이루지 못하였습니다. 이후 김구가 암살되면서 통일 정부를 향한 희망은 더욱 희미해졌고, 분단은 현실로 굳어지게 되었습니다.

로빈의 역사 KICK

남북 협상 핵심 정리
- 배경: 유엔, 남한만의 단독 총선거 추진, 분단 막기 위한 자주적 노력 필요
- 과정: 김구·김규식이 남북 협상 제안, 1948년 4월 평양 연석 회의 참석, 전국 총선과 미소 동시 철수 요구, 남한 단독 선거 반대
- 결과: 유엔과 미군정은 남한 총선 강행(5·10 총선), 남북 각각 정부 수립
  → 분단 고착화

1947~1948년 | 제주 4·3과 여순 사건

단독 정부 반대 운동과 비극적인 민간인 희생

단독 정부 수립을 위한 총선거일이 1948년 5월 10일로 확정되자 좌익 세력을 중심으로 한 단독 선거 반대 운동이 전국적으로 확산되었습니다. 1947년 3월 1일 제주에서는 3·1절 기념 대회 도중 경찰의 발포로 다수의 사상자가 발생하였고, 이는 제주도민들의 극심한 분노를 일으켜 대규모 총파업으로 이어졌습니다. 이에 미군정은 경찰과 극우 청년 단체를 동원해 강경 진압에 나섰고, 지역 내 긴장은 더욱 고조되었습니다.

이러한 상황 속에서 1948년 4월 3일, 남조선 노동당과 좌익 세력은 예정된 5·10 총선거에 반대하며 제주도에서 대규모 무장 봉기를 일으켰습니다. 이들은 미군 철수와 남북 통일 정부 수립을 요구하며 조직적인 무장 시위를 벌였고, 이에 대응해 미군정은 육지에서 경찰과 군대를 파견하여 봉기 진압에 나섰습니다. 이 과정에서 **수많은 제주도민이 희생되었으며, 5·10 총선거에서는 제주도의 세 선거구 중 두 곳에서 투표율이 과반에 미치지 못해 선거가 무효 처리**되기도 했습니다. 이로 인해 해당 지역에서는 제헌 국회의원을 선출하지 못하였습니다.

총선거 이후 수립된 이승만 정부는 제주에서의 무장 봉기를 강경 진압하기 위해 제주도에 경비 사령부를 설치하고 병력을 추가 투입하였습니다. 그러나 상황은 진정되지 않았고, 같은 해 10월 19일 여수에 주둔 중이던 국군 내 일부 좌익 세력이 제주도 파병 명령을 거부하고 '통일 정부 수립'과 '제주 진압 반대'를 내세우며 무장 봉기를 일으켰습니다. 이는 곧 **'여수·순천 10·19 사건'**으로 확산되었고, 정부는 여수와 순천 일대에 계엄령을 선포한 뒤 강도 높은 군사 작전으로 반란 세력을 진압하였습니다. 그러나 진압 이후에도 잔여 세력은 지리산 등의 산악 지대로 흩어져 장기적인 게릴라 활동을 이어갔고, 이는 향후 국가 보안법 제정과 국민 보도 연맹 조직에 영향을 미치는 계기가 되었습니다.

제주 4·3 사건과 여수·순천 10·19 사건을 진압하는 과정에서 정부 군대와 경찰은 좌익 세력과의 연계를 의심하며 무차별적인 색출 작전을 전개하였습니다. 이로 인해 수많은 무고한 민간인이 연루자로 지목되어 학살당하였으며, 특히 제주에서는 전체 도민의 약 10%에 해당하는 2만 5,000~3만 명에 이르는 주민이 국가 공권력에 의해 희생되었습니다. 이는 해방 이후 한국 사회가 겪은 가장 큰 규모의 민간인 학살 사건 중 하나로 기록되며, 단독 정부 수립을 둘러싼 정치적 갈등이 얼마나 비극적인 결과를 초래했는지를 보여주는 대표적인 사례가 되었습니다.

로빈의 역사 KICK

제주 4·3 vs 여순 사건

항목	제주 4·3 사건	여수·순천 10·19 사건
발생 시기	1948년 4월 3일	1948년 10월 19일
배경	• 5·10 총선 반대 운동 • 1947년 3·1절 발포 사건 이후 고조된 민심	• 제주 진압 명령에 반발한 국군 일부의 항명
주도 세력	남조선 노동당 중심의 좌익 세력	국군 내 좌익 성향 부대(14연대 일부)
목적	• 단독 선거 저지 • 미군 철수 • 통일 정부 수립	• 제주 파병 거부 • 정부의 강경 진압 반대
정부 대응	• 군경 투입, 경비 사령부 설치 • 대규모 진압 작전 전개	• 계엄령 선포 • 군사 작전으로 무장 봉기 진압
결과	• 약 2.5만~3만 명 민간인 희생 • 일부 지역 제헌 총선 무효	• 반란군 진압 • 잔여 세력은 산악 지대로 잠입해 게릴라 활동
의의 및 영향	• 과거사 청산과 인권 문제의 상징 사건	• 국가 보안법 제정 배경 • 국민 보도 연맹 등 반공 통제 강화

1948년 | 5·10 총선거와 대한민국 수립

민주 공화국의 탄생과 국제적 승인

1948년 5월 10일, 38도선 이남에서 '5·10 총선거'가 실시되면서 **한국 역사상 처음으로 국민이 직접 참여하는 민주 선거**가 열렸습니다. 만 21세 이상의 모든 국민에게 투표권이 부여되었고, 선거는 직접·평등·비밀·보통 선거의 원칙에 따라 진행되었습니다. 유엔의 총선거 계획에 따라 38도선 기준 이남에서는 200명, 이북에서는 100명의 국회의원을 선출하기로 하였으나, 김구와 김규식을 포함한 남북 협상파 지도자들은 통일 정부 수립을 주장하며 선거에 불참하였고, 좌익 세력 역시 남한만의 단독 정부 수립을 반대하며 선거 참여를 거부하였습니다.

제주 4·3 사건의 여파로 제주 지역 선거구 중 두 곳의 선거가 무효 처리되었지만, 나머지 지역에서 **총 198명의 제헌 국회 의원이 선출**되었습니다. 이를 통해 한국 최초의 민주적 보통 선거가 실현되었고, 국민의 의사를 반영한 의회가 구성되는 계기가 마련되었습니다. 선거 결과는 예상과 달리 이승만과 한국 민주당의 일방적 우세로 이어지지 않았으며, 다수의 당선자는 무소속이었고 이 중 상당수는 이승만과 한국 민주당에 비판적인 개혁 성향을 보였습니다. 이후 제주도의 상황이 안정되자 1949년에 추가 선거가 실시되어 2명의 의원이 보궐로 선출되었습니다.

제헌 국회는 1948년 5월 31일 첫 회의를 열고 이승만을 국회 의장으로 선출하였으며, 7월 17일에는 국호를 '대한민국'으로 확정하고 민주 공화국 체제의 제헌 헌법을 제정·공포하였습니다. 이 헌법은 대통령 중심제와 삼권 분립, 다당제를 기초로 하였고, **대통령과 부통령은 국회에서 무기명 투표로 선출**하며, 대통령 임기를 4년으로 규정하고 1차에 한해 중임할 수 있도록 하였습니다.

> 제32조. 국회는 보통, 직접, 평등, 비밀 선거에 의하여 공선된 의원으로써 조직한다. 국회 의원의 선거에 관한 사항은 법률로써 정한다.
>
> 제53조. 대통령과 부통령은 국회에서 무기명 투표로써 각각 선거한다. 전항의 선거는 재적 의원 3분의 2 이상의 출석과 출석 의원 3분의 2 이상의 찬성 투표로써 당선을 결정한다.
>
> 제55조. 대통령과 부통령의 임기는 4년으로 한다. 단, 재선에 의하여 1차 중임할 수 있다.
>
> 제102조. 이 헌법을 제정한 국회는 이 헌법에 의한 국회로서의 권한을 행하며, 그 의원의 임기는 국회 개회일로부터 2년으로 한다.
>
> – 대한민국 제헌 헌법

제헌 헌법의 전문에서는 3·1 운동과 대한민국 임시 정부의 독립 정신을 계승하고 국제 평화 유지에 기여하겠다는 국가의 역할과 책임을 명시하였습니다. 7월 20일 제헌 국회는 이승만을 초대 대통령으로, 이시영을 부통령으로 선출하였고, 8월 15일 이승만 대통령은 대한민국 정부의 수립을 국내외에 공식 선포하였습니다. 같은 날 주한 미군 사령관 하지 장군이 자정을 기점으로 미군정의 종료를 선언함에 따라 대한민국의 자주적 정부 운영이 시작되었습니다.

 새로 수립된 정부는 국방 안보 강화를 위해 육군과 해군을 창설하였고, 교육 체계를 정비하여 중학교와 고등학교를 분리하기로 결정하였습니다. 외교 활동도 강화되어, 중국 난징에 첫 해외 외교 기관이 설치되었고, 12월 제3차 유엔 총회에서는 대한민국 정부가 유엔 감시 하에 수립된 합법적 정부임을 공식적으로 승인받았습니다. 이어 1949년에는 도쿄에 주일 대표부를 설치함으로써 대한민국은 독립국으로서의 정체성을 내외에 천명하고, 국제 사회에서의 입지를 더욱 공고히 다져나가기 시작하였습니다.

로빈의 역사 KICK

대한민국 정부 수립 과정

항목	내용
배경 이슈	• 제2차 미소 공동 위원회 결렬 → 유엔 주도로 5·10 총선 결정 • 김구·김규식 등 통일파 선거 불참 • 제주 4·3 등 선거 반대 운동 격화
5·10 총선거 (1948. 5. 10)	• 38도선 이남에서 최초의 보통·평등·직접·비밀 선거 실시 • 총 198명 제헌 국회 의원 선출(제주 일부 무효) • 무소속 다수, 이승만 독주 아님
제헌 국회 활동	• 1948년 5월 31일 첫 개회 → 이승만 국회 의장 선출 • 1948년 7월 17일 제헌 헌법 제정·공포 → 대통령 중심제, 삼권 분립, 4년 중임제 등 명시
정부 구성	• 1948년 7월 20일 이승만 초대 대통령, 이시영 부통령 선출 • 1948년 8월 15일 대한민국 정부 수립 공식 선포 • 미군정 종료(하지 사령관 발표)
국내외 조치	• 국방부 설치, 군 창설 • 교육 제도 정비(중·고교 분리) • 대외 외교 시작(중국 난징에 외교 기관 개설)
국제 승인	• 1948년 12월 유엔 총회: 한반도 유일 합법 정부로 승인 • 1949년 주일 대표부 설치

1948~1951년 반민족 행위 처벌법과 반민 특위

정의 실현을 위한 시도, 좌절로 끝나다

대한민국 정부가 수립된 직후 일제 강점기에 민족을 배신한 반민족 행위자와 친일파를 처벌해야 한다는 여론이 거세졌습니다. 이에 제헌 국회는 1948년 9월 제헌 헌법에 따라 **친일 민족 반역자를 소급하여 처벌**할 수 있도록 한 '**반민족 행위 처벌법**'을 **제정**하였습니다. 이 법은 단순한 형벌뿐 아니라 **재산 몰수**와 공민권 제한 등 포괄적인 처벌 조항을 담고 있었고, 일제 강점기 동안의 친일 행위에 대해 역사적 책임을 묻기 위한 최초의 입법적 시도였습니다.

> 제1조. 일본 정부와 통모하여 한일 합병에 적극 협력한 자, 한국의 주권을 침해하는 조약 또는 문서에 조인한 자와 모의한 자는 사형 또는 무기 징역에 처하고 그 재산과 유산의 전부 혹은 2분의 1 이상을 몰수한다.
> 제2조. 일본 정부로부터 작위를 받은 자 또는 일본 제국 의회의 의원이 되었던 자는 무기 또는 5년 이상의 징역에 처하고, 그 재산과 유산의 전부 혹은 2분의 1 이상을 몰수한다.

제3조. 일제하 독립운동자나 그 가족을 악의로 살상, 박해한 자 또는 이를 지휘한 자는 사형, 무기 또는 5년 이상의 징역에 처하고, 그 재산의 전부 혹은 일부를 몰수한다.

— 대한민국 관보 제5호

이 법의 실효적 집행을 위해 **'반민족 행위 특별 조사 위원회(반민 특위)'** 가 1948년 10월에 설치되었고, 특별 재판부와 특별 검찰부도 구성되었습니다. 반민 특위는 약 7,000여 명의 반민족 행위자 명단을 정리하고, 그 중 주요 인물에 대한 검거를 적극적으로 추진하였습니다. 국민 다수의 지지 속에 수많은 제보가 쏟아졌고, 위원회는 박흥식, 노덕술, 최린, 최남선, 이광수 등 사회적으로 유명한 친일 혐의자들을 체포하는 데 성공하였습니다.

그러나 반공을 국가 최우선 과제로 삼고 있었던 이승만 정부는 반민 특위의 활동에 협조적이지 않았습니다. 이런 상황에서 반민 특위 소속 국회의원들이 공산당과 접촉했다는 혐의로 체포된 **'국회 프락치 사건'**이 발생하였고, 일부 친일 경찰이 반민 특위 사무실을 습격하는 등 친일파 청산 작업을 방해하기도 하였습니다.

결국 1949년 8월 반민족 행위 처벌법은 개정을 통해 **공소 시효를 당초의 1950년 6월에서 1949년 8월로 앞당기고** 반민족 행위자의 범위와 처벌 기준도 축소하였습니다. 이는 반민특위의 실질적 활동을 크게 제약하는 결과를 낳았으며, 이후 위원회의 영향력은 급격히 약화되었습니다. 마침내 1951년에는 반민족 행위 처벌법 자체가 공식적으로 폐지되면서 광복 이후 처음 시도된 친일 청산 노력은 사실상 좌절로 막을 내리게 되었습니다.

로빈의 역사 KICK

반민족 행위 처벌법 핵심 정리

항목	내용
제정	1948년 9월(제헌 국회)
목적	일제 강점기 친일파 처벌(사형·징역·재산 몰수 등)
기구	반민족 행위 특별 조사 위원회(반민 특위) 설치
활동	• 약 7,000명 명단 조사 • 이광수·박흥식 등 친일 인사 체포
방해	• 이승만 정부의 비협조 • 경찰의 반민 특위 사무실 습격 및 피의자 석방 • 반민 특위 국회 의원 일부를 공산당 연루 혐의로 체포한 '국회 프락치 사건' 발생 → 특위 신뢰도 타격 및 활동 위축
약화	1949년 법 개정으로 공소 시효 단축, 처벌 대상 축소
결과	1951년 법 폐지 → 친일 청산은 실패로 끝남

1949~1950년 | 농지 개혁과 귀속 재산 처리

경자유전 실현과 경제 기반 정비

　광복 직후 다수의 농민은 자작지가 없는 소작농이었습니다. 이들은 타인의 땅을 빌려 경작하며 수확물의 상당 부분을 소작료로 지불해야 했기에 극심한 경제적 불안을 겪고 있었습니다. 또한 자기 소유의 땅과 남의 땅을 함께 경작하는 자소작농도 전체 농가의 약 35%에 이를 정도로 토지 소유 구조는 불균형한 상태였습니다. 이에 따라 정부는 소작농을 자작농으로 전환하여 농업 생산성을 높이고, 지주층은 산업 자본가로 전환시켜 농업과 공업의 병행 발전을 도모하고자 하였습니다.

　미 군정기에는 지주층의 강력한 반대와 정치적 혼란으로 인해 농지 개혁이 실현되지 못하였지만, 1949년 대한민국 정부 수립 이후 본격적인 토지 개혁이 추진되었습니다. 같은 해 **'농지 개혁법'이 제정**되었고, 이듬해인 1950년 3월 개정안을 통해 본격적으로 시행에 들어갔습니다.

> 제5조. 정부는 다음에 의하여 농지를 취득한다.
> 2. 다음의 농지는 적당한 보상으로 정부가 매수한다.

(가) 농가 아닌 자의 농지

(나) 자경하지 않는 자의 농지

(다) 본법 규정의 한도를 초과하는 부분의 농지

– 대한민국 관보 제116호

농지 개혁법에 따르면, **한 가구가 소유할 수 있는 농지는 최대 3정보**(약 3만 제곱미터)**로 제한**되었으며, 이를 초과하는 농지는 **정부가 유상으로 매입한 뒤 농민들에게 유상 분배**하였습니다. 이러한 조치는 경자유전의 원칙을 실현하기 위한 것으로, 직접 농사를 짓는 사람이 토지를 소유할 수 있도록 하였습니다.

그러나 당시 정부의 재정 상황이 열악하였기 때문에 지주에게는 현금 대신 '평년작의 150%'에 해당하는 지가 증권을 지급하였습니다. 농지를 분배받은 농민 역시 현금을 지불하는 대신 일정 기간 동안 수확물의 일부를 정부에 상환하는 방식으로 소유권을 획득할 수 있었습니다.

1950년 6·25 전쟁으로 농지 개혁은 일시 중단되었지만, 전쟁 이후 다시 추진되어 마침내 완료되었습니다. 이 과정에서 약 58만 정보의 소작지가 매입·분배되었고, 그 결과 한국 농업 사회의 **전근대적인 지주·소작 관계는 사실상 소멸하고 농민 중심의 토지 소유 구조가 자리 잡게** 되었습니다. 그러나 법 시행 이전 일부 지주가 땅을 미리 처분하거나, 지가 증권을 현금화하지 못해 산업 자본으로의 전환에 실패하는 등 제도적 미비점도 존재하였습니다. 일부 농민은 상환 부담으로 인해 분배받은 땅을 다시 처분하는 경우도 있었습니다.

한편 광복 직후 미군정은 한국에 남아 있던 일본인 명의의 모든 공유 및 사유 재산을 몰수하였습니다. 이 재산을 관리하기 위해 신한 공사가 설립되었고, 이후 해당 자산은 대한민국 정부에 이관되었습니다. 1949년 12월에는 이를 합법적으로 처리하기 위한 '귀속 재산 처리법'이 시행되었으며, 이 법에 따라 이전된 재산은 민간에 매각되거나 불하되었습니다. 그 결과 다수의 민간 기업이 탄생하였고, 대한민국 경제 활동의 저변이 확대되는 계기가 되었습니다.

로빈의 **역사 KICK**

농지 개혁법 핵심 정리

항목	내용
시행 시기	1949년 법 제정 → 1950년 3월 개정·본격 시행
목적	• 소작농을 자작농으로 전환 • 지주제 해체 및 농업 생산성 향상 • 산업 자본 기반 조성
주요 내용	• 1가구 최대 3정보까지만 토지 소유 허용 • 초과 농지는 정부가 유상 매입 → 농민에게 유상 분배 • 직접 농사 짓는 자만 농지 소유 가능 (경자유전 원칙)
보상 방식	• 지주: 평년작의 150% 상당 지가 증권 지급 • 농민: 수확물 일부로 분할 상환
결과	• 약 58만 정보 분배, 지주·소작 구조 해체 • 농민 중심 토지 구조 정착
한계	• 일부 지주 땅 사전 매각 • 지가 증권 유통 어려움 → 산업 자본 전환 실패 • 상환 부담으로 일부 농민 다시 토지 처분

북조선 임시 정부 수립

1945~1948년

김일성 및 사회주의 체제의 기반 형성

1945년 해방 직후 38도선 이북 지역에서는 평안남도를 중심으로 조만식 주도의 '건국 준비 위원회'가 결성되었습니다. 당시 북한에 주둔한 소련군은 초기에는 좌우익 세력이 함께 협력하는 모습을 지켜보았고, 지역 주민들은 인민 위원회를 조직해 소련군으로부터 행정권을 인수하고 자치적으로 행정과 치안을 관장하기 시작하였습니다.

그러나 1945년 12월 조만식을 비롯한 우익 세력이 모스크바 3국 외상 회의의 '신탁 통치' 결정에 반대 입장을 내자 소련군은 이들을 제거하고 **김일성**을 중심으로 한 새로운 정치 질서를 구축하기 시작하였습니다. 이에 따라 1946년 2월 남한에서 신탁 통치를 둘러싼 격렬한 갈등이 벌어지는 동안 북한에서는 소련의 전폭적인 지원을 기반으로 **'북조선 임시 인민 위원회'가 출범**하였고, 김일성이 위원장에 취임하였습니다.

북조선 임시 인민 위원회는 각 지방의 인민 위원회를 총괄하고 북한 지역의 중앙 집권적 통치 체계를 구축하는 데 주도적 역할을 하였습니다. 1946년 북조선 임시 인민 위원회는 '토지 개혁'을 실시하였습니다. 이 개혁은 '무상 몰수 및 무상 분배'의 원칙을 따랐으며, 조선 총독부 및 일본인 소유지, 그리고 친일 민족 반역자의 토지를 몰수하였습니다. 조선인 지주에게는 5정보(약 5만 제곱미터)까지의 토지 소유만을 인정하였고, 그 이상은 몰수하여 농민들에게 분배하였습니다. 몰수한 토지는 경자유전, 즉 '농사짓는 사람이 땅을 소유한다'는 원칙에 따라 분배되었으며, 분배된 토지에 대해서는 매매·소작·저당 등을 금지하여 소유권에 제한을 두었습니다. 이 밖에도 북조선 임시 인민 위원회는 대규모 공장, 광산, 철도 시설, 지하자원, 산림 등 주요 산업 및 자원을 국유화함으로써 사회주의 체제의 기초를 마련하였습니다.

1947년에는 북조선 임시 인민 위원회를 계승한 **'북조선 인민 위원회'가 새롭게 출범**하였습니다. 이들은 같은 해 12월에 임시 헌법 초안을 마련하였고, 1948년 2월에는 조선 인민군을 창설하여 단독 정부 수립을 위한 준비를 마무리하였습니다. 겉으로는 남북 협상을 지지하는 듯한 태도를 취하면서도 북한은 실제로 독자적인 정부 수립을 위한 절차를 꾸준히 밟고 있었습니다. 남한에서 5·10 총선거가 실시되자 북한은 이에 반발해 남한으로의 전기 송전을 중단하고 곧바로 정권 수립에 박차를 가했습니다.

결국 1948년 8월 대한민국 정부가 수립된 직후 북한은 제1차 최고 인민 회의를 개최하여 헌법을 공포하고 김일성을 수상으로 선출하였습니다. 이어 홍명희, 박헌영, 김책을 부수상으로 하는 내각이 구성되었고, **9월 9일에는 '조선 민주주의 인민 공화국' 수립이 공식 선포**되었습니다. 이로써 38도선을 기준으로 남한에는 대한민국, 북한에는 조선 민주주의 인민 공화국이라는 두 개의 정부가 병존하게 되었고, 한반도의 분단은 고착화되었습니다.

> 로빈의 **역사 KICK**

조선 민주주의 인민 공화국 수립 과정
- 시작: 1945년 해방 직후, 인민 위원회 중심 자치 시작
- 준비: 1946년 북조선 임시 인민 위원회 출범 (위원장 김일성)
  → 토지 무상 몰수 무상 분배, 산업 국유화
- 체제 정비: 1947~1948년 조선 인민군 창설, 헌법 초안 마련
- 수립: 1948년 9월 9일 조선 민주주의 인민 공화국 공식 선포
  → 김일성 수상 체제 확립
- 결과: 남북 분단 현실화

1950~1953년

6·25 전쟁

냉전의 소용돌이 속 분단의 고착화

광복 이후 남과 북에 서로 다른 정치 체제를 지닌 정부가 수립되면서 양측은 상대 체제를 비난하며 강하게 대립하였고 이는 휴전선 인근에서의 무력 충돌로 이어졌습니다. 남한 내부에서는 좌우익 간의 갈등이 심화되었고, 일부 좌익 세력은 지리산과 태백산 일대에서 게릴라 활동을 벌였습니다. 북한은 이들을 지원하며 남한 내 혼란을 조장하는 한편 소련·중국과의 군사 협정을 통해 전쟁 준비를 본격화하였습니다. 특히 중국 공산당의 국공 내전에 참전했던 조선 의용군 출신 수만 명이 북한군에 편입되면서 전력은 한층 강화되었습니다.

이러한 상황에서 미국은 1949년 한국에 주둔하던 전투 부대를 철수하기 시작하였고, 1950년 1월 딘 애치슨 국무 장관은 **'애치슨 선언'**을 통해 한반도와 타이완을 미국의 방위선 밖에 위치한 지역으로 언급하였습니다. 이로 인해 북한은 미국이 한반도에 개입하지 않을 것이라 판단하고 남침을 감행하였습니다.

1950년 6월 25일 새벽, 북한군이 기습적으로 38선을 넘어 남한을 침공하며 6·25 전쟁이 발발하였습니다. 북한군은 압도적인 전력으로 3일 만에 서울을 점령하였고, 7월 말에는 부산과 경남 일대를 제외한 한반도 대부분을 장악하였습니다. 이승만 정부는 부산으로 피란 후 부산을 임시 수도로 지정하여 정부 기능을 유지하였습니다.

　북한의 남침 직후 유엔 안전 보장 이사회가 남한에 대한 군사 지원을 결의함에 따라 미국을 중심으로 16개국이 참여한 유엔군이 조직되었습니다. 국군과 유엔군은 **낙동강 방어선**을 중심으로 북한군의 공격을 전력을 다해 방어하였는데, **9월 15일 '인천 상륙 작전'의 성공**으로 전세는 극적으로 반전되었습니다. 국군과 유엔군은 서울을 탈환하고 곧이어 평양을 점령한 뒤 압록강 유역까지 진격하였습니다.

　그러나 유엔군의 북진에 반발한 중국이 대규모 인민 지원군을 파견하며 전쟁에 개입하여 전세는 다시 북한 쪽이 유리해졌습니다. 유엔군과 국군은 **흥남 철수 작전**을 통해 주민과 함께 퇴각하였으며, 1951년 1월에는 서울이 재점령당하는 '1·4 후퇴'가 발생하였습니다. 이후 국군과 유엔군은 전열을 재정비하고 서울을 다시 탈환하였으며, **전선은 38도선 부근에서 교착 상태**에 빠지게 됩니다.

　전쟁이 장기화되자 유엔과 공산군은 확전 우려 속에 휴전 협상을 시작하였지만, 군사 분계선 설정과 포로 송환 문제에서 입장 차를 좁히지 못하고 2년 넘게 교착 상태가 이어졌습니다. 이 기간 동안 38선 부근에서는 치열한 고지 쟁탈전이 벌어졌고, 이승만 정부는 **반공 포로 일부를 일방적으로 석방**하는 등 휴전을 반대하는 입장을 유지했습니다.

1 – 북한군의 남침
2 – 국군·유엔군의 반격
3 – 중국군의 개입
4 – 전선의 고착

 마침내 1953년 7월 27일 유엔군과 중국군, 북한군 사이에 정전 협정이 체결되었으며, 군사 분계선과 비무장 지대가 설정되어 전투는 중단되었습니다. 하지만 국군은 전쟁 초기에 작전 지휘권을 유엔군 사령관에게 넘겼기에 휴전 협정에는 서명하지 못하였습니다. **그해 10월 남한은 미국과 '한미 상호 방위 조약'을 체결**하였고, 이에 따라 미군이 한반도에 주둔하게 되었습니다. 북한은 중국과의 관계가 더욱 밀접해졌고, 김일성 체제는 더욱 공고해졌습니다.

6·25 전쟁은 한반도에 막대한 피해를 남겼습니다. 수백만 명의 군인과 민간인이 사망하거나 실종되었고, 수많은 전쟁 고아와 이산가족, 미귀환 포로가 발생하였습니다. 주요 사회 기반 시설이 파괴되어 남한의 제조업 시설은 1949년 대비 약 42%가, 북한의 공업 시설은 약 60%가 손실되었습니다. 전쟁 중에는 좌익 세력이 인민재판으로 우익 인사를 학살하기도 했고, 국군과 경찰은 보도 연맹원 및 수감자들을 대규모로 처형하는 등 민간인 희생도 극심했습니다. 이러한 비극은 남북 간 적대감을 심화시켰고, 휴전선을 중심으로 한 군사적 대치와 분단 체제를 고착화하는 결과를 낳았습니다. 남한에서는 반공 체제가 강화되었고, 북한에서는 김일성의 독재 권력이 확대되었습니다.

로빈의 역사 KICK

6·25 전쟁 전개 과정

단계	시기	주요 내용
북한의 기습 남침	1950년 6월 25일	• 북한군 38선 돌파 → 3일 만에 서울 점령 • 국군·정부 부산까지 후퇴, 낙동강 방어선 형성
유엔군 참전· 전세 역전	1950년 9월	• 유엔군 16개국 참전 결정 • 인천 상륙 작전(9.15) 성공 → 서울 탈환, 평양 점령
중국군 개입	1950년 10월 ~1951년 1월	• 유엔군 북진 → 중국 인민 지원군 참전 • 흥남 철수, 1·4 후퇴, 북한군의 서울 재점령
전선 교착	1951년 중반 ~1953년	• 38선 부근에서 고지전·참호전 지속 • 유엔 vs 공산군 간 휴전 협상 교착(포로 송환 등 이견)
정전 협정 체결	1953년 7월 27일	• 군사 분계선·비무장 지대(DMZ) 설정 • 남한은 서명 안 함, 대신 한미 상호 방위 조약 체결 (1953.10)

1948~1960년 | 이승만 정부의 등장과 몰락

반공 체제, 부정 선거, 그리고 혁명의 봄

6·25 전쟁 이후 한국은 극심한 식량난과 물자 부족에 시달렸습니다. 전쟁 비용으로 재정이 고갈되면서 물가가 급등했고, 대량 실업이 발생하는 등 경제적 어려움이 심각해졌습니다. 휴전 후 이승만 정부는 귀속 재산 처리와 전후 복구 작업에 집중하였고, 1957년까지 대부분의 주요 공장과 산업 기반 시설을 복구하는 성과를 거두었습니다. 이러한 복구 과정에서 가장 큰 역할을 한 것은 미국의 경제 원조였습니다. 1948년 한미 원조 협정 체결 이후, 미국은 식료품, 의복, 농산물, 원자재 등 다양한 원조를 제공하였고, 이로 인해 제분, 제당, 면방직 산업 등 이른바 '삼백 산업'이 성장하게 되었습니다. 하지만 대량의 외국 농산물이 유입되면서 국내 농산물 가격이 폭락하고 농가 소득이 감소하는 부작용도 나타났습니다. 또한 소비재 산업 중심의 성장과 국방비 지출 증가로 중화학 산업 발달이 지체되었습니다.

정치적으로는 이승만 정부가 반공을 전면에 내세우며 장기 집권을 위한 개헌을 시도하였습니다. 1952년 제2대 국회 의원 선거에서 무소속 후보들이 대거 당선되자, 간선제 방식으로는 재선이 어렵다고 판단한 이승만은 대통령을 국민이 직접 선출하는 '**발췌 개헌**'을 추진하였습니다. **전쟁 중 부산에서 계엄령이 선포되고 반대파 의원들을 폭력과 협박으로 굴복시킨 가운데 개헌안은 기립 표결로 통과**되었습니다.

> 제31조. 입법권은 국회가 행한다. 국회는 민의원과 참의원으로써 구성한다.
> 제53조. 대통령과 부통령은 국민의 보통, 평등, 직접, 비밀 투표에 의하여 각각 선거한다.
> 제55조. 대통령과 부통령의 임기는 4년으로 한다. 단, 재선에 의하여 1차 중임할 수 있다.
> -대한민국 제1차 개정 헌법(일명 '발췌 개헌')

1952년 통과된 발췌 개헌 이후 이승만은 대통령 직선제 방식의 선거를 통해 재선에 성공하였습니다. 이후 **이승만은 '3선 금지' 조항에 대해 자신을 예외로 하는 개헌안을 제출**하였지만, 이는 재적 인원의 3분의 2 이상인 136표에 1표가 부족한 135표만의 찬성을 얻어 부결되었습니다. 하지만 이틀 후 자유당은 203석 중 3분의 2는 135.333…이지만, 이를 '**사사오입**(반올림)'하면 135석이 된다고 주장하였고, **이 논리를 바탕으로 개헌안 통과를 공식화**하였습니다.

> 제55조. 제1항 대통령과 부통령의 임기는 4년으로 한다. 단, 재선에 의하여 1차 중임할 수 있다. 대통령이 궐위된 때에는 부통령이 대통령이 되고 잔임 기간

중 재임한다.

　부칙. 이 헌법 공포 당시의 대통령(이승만)에 대하여는 제55조 제1항 단서의 제한을 적용하지 아니한다.

　　-대한민국 제2차 개정 헌법(일명 '사사오입 개헌')

　개정된 헌법에 따라 실시된 제3대 대통령 선거에서 이승만이 대통령에 당선되었지만, 야권의 조봉암은 총 유효 투표의 30%가 넘는 지지를 받았습니다. 이에 위기를 느낀 이승만 정부는 **조봉암을 간첩 혐의로 몰아 1958년 처형하였고, 진보당은 해산**되었습니다. 언론도 통제 대상이 되어 「경향신문」이 폐간되는 등 민주주의는 점차 후퇴하였습니다.

　이승만 정부의 부정부패와 무능에 대한 국민의 불만이 증가하는 가운데, 미국의 원조 축소로 국내 경제 상황이 악화되면서 경기 침체와 실업 증가가 이어졌습니다. 이로 인한 사회적·경제적 불안감이 커지면서 국민들의 저항이 계속되었고, 대구의 **'2·28 민주 운동'**, 대전의 **'3·8 민주 의거'**, 마산의 **'3·15 의거'** 등 이승만 정권의 부정부패에 반대하며 정치적 변화를 요구하는 대규모 민주화 운동이 전국적으로 일어났습니다.

　1960년 3월 15일 제4대 정·부통령 선거가 실시되었습니다. 선거 직전 야당의 대통령 후보인 조병옥이 사망함에 따라 이승만의 재선은 거의 확실시되었습니다. 하지만 당시 이승만 대통령은 86세의 고령이었고, 만약 건강상의 문제로 직무를 수행하지 못할 경우 부통령이 대통령직을 승계하게 되어 있었습니다. 이에 자유당과 이승만 정부는 정권 유지를 목적으로 부통령에 이기붕을 당선시키기 위한 부정 선거를 계획하였습니다. 선거 당일 자유당은 공무원, 경찰, 정치 폭력배 등을 동원하여 공개 투표, 투표함 바꿔치기, 개표 조작 등의 방법으로 대대적인 부정 선거를 자행하였습니다(3·15 부정 선거, 1960).

선거 이전부터 국민들은 자유당의 명백한 선거 개입에 강력히 반발하였고, 선거 당일에는 마산, 광주, 서울 등 여러 지역에서 부정 선거를 규탄하는 대규모 시위를 벌였습니다. 특히 시위가 격화된 마산에서는 경찰의 진압 과정에서 다수의 사망자와 부상자가 발생하였습니다. 이 사건은 심각한 사회적 반향을 불러일으켰고, 국회에서는 사태 조사를 위한 조사단을 파견하기도 하였습니다. 얼마 뒤인 4월 11일, **마산 시위 중 실종되었던 고등학생 김주열이 최루탄에 맞아 사망한 채 마산 앞바다에서 시신으로 떠오르자 마산 시민의 분노가 폭발**하였습니다. 정부는 시위의 배후에 공산주의 세력이 개입되었다고 주장하며 사태를 무마하려 하였지만, 이승만 정부에 대한 국민의 불신과 저항은 더욱 격렬해졌고, 결국 부정 선거를 규탄하는 시위가 전국으로 확산되었습니다.

4월 18일에는 고려대 학생들이 시위를 마치고 귀가하던 중 반공청년단의 폭력 습격을 받아 부상을 입는 사건이 발생하였습니다. 이 사건이 알려지자, 이튿날인 4월 19일에는 전국에서 10만여 명에 이르는 학생과 시민이 대규모 시위를 벌였습니다(4·19 혁명, 1960). 이때 서울의 시위대가 대통령의 집무실이 위치한 경무대로 향하자 경찰은 시위대에게 무차별 발포를 하였고, 당일에만 100명이 넘는 사망자가 발생하였습니다.

이승만 정부는 전국 대도시에 비상계엄을 선포하고 군대를 동원해 시위 확산을 막고자 하였지만, 부정 선거를 규탄하고 대통령의 퇴진을 요구하는 시위는 계속되었습니다. 4월 25일에는 200여 명의 대학 교수들이 시위대를 지지하는 시국 선언을 발표하고 가두시위를 벌이는 등 국민과 학생들의 요구에 힘을 실어주었습니다.

> 상아의 진리탑을 박차고 거리에 나선 우리는 질풍과 같은 역사의 조류에 자신을 참여시킴으로써 이성과 진리, 그리고 자유의 대학 정신을 현실의 참담한 박토에 뿌리려 하는 바이다. …… 나이 어린 학생 김주열의 참혹한 시신을 보라! 그것은 가식 없는 전제주의 전횡의 발가벗은 나상밖에 아무것도 아니다. – 서울대 문리대 4·19 선언문

> 1. 마산, 서울 기타 각지의 데모는 주권을 빼앗긴 국민의 울분을 대신하여 궐기한 학생들의 순수한 정의감의 발로이며 불의에는 언제나 항거하는 민족 정기의 표현이다.
> 3. 합법적이요, 평화적인 데모 학생에게 총탄과 폭력을 기탄없이 남용하여 공전의 민족 참극을 빚어낸 경찰은 자유와 민주를 기본으로 한 대한민국의 국립 경찰이 아니라 불법과 폭력으로 권력을 유지하려는 일부 정치 집단의 사병이다.
> 5. 3·15 선거는 부정 선거다. 공명 선거에 의하여 정·부통령을 재선거하라.
> – 대학 교수단 시국 선언문

4월 26일 이승만은 마침내 대통령직에서 하야하겠다는 성명을 발표하고 미국으로 망명하였습니다. 4·19 혁명은 학생들이 주도하고 시민들이 적극적으로 참여하여 독재 정권을 타도함으로써 민주주의의 가치를 회복한 혁명으로, 한국 민주주의 발전에 중요한 토대가 되었습니다.

> 로빈의 **역사 KICK**

이승만 정부 시기 주요 이슈

사건	시기	주요 내용
발췌 개헌	1952년	• 배경: 간선제로는 재선이 어려워지자 직선제 추진 • 방식: 계엄령하에 폭력·협박으로 국회 통과, 기립 표결 방식 • 결과: 대통령 직선제 도입, 이승만 재선 성공
사사오입 개헌	1954년	• 배경: 헌법상 3선 금지 조항을 이승만에게만 예외 적용하기 위해 개헌 시도 • 결과: 개헌안 찬성 135표 → 3분의 2(135.33…)에 반올림 논리 적용해 통과 처리 • 의의: 입법부 절차 왜곡의 대표적 사례, 장기 집권 초석 마련
정치 탄압	1958~1959년	• 조봉암 처형: 진보당 대표, 간첩 혐의 조작으로 사법 살인 • 언론 통제: 「경향신문」 강제 폐간, 비판 언론 억압 • 공산주의뿐 아니라 합법 야당과 비판 세력 전방위 탄압
4·19 혁명	1960년	• 배경: 3·15 부정 선거로 부통령 이기붕 당선 조작 시도 • 촉발: 김주열 시신 발견(4.11) → 마산 시민 분노 폭발 • 전개: 4월 18일 고려대생 피습 → 4월 19일 전국으로 시위 확산 → 경찰 발포로 100여 명 사망 • 결과: 교수단 시국 선언, 국민 여론 집중 → 4월 26일 이승만 하야, 망명

1960~1961년 | 장면 내각과 제2공화국

개혁의 기대와 좌절 사이에서

4·19 혁명으로 이승만 대통령이 하야한 후 외무부 장관 허정이 이끄는 과도 정부가 구성되었고, 자유당 정권의 주요 각료와 간부들이 구속되었습니다. 국회는 3·15 부정 선거의 무효를 선언하고 재선거 실시를 결정하였으며, 내각 책임제와 국회 양원제를 골자로 하는 **제3차 개정 헌법을 통과**시켰습니다. 새 헌법에 따라 민의원과 참의원을 구성하는 총선이 이루어졌고, 장면이 이끄는 민주당이 압승을 거두면서 제2공화국의 문을 열었습니다.

> 제32조. 양원은 국민의 보통, 평등, 직접, 비밀 투표에 의하여 선거된 의원으로써 조직한다.
> 제53조. 대통령은 양원 합동 회의에서 선거하고 재적 국회 의원 3분의 2 이상의 투표를 얻어 당선된다.
> – 제3차 개정 헌법

제3차 개헌 이후 처음 치러진 총선에서 민주당은 압도적 다수의 의석을 확보하였고, 새로운 의회는 **윤보선을 대통령으로 선출**하였습니다. 윤보선은 **장면**을 **국무총리로 지명**하여 내각을 구성하였고, 이어 **제4차 개정 헌법**을 통해 3·15 부정 선거의 주모자들을 처벌하기 위한 소급 법안을 마련하였습니다.

장면 내각은 정치·사회적 민주화와 경제 제일주의를 국정의 핵심 목표로 삼았습니다. 이는 국민의 불만을 해소하고, 당시 악화된 경제 상황을 개선하기 위한 노력의 일환이었습니다. 이를 위해 내각은 도로, 교량, 댐 등의 국토 건설 사업을 추진하였으며, 경제 발전 촉진을 위해 **'경제 개발 5개년 계획'을 수립**하였지만 실행에 옮기지는 못하였습니다.

또한 면 의원부터 도지사에 이르기까지 지방 정부의 주요 직위를 국민이 직접 선출하는 지방 자치제를 처음으로 실시하였습니다. 장면 내각 시기에는 독재 정권하에서 억압받았던 사회 운동이 활발히 전개되었습니다. 각종 규제가 완화되며 언론이 활성화되었고, 혁신 세력을 중심으로 교육·노동·통일 등의 분야에서 다양한 요구가 제기되었습니다. 주요 요구 사항으로는 3·15 부정 선거 책임자 처벌, 친일파 청산, 제주 4·3 사건 진상 규명 등이 있었습니다. 통일 분야에서는 일부 학생들과 진보 세력에 의해 남북 협상이 시도되고, 중립화 통일론 등이 제기되었습니다. 하지만 장면 내각은 경제와 사회의 안정과 발전을 통일의 기반으로 보는 **'선건설 후통일' 정책**을 우선시하였으며, 유엔 감시하에 남북한이 함께 참여하는 총선거를 통한 통일 방안을 내세우는 등 통일 논의에 소극적인 태도를 보였습니다.

장면 정부 출범 초기부터 민주당 내부에는 심각한 내분이 있었습니다.

이는 장면을 중심으로 한 신파와 윤보선을 중심으로 한 구파 간의 대립으로 나타났고, 결국 윤보선 중심의 구파가 민주당에서 분리하여 신민당을 창당함으로써 대립은 더욱 심화되었습니다. 이러한 분열로 인해 장면 정부는 과감한 개혁 정책을 추진하기 어려웠으며, 각계각층에서 제기되는 민주화 요구를 충분히 수용하지 못하였습니다. 더욱이 부정 선거 책임자나 부정 축재자 처벌에 소극적으로 대처하는가 하면 민간 차원에서 이루어지는 통일 운동에도 반대하는 태도를 보여 국민들의 반발을 불러일으켰습니다.

로빈의 역사 KICK

장면 내각(제2공화국) 핵심 정리

- 내각 책임제: 윤보선을 대통령, 장면을 행정 수반(국무총리)으로
- 제4차 개정 헌법: 3·15 부정 선거 주모자 처벌 위한 소급 법안 마련
- 선건설 후통일: 통일 논의에 소극적
- 경제 개발 5개년 계획: 실행되지는 못함

1961~1965년 | 5·16 군사 정변과 한일 협정

쿠데타의 명분과 대가

    4·19 혁명 이후 들어선 장면 정부는 정치적 혼란과 경제 위기 속에서 유의미한 개혁을 이끌어내지 못하였습니다. 이러한 상황에서 정부가 국방 예산을 축소하려 하자 군 내부의 불만이 커졌고, **박정희**를 중심으로 한 일부 군인 세력은 **1961년 5월 16일 정권을 무너뜨리기 위한 군사 쿠데타를 단행**하였습니다. 이후 이들은 '군사 혁명 위원회'를 조직하고, 반공과 경제 발전을 내세운 '혁명 공약'을 발표하며 정권을 장악하였습니다.

    1. 반공을 국시의 제일의로 삼고, 반공 태세를 재정비 강화한다.

    2. 미국을 비롯한 자유 우방과의 유대를 더욱 공고히 한다.

    3. 모든 부패와 구악을 일소하고 청신한 기풍을 진작시킨다.

    4. 민생고를 시급히 해결하고, 국가 자주 경제 재건에 총력을 기울인다.

    5. 민족적 숙원인 국토 통일을 위해 공산주의와 대결할 수 있는 실력 배양에 전력을 집중한다.

    6. 이와 같은 과업이 성취되면 참신하고도 양심적인 정치인들에게 언제든지 정

권을 이양하고 우리들 본연의 임무로 복귀할 준비를 갖춘다.

- 혁명 공약

    쿠데타 직후 군사 정부는 국회를 해산하고 **국가 재건 최고 회의를 구성**하여 군정을 실시하였습니다. 군사 정부는 반공을 강조하였으며 사회 정화 사업이라는 명목으로 3·15 부정 선거 관련자와 부정 축재자, 정치 깡패 등을 엄중히 처벌하였습니다. 또한 중기업에 대한 지원을 확대하고, 민생 안정을 위해 농어촌 고리채 정리, 화폐 개혁 등의 개혁안을 발표하였습니다.

    군사 정부는 4·19 혁명의 정신을 부정하고 민주주의를 탄압하였습니다. 정치인의 활동을 금지하고, 정당과 사회단체를 해산하였으며, 중앙정보부를 통해 정치인과 주요 인물들을 감시하고 통제하였습니다. 또한 정부에 비판적인 언론도 탄압하였습니다.

    1962년에는 대통령 직선제로 개헌하는 대통령 중심제와 국회 단원제를 골자로 하는 제5차 헌법 개정을 시행하였습니다. 정변 당시 민정 이양을 공언하고 정치에 참여하지 않겠다고 선언했던 박정희는 전역 후 약속을 번복하고 민주 공화당을 창당한 후 1963년에 치러진 제5대 대통령 선거에 출마하였습니다. 이후 박정희는 대통령에 당선되어 제3공화국을 출범시켰습니다.

    박정희 정부는 정권의 정당성을 확보하고자 반공 정책과 경제 발전을 강조하였지만, 경제 개발을 위한 자금을 확보하는 데 어려움을 겪었습니다. 이 시기 미국은 소련과의 냉전 상황을 고려하여 한미일 3각 안보 체제를 강화하고자 하였고, 이를 위해 **한국에 일본과의 국교 정상화를 요구**하였습니다. 이에 박정희 정부는 '한일 회담'을 개최하여 **필요한 경제 개발 자금을 마련하려 하였습니다**. 일제 36년간의 지배에 대한 배상금 문제와 독도 문제를 두고 양측의 의견이 크게 대립하였지만, 중앙정보부장 김종필과 일본 외무대신 오히라의 비밀 협상을 통해 양국 간의 합의가 이루어졌습니다(김종필·오히라 비밀 회담, 1962).

일제의 식민 통치에 대한 사과와 배상이 제대로 이루어지지 않은 상황에서 차관 도입에만 집중한 굴욕적인 한일 회담에 대해 수많은 학생과 시민은 크게 분노하였고, 이로 인해 **'6·3 시위'를 비롯한 한일 회담 반대 집회가 대학가를 중심으로 확산**되었습니다. 정부는 사태 확산을 막고자 휴교령을 선포하고 나아가 계엄령을 실시하는 등 강경한 조치를 취하였고, '1차 인민 혁명당(인혁당) 사건'을 포함하여 학생 운동과 반정부 활동에 대한 탄압을 강화하였습니다. 결국 정부는 위수령을 내려 군대를 동원하고 **1965년 '한일 협정' 체결을 강행**하여 한일 국교를 정상화하였습니다. 위수령은 육군 부대가 일정 지역에 주둔하며 치안 및 질서 유지, 시설물 보호 등의 임무를 수행하도록 하는 대통령령으로, 주로 정부 정책에 대한 반대나 항의 활동을 통제하는 데 사용되었습니다.

제1조. 양 체약 당사국 간에 외교 및 영사 관계를 수립한다. 양 체약 당사국은 대사급 외교 사절을 지체 없이 교환한다. 양 체약 당사국은 또한 양국 정부에 의하여 합의되는 장소에 영사관을 설치한다.

제2조. 1910년 8월 22일 및 그 이전에 대한 제국과 대일본 제국 간에 체결된 모

든 조약 및 협정이 이미 무효임을 확인한다.

제3조. 대한민국 정부가 국제 연합 총회의 결정 제195호(Ⅲ)에 명시된 바와 같이 한반도에 있어서의 유일한 합법 정부임을 확인한다.

– 한일 협정

한일 협정을 통해 박정희 정부는 일본으로부터 경제 개발 자금을 확보하였고, 이를 통해 한국은 빠른 산업화와 경제 성장을 이룰 수 있었습니다. 하지만 한일 협정은 일본의 식민 지배에 대한 사과, 일본군 위안부 문제, 강제 징병 및 징용 피해자와 원폭 피해자에 대한 배상, 약탈 문화재 반환, 독도 문제와 같은 중대한 문제들을 해결하지는 못하였습니다.

로빈의 역사 KICK

한일 국교 정상화 핵심 정리

항목	주요 내용
배경	• 박정희 정권, 경제 개발 자금 확보 시급 • 미국, 한미일 3각 안보 체제 구축 요구
과정	• 김종필·오히라 비밀 회담(1962) 통해 실무 타결 • 국민 반발 속 한일 회담 반대 시위 확산 • 대표적 사건: 6·3 시위, 휴교령·계엄령·위수령 실시 • 반정부 활동 탄압, 인혁당 사건 등 정치적 탄압 강화
결과	• 1965년 한일 기본 조약 체결, 국교 정상화 • 일본: 무상 3억 달러, 차관 2억 달러, 민간 신용 3억 달러 제공 • 한국: 경제 개발 자금 확보 → 산업화 가속
논란	• 일본의 공식 사과 없음 • 위안부·강제 징용·징병 피해자 배상 문제 외면 • 독도 문제·문화재 반환 미해결 • 실리를 위해 역사 정의를 외면한 '굴욕 외교'라는 비판

1964~1973년 | 베트남 파병과 3선 개헌

전쟁 특수 통한 성장과 권력에 대한 집착

　박정희 정부 초기 한국은 본격적인 **경제 개발을 위해 자본이 절실**했고, 미국은 냉전 체제 속에서 반공 전선을 더욱 강화하려 하였습니다. 이때 미국이 베트남전 파병을 요청하자, 박정희 정부는 6·25 전쟁 당시 미국의 지원에 보답하고 자유민주주의를 수호한다는 명분을 내세워 파병을 결정하였습니다. 이에 따라 1964년에는 의료진과 태권도 교관 등 비전투 요원을 먼저 파견하였고, 1965년부터 1973년까지는 전투 부대를 포함해 약 10년에 걸쳐 총 32만 명에 이르는 병력을 베트남에 보냈습니다.

　베트남 파병의 대가로 한국은 **군사적 현대화**를 위한 지원은 물론 경제 개발을 위한 차관도 제공받았습니다. 미국은 관세 인하 등의 혜택을 통해 한국 상품이 자국 시장에 진출할 수 있도록 도왔고, 파병 군인들의 해외 송금, 군수품 수출, 베트남 건설 사업 참여 등을 통해 **전쟁 특수를 활용한 외화 획득이 가능**해졌습니다. 이는 한국 경제 성장의 중요한 발판이 되었습니다.

1. 군사 원조
- 한국에 있는 대한민국 국군의 현대화 계획을 위하여 수년 동안 상당량의 장비를 제공한다.
- 베트남 공화국에 파견되는 추가 병력에 필요한 장비를 제공하며, 또한 베트남 파견 추가 병력에 따르는 일체의 추가적 원화 경비를 부담한다.

2. 경제 원조
- 베트남 주둔 대한민국 부대에 소요되는 보급 물자와 용역 및 장비를 대한민국에서 구매하며, 베트남 주둔 미군과 베트남군을 위한 물자 중 선정된 구매 품목을 한국에 발주한다.
- 이미 약속한 바 있는 1억 5,000만 달러 차관에 추가하여 차관을 제공한다.

– 브라운 각서

1966년에 작성된 브라운 각서는 베트남 파병에 따른 미국의 군사·경제 지원 내용을 구체적으로 보여줍니다. 파병은 단기적으로 한국에 상당한 이익을 가져다주었지만, 많은 한국군이 목숨을 잃거나 부상을 입었고, 고엽제 후유증 등으로 오랜 고통을 감내해야 했습니다.

한편 북한은 1968년 무력 도발을 통해 한반도 긴장을 고조시켰습니다. 무장 게릴라 31명이 청와대 습격을 시도한 1·21 사태, 동해 공해상에서 미 해군의 정보 수집함 푸에블로호를 나포한 푸에블로호 납치 사건, 약 120명의 무장 공비를 남한에 침투시키려 한 울진·삼척 무장 공비 침투 사건 등이 잇달아 발생하며 남북 간 긴장은 극에 달했습니다.

이러한 위기 속에서 박정희 정부는 정국의 주도권을 유지하고 경제 성장을 지속하겠다는 명분을 내세워 **1969년 대통령의 3회 연임을 가능케 하는 제6차 개헌**, 즉 **3선 개헌안을 상정**하였습니다. 이 개헌안은 야당과의 합의 없이 국회에서 통과되었고, 국민 투표를 통해 최종 가결되었습니다.

개헌안에 따라 1971년 치러진 제7대 대통령 선거에서 박정희는 신민당 김대중 후보를 근소한 차이로 누르고 당선되었습니다. 하지만 같은 해 총선에서는 야당인 신민당이 과반에 가까운 의석을 확보하면서 박정희 정부에 대한 견제력이 강화되었습니다.

> 로빈의 **역사 KICK**

베트남 파병 핵심 정리

- 배경: 미국의 요청 + 반공 전선 참여 명분 + 경제 자본 확보 필요
- 파병 규모: 1964년 비전투 요원 시작 → 1965~1973년 총 32만 명 파병
- 주요 대가: 브라운 각서(1966) 체결, 군사 장비 현대화, 미군 장비 제공, 1억 5,000만 달러 차관 + 추가 차관, 미국 시장 진출 기회 확대, 군수품 수출, 해외 송금 증가
- 경제 효과: 외화 획득, 건설업 진출 기반 형성, 경제 개발 자금 확보
  → 산업화 촉진
- 부작용 및 피해: 전사·부상자 다수, 고엽제 피해, 외화 위주의 단기 성과 중심
  → 구조적 한계 지속

1962~1981년 | 경제 개발 5개년 계획과 새마을 운동

고도성장의 그림자와 농촌의 반격

박정희 정부는 경제 개발을 국가 최우선 과제로 설정하고, 장면 내각에서 수립한 '경제 개발 5개년 계획'을 수정·보완하여 보다 체계적이고 강력한 국가 주도형 개발 정책을 본격 추진하였습니다. 최초의 경제 개발 계획은 이승만 정부 시절 7개년 계획으로 마련되었으며, 이후 장면 내각이 이를 5개년 계획으로 조정한 바 있습니다.

1962년부터 시행된 '제1차 경제 개발 5개년 계획(1962~1966)'은 '자립 경제 구축'을 목표로 삼고, 에너지 확보와 기간산업, 사회 간접 자본 확충 등 산업 기반 조성에 집중하였습니다. 값싼 노동력을 활용해 의류·신발·가방 같은 **노동 집약적 경공업을 발전**시키고, 소비재 수출 산업을 적극 육성하며 수출 주도형 경제 성장 전략을 전개하였습니다. 하지만 계획 추진 과정에서 자본 부족이라는 현실에 직면하자, 정부는 1965년 일본과 국교를 정상화하여 자본을 유치하고 베트남 파병의 대가로 미국의 차관을 도입해 산업화 자금을 확보하였습니다.

이어 **1967년 시작된 '제2차 경제 개발 5개년 계획(1967~1971)'**은 시멘트와 전력 등 기간산업을 육성하며 산업 구조 개편을 꾀했고, 도로·항만 등 산업 인프라 구축을 통해 경제 활동의 기반을 강화하였습니다. 이 시기 **서울과 부산을 잇는 경부 고속도로가 개통**되고, 울산 공업 단지와 포항 제철이 설립되었으며, 마산에 자유 무역 지대가 조성되어 무역 확대와 외자 유치를 견인하였습니다. 베트남 전쟁 특수도 더해지면서 한국 경제는 급격한 성장을 이뤄냈습니다.

제1·2차 경제 개발 계획이 추진되는 동안 한국은 연평균 9.2%의 경제 성장률을 기록하며 괄목할 성과를 거두었습니다. 수출은 무려 20배 이상 증가하였고, 1인당 국민 총소득(GNI)도 거의 2배 가까이 늘어났습니다. 그러나 급성장 이면에는 산업 간 불균형, 정경 유착의 심화, 외채 증가로 인한 외국 자본 의존도 확대 등의 구조적 문제가 나타났습니다. 특히 1969년에는 경공업 수출 부진과 외채 상환 시기가 겹치면서 일시적으로 경제 위기가 발생하기도 했습니다.

이러한 한계를 인식한 박정희 정부는 1970년대 초반 장기적인 경제 성장과 국제 경쟁력 확보를 위해 경공업 중심에서 중화학 공업 중심으로 산업 전략을 전환합니다. 이에 따라 **1972년에 시작된 '제3차 경제 개발 5개년 계획(1972~1976)'은 수출 주도형 중화학 공업화**를 목표로 철강·비철 금속·기계·조선·전자·화학 등 6대 전략 산업을 선정하고 집중 육성하였습니다. 그 결과 수출의 중심이 경공업 및 가공 무역 제품에서 중화학 공업 제품으로 전환되었으며, 중화학 공업 제품을 수출하는 기업에는 금융 지원 및 조세 감면 등의 혜택이 주어졌습니다. 1973년에는 포항 제철이 준공되어 가

동을 시작하였습니다. 이러한 중화학 공업화 정책은 한국 산업 구조의 고도화와 경제 성장을 견인하는 중요한 요소로 작용하였습니다.

박정희 정부는 이어지는 '**제4차 경제 개발 5개년 계획**(1977~1981)'에서도 중화학 공업화 전략을 지속적으로 추진하였습니다. 이로써 2차 산업(제조업과 공업)의 비중이 1차 산업(농업 및 원자재 생산)을 넘어섰고, 중화학 공업 생산이 경공업 생산을 추월하면서 한국 산업 구조는 완전히 중공업 중심으로 재편되었습니다. 고부가 가치 제품의 생산이 가능해지면서 수출은 더욱 증가하였고, 1977년에는 수출액이 100억 달러를 돌파하고 1981년까지 연평균 8.9%에 달하는 경제 성장을 기록하며 '한강의 기적'이라 불리는 고도성장을 실현하였습니다.

> 1962년만 하더라도 우리나라의 수출 실적은 겨우 5,0000여만 불의 미미한 것이었으며, 그나마도 대부분이 농수산물과 광산물 등 1차 산품이었습니다. 그로부터 불과 15년이 지난 오늘, 이제는 단일 업체가 6억 불 수출을 하게 되었는가 하면, 1억 불 이상 수출한 업체만도 17개사가 넘는 등 엄청난 기록들을 세웠습니다. 그리하여 우리는 당초 목표를 4년이나 앞당겨 100억 불 수출을 무난히 실현하였습니다. – 1977년 12월 100억 불 수출의 날 대통령 연설

하지만 이 시기 한국 경제는 **두 차례의 석유 파동**이라는 외부 충격에 직면합니다. 1973년 제1차 석유 파동 당시 한국은 높은 석유 수입 의존도로 인해 큰 피해를 입었으나, **중동 건설 시장 진출을 통해 '오일 달러'를 벌어들이며 위기를 어느 정도 극복**할 수 있었습니다. 그러나 1978년의 제2차 석유 파동은 세계 경제에 큰 충격을 주었고, 중화학 공업에 대한 과잉 투

자로 국가 재정이 악화된 한국은 외채 증가, 기업 도산, 실업률 상승, 물가 상승, 국제 수지 적자 등 복합적인 경제 위기를 겪게 되었습니다. 이는 유신 체제를 흔드는 불안 요인이 되었습니다.

한편 박정희 정부는 값싼 노동력을 바탕으로 수출 경쟁력을 확보하기 위해 농산물 가격을 인위적으로 낮추는 **저곡가 정책을 시행**하였습니다. 이로 인해 농촌 소득은 상대적으로 정체되었고, 도시와 농촌 간의 소득 격차가 심화되며 농촌 인구 감소와 고령화가 가속화되었습니다. 이를 해결하고자 정부는 **1970년 '새마을 운동'을 본격적으로 추진**하게 됩니다.

새마을 운동은 '근면, 자조, 협동'을 기본 정신으로 삼아 농가 소득을 증대시키고 생활 환경을 개선하여 도시와 농촌의 균형 있는 발전을 도모한 지역 사회 개발 운동이었습니다. 정부는 새마을 지도자를 육성하고, 농로 개설, 주택 개량, 전기와 도로 확충 등 농촌 기반 시설 개선 사업을 전개하였습니다. 이후 이 운동은 도시 지역까지 확산되었고, 국민 의식 개혁 운동으로 발전해 나갔습니다. 새마을 운동은 개발 도상국의 농촌 발전 모델로 주목받았으며, 2013년에는 그 기록물이 유네스코 세계 기록 유산으로 등재되기도 했습니다. 그러나 한편으로는 농민의 실질 소득 향상보다는 환경 개선에 치중하였고, 유신 체제를 유지하는 데 이용되었다는 비판도 존재합니다.

이 밖에도 박정희 정부는 외화 확보를 위해 서독에 광부와 간호사를 파견하였고, 이를 통해 경제 발전에 기여하였습니다. 동시에 사회악과 퇴폐 풍조를 근절한다는 명목 아래 미니스커트와 장발을 단속하는 등 개인의 자유를 제한하고 사회 통제를 강화하기도 하였습니다.

로빈의 역사 KICK

경제 개발 5개년 계획 차수별 특징과 성과

차수	시기	주요 목표	주요 특징 및 성과
제1차	1962~1966년	자립 경제 기반 조성	• 노동 집약적 경공업 중심 • 수출 주도형 산업화 시작 • GNI·수출 증가 • 일본·미국 자본 유치 (한일 국교 정상화, 베트남 파병)
제2차	1967~1971년	산업 기반 확충	• 기간산업 육성, 사회 간접 자본 확대 • 경부 고속도로, 포항 제철, 울산 공단 등 건설 • 연평균 9% 성장 • 마산 자유 무역 지대 설치
제3차	1972~1976년	중화학 공업화	• 철강·조선·전자 등 6대 전략 산업 집중 육성 • 중화학 제품 수출 확대 • 포항 제철 가동 • 산업 고도화, 수출 구조 전환
제4차	1977~1981년	고도 성장 지속	• 중화학 중심 산업 구조 정착 • 수출 100억 달러 돌파 • 제조업이 농업 비중 추월 • 연평균 성장률 8.9%

1969~1979년 | 10월 유신과 부마 항쟁

장기 집권의 끝과 민심의 폭발

　1969년 닉슨 독트린 발표와 베트남 주둔 미군의 철수 등으로 냉전 체제가 완화되는 조짐이 보이자 남북은 자주·평화·민족적 대단결을 강조하는 통일의 3대 원칙을 담아 '7·4 남북 공동 성명'을 발표하였습니다. 이는 남북 간 처음으로 공식적인 합의가 이루어진 중요한 사건이었습니다.

　남북 화해 분위기가 조성되자 한국 사회를 지배하던 반공 이데올로기의 설득력은 점차 약화되었고, 한편으론 계속된 경기 침체로 인해 국민들의 불만은 고조되고 있었습니다. 이러한 상황에서 박정희 정부는 1972년 비상계엄을 선포하고 국회를 해산하며 모든 정치 활동을 금지하는 '**10월 유신**'을 단행하였습니다. 이어 급변하는 국제 정세에 대응하고 남북 대화를 지속하기 위한 체제 정비라는 명분 아래 '**유신 헌법**'을 공포함으로써 대통령 권한을 대폭 강화하고 장기 집권의 틀을 마련하였습니다.

　유신 헌법은 삼권 분립의 원칙과 국민의 기본권을 보장하는 헌법의 기본 정신을 위배하고 대통령에게 막강한 권력을 부여하였습니다. 유신 헌법은 대통령 선출에 관하여 **통일 주체 국민 회의를 통한 대통령 간선제**, 대통령 임기 6년으로 연장, 출마 횟수 무제한을 규정하는가 하면, **대통령에게 국회의원 3분의 1 추천권**, **국회 해산권**, 대법원장 및 헌법 위원회 위원장 임명권, 긴급 조치 선포권 등을 부여하였습니다. 이후 박정희는 유신 헌법에 따라 통일 주체 국민 회의의 간접 선거로 치러진 제8대 대통령 선거에서 대의원 99.9%의 지지를 받아 대통령으로 당선되었습니다.

그러나 유신 체제는 점차 국민의 저항에 직면합니다. 1973년 중앙정보부는 일본에서 유신 반대 활동을 벌이던 김대중을 납치하는 사건을 벌였고, 이는 유신에 반대하는 민주화 운동을 촉발하였습니다. 장준하, 백기완 등 지식인들은 유신 헌법에 반대하며 개헌 청원 100만 인 서명 운동을 벌였고, 학생들은 거리로 나서 시위와 집회를 통해 유신 철폐와 노동 악법 개정을 요구하였습니다.

이에 박정희 정부는 연이어 긴급 조치를 선포하며 반정부 시위를 원천 봉쇄하였고, 유신 반대 인사들을 사법 절차 없이 체포·기소하는 등 강경 대응을 이어갔습니다. 이 과정에서 발생한 대표적인 사건이 '민청학련 사건(전국 민주 청년 학생 총연맹 사건)'과 '2차 인민 혁명당 사건(인민 혁명당 재건 위원회 사건)'으로, 정부는 이를 북한의 지령에 따른 정부 전복 기도로 조작하여 관련자들을 처벌하였습니다.

이러한 탄압 속에서도 유신 체제에 대한 저항은 계속되었습니다. 천주교 정의 구현 사제단은 유신 정권을 비판하는 성명을 발표하고 집회를 열었으며, 언론인들은 검열과 보도 통제에 맞서 언론 자유 수호 운동을 전개하였습니다. 1976년에는 함석헌, 문익환 등 재야 인사들이 명동 성당에 모여 **'3·1 민주 구국 선언'을 발표**하며 박정희 퇴진과 민주주의 회복을 요구하였습니다.

> 삼권 분립은 허울만 남았다. 국가 안보라는 구실 아래 신앙과 양심의 자유는 날로 위축되어 가고 언론의 자유와 학원의 자주성은 압살당하고 말았다. …… 우리의 비원인 민족 통일을 향해서 국내외로 민주 세력을 키우고 규합하여 한 걸음 한 걸음 착실히 전진해야 할 마당에 이 나라는 1인 독재 아래 인권은 유린되고 자유는 박탈당하고 있다. 우리는 이를 보고 있을 수 없어 …… 이 나라의 먼 앞날을 내다보면서 민주 구국 선언을 선포하는 바이다.
> 1. 이 나라는 민주주의의 기반 위에 서야 한다.
> 2. 경제 입국 구상과 자세가 근본적으로 검토되어야 한다.
> 3. 민족 통일은 오늘 이 겨레가 짊어진 최대의 과업이다.
> - 3·1 민주 구국 선언

한편 1979년에는 유신 체제의 억압이 다시금 격렬한 반발을 불러일으켰습니다. 회사 폐업에 항의하던 YH 무역 여성 노동자들이 신민당사에서 농성을 벌이다 경찰의 강제 진압으로 한 명이 사망하는 사건이 발생하였고 **(YH 무역 사건)**, 이에 대해 신민당 총재 김영삼은 박정희 정권의 인권 탄압을 강하게 비판했습니다. 그러자 여당은 **김영삼을 국가 모독 혐의로 국회에서 제명**하였고, 이는 그의 정치적 기반인 부산·마산 지역의 분노를 촉발하며 대규모 반정부 시위로 번졌습니다.

당시 **석유 파동과 중화학 공업에 대한 과잉 투자로 인한 경제 위기**까지 겹치면서 정권에 대한 불만은 점차 고조되었습니다. 1979년 10월 부산과 마산에서 시작된 '**부마 민주 항쟁**'은 학생들의 시위를 시작으로 시민들이 대거 동참하면서 급격히 확산되었습니다. 박정희 정부는 비상계엄령과 위수령을 발동하고 군대를 투입해 강제 진압에 나섰지만, 오히려 민심의 반발을 키웠고 권력 내부에서도 균열이 심화되었습니다.

결국 1979년 10월 26일 중앙정보부장 김재규에 의해 박정희 대통령이 피살되는 '10·26 사건'이 발생하면서 **유신 체제는 종말**을 맞이하게 됩니다. 1인 장기 집권 체제의 붕괴와 함께 한국 사회는 새로운 전환점을 맞이하게 되었습니다.

로빈의 역사 KICK

유신 체제 핵심 정리

항목	주요 내용
유신 헌법 (1972)	• 대통령 간선제 도입(통일 주체 국민 회의 선출) • 임기 6년, 연임 제한 없음(종신 집권 가능) • 대통령이 국회의원 1/3 임명권, 국회 해산권 보유 • 대통령이 대법원장·헌법 위원장 임명권, 긴급조치권 보유 • 국민 기본권과 삼권 분립 원칙 사실상 무력화
체제에 대한 저항과 탄압	• 김대중 납치 사건(1973) → 국제적 파문 • 민청학련 사건(1974), 2차 인혁당 사건(1974) → 반정부 운동 조작, 관련자 처벌 • 긴급 조치 남발 → 표현·집회·언론의 자유 억압 • 3·1 민주 구국 선언(1976): 함석헌·문익환 등 재야 인사 선언 • 천주교·지식인·학생·언론계의 민주화 운동 확대
붕괴(1979)	• YH 무역 사건: 여성 노동자 진압 → 1명 사망 → 김영삼 제명 사태 → 부산·마산에서 부마 민주 항쟁 발생 • 정부, 비상계엄·위수령·군 투입으로 강경 진압 • 1979년 10·26 사건: 중앙정보부장 김재규가 박정희 살해 • 유신 체제 급작스러운 종말, 장기 독재 종료

1979~1987년

신군부 집권과
6월 민주 항쟁

총칼로 빼앗은 민주주의, 거리에서 되찾다

1979년 10월 26일 박정희 대통령이 중앙정보부장 김재규에 의해 암살되면서 '10·26 사태'가 발생하였고, 곧바로 계엄령이 선포되었습니다. 대통령 권한 대행을 맡게 된 **최규하** 국무총리는 같은 해 12월 6일 통일 주체 국민 회의에서 간선제로 제10대 대통령에 선출되었습니다. 이와 함께 유신 헌법 개헌 논의가 본격화되며 권위주의 체제 종식과 민주화 이행에 대한 기대가 사회 전반에 확산되었습니다. 그러나 1979년 12월 12일 **전두환·노태우** 등 '하나회' 중심의 신군부 세력이 '12·12 사태'를 일으켜 군사권을 장악하고 기존 군 수뇌부를 무력으로 교체하면서, 한국 사회는 다시 강압적인 군사 통치 아래 놓이게 되었습니다.

이에 반발한 학생들과 재야 인사들은 **신군부 퇴진과 비상계엄 철폐, 유신 헌법 폐지, 학원 자율화** 등을 요구하며 '서울의 봄'이라 불리는 대규모 **민주화 운동**을 벌였습니다. 1980년 5월 15일 서울역 광장에는 약 10만 명의 학생과 시민이 모여 민주화를 촉구했고, 이는 서울의 봄의 정점을 이루었습니다. 하지만 불과 이틀 뒤인 **5월 17일 신군부는 비상계엄을 전국으로**

확대하고 모든 정치 활동을 금지했으며, 대학에 휴교령을 내려 학생 운동을 강제 진압하려 하였습니다.

그다음 날인 5월 18일 전라남도 광주에서는 계엄 해제와 휴교령 철회를 요구하는 시위가 벌어졌고, 이는 곧 '5·18 민주화 운동'으로 확산되었습니다. 군이 시위를 무력으로 진압하는 과정에서 수많은 시민이 목숨을 잃었습니다.

> 우리 다 같이 애도합시다. …… 계엄 당국과 협상 중이니, …… 시민군을 믿고 적극 협조합시다. 시민군은 우리 시민의 안전을 위해 불철주야로 고생하고 있습니다.
> - 매일 오후 3시 도청 앞 광장에서 민주 수호 범시민 총궐기 대회를 개최합니다.
> - 행방불명자를 파악하고 있습니다.
> - 질서 회복에 다 같이 노력합시다.
>
> – 민주시민 회보 제9호

5월 21일 **신군부는 시위에 직접 가담하지 않은 일반 시민들까지 무차별적으로 폭행하고 총격**을 가하며 진압 수위를 끌어올렸습니다. 이에 광주 시민들은 경찰서에서 무기를 탈취하고 스스로 무장한 뒤 시민군을 조직하여 저항하였습니다. 하지만 5월 27일 새벽 계엄군은 탱크와 헬기를 동원해 시민군이 장악하고 있던 전라남도 도청을 무력 진압하였고, 끝까지 저항하던 시민군은 참혹하게 진압당하고 말았습니다.

5·18 민주화 운동은 결국 계엄군의 강경 진압으로 막을 내렸지만, 이후 한국 민주주의의 결정적 기반이 되었습니다. 1997년 대한민국 대법원은 5·18 민주화 운동을 '헌법 수호를 위한 정당한 행위'로 인정하였고, **관련**

기록물은 2011년 유네스코 세계 기록 유산으로 등재되었습니다. 5·18은 한국은 물론 필리핀과 타이완 등 아시아 각국의 민주화 운동에도 영향을 주었으며, 오늘날까지도 민주주의의 상징으로 기억되고 있습니다.

하지만 당시 신군부는 시민의 희생을 억압으로 되갚았습니다. 전두환을 상임 위원장으로 하는 **국가 보위 비상 대책 위원회를 설치**하여 행정·입법·사법 3권을 장악하였고, 언론을 강제 통폐합하며 다수의 언론인을 해직하였습니다. **삼청 교육대를 운영**하며 반정부 인사와 일반 시민을 연행하고 사상 검열을 하는 등 사회 전반에 공포 분위기를 조성했습니다. 이들은 최규하 대통령에게 사임을 압박한 후 1980년 통일 주체 국민 회의를 통해 전두환을 제11대 대통령으로 선출하였습니다.

이후 전두환은 **7년 단임제 대통령을 간접 선거로 선출하는 제8차 헌법 개정을 추진**했고, 1981년에는 자신이 창당한 민주 정의당의 단독 후보로 제12대 대통령에 당선되며 권력을 더욱 공고히 하였습니다.

전두환 정부는 '정의 사회 구현'을 표방하며 부분적인 **유화 정책도 시도**했습니다. **학도 호국단 폐지, 교복·두발 자율화, 야간 통행금지 해제**, 해외 여행 자유화 등을 통해 일상생활에서의 제한을 일부 완화했고, **프로 야구 창설**, 1986년 서울 아시안 게임과 1988년 서울 올림픽 유치로 국민의 관심을 돌리는 한편 국격을 높이려 했습니다. 분단 이후 최초로 서울과 평양에서 이산가족 상봉과 예술단 교환도 이뤄졌습니다.

그러나 동시에 보도 지침을 통해 언론을 검열하고, 정치 활동을 제한하며, 민주화 요구를 억눌렀습니다. 1980년대 중반에 접어들며 강압 통치에 대한 국민적 반발은 더욱 거세졌고, 5·18 진상 규명과 책임자 처벌을 요구하는 학생 운동이 확산되었습니다. 1985년 총선에서는 민주화 인사들이 주축이 된 신한 민주당이 제1야당으로 부상하며 정권에 대한 압박이 강화되었습니다. 신한 민주당은 대통령 직선제를 요구하며 천만 명 서명 운동을 벌였습니다.

이런 가운데 정부의 인권 유린 실태가 연이어 드러나며 국민의 분노가 폭발했습니다. 1986년 '부천 경찰서 성고문 사건', **1987년 '박종철 고문치사 사건'**은 독재 정권의 잔혹함을 일깨우는 계기가 되었고, 정부는 이를 은폐하려 하다가 오히려 불신을 자초했습니다. 특히 **1987년 4월 13일 전두환 정부가 '개헌 논의 금지'를 선언하는 '4·13 호헌 조치'**를 발표하자 국민의 분노는 전국으로 확산되었습니다.

그러던 중 **6월 서울 시위 중 대학생 이한열이 경찰이 쏜 최루탄에 맞아 의식불명 상태에 빠지는 사건**이 벌어졌고, 이는 전국적인 **'6월 민주 항쟁'**으로 이어졌습니다. 6월 10일 수십만 명의 시민과 학생이 거리로 나와 **'호헌 철폐, 독재 타도, 민주 헌법 쟁취'**를 외치며 전국 주요 도시에서 시위를 벌였습니다.

> 국민 합의 배신한 4·13 호헌 조치는 무효임을 전 국민의 이름으로 선언한다. 오늘 우리는 전 세계 이목이 우리를 주시하는 가운데 40년 독재 정치를 청산하고 희망찬 민주 국가를 건설하기 위한 거보를 전 국민과 함께 내딛는다. 국가의 미래요 소망인 꽃다운 젊은이를 야만적인 고문으로 죽여놓고 그것도 모자라 뻔뻔스럽게 국민을 속이려 했던 현 정권에게 국민의 분노가 무엇인지를 분명히 보여주고, 국

민적 여망인 개헌을 일방적으로 파기한 4·13 폭거를 철회시키기 위한 민주 장정을 시작한다. – 6·10 국민 대회 선언

로빈의 역사 KICK

5·18 민주화 운동 vs 6월 민주 항쟁

항목	5·18 민주화 운동(1980)	6월 민주 항쟁(1987)
배경	• 1979년 박정희 사망(10·26 사건) 이후 민주화 기대 • 신군부의 12·12 군사 반란과 전국 비상계엄 확대 • 정치 활동 금지, 휴교령 등 강압적 통치	• 전두환 정권의 독재 지속 • 박종철 고문치사 사건과 정부의 은폐 • 4·13 호헌 조치(개헌 거부) 발표
전개	• 1980년 5월 18일, 광주에서 시위 시작 • 계엄군의 무력 진압 → 시민 무장·시민군 조직 • 5월 21일 발포, 5월 27일 도청 진압으로 종료	• 1987년 6월 10일, 노태우 후보 지명에 반발해 항쟁 시작 • 이한열 피격 사건으로 분노 확산 • 6월 26일 국민 평화 대행진까지 전국 확산
결과 및 의의	• 계엄군 강제 진압, 수많은 시민 희생 • 이후 민주화의 상징 사건으로 자리매김 • 1997년 대법원, "헌법 수호를 위한 정당한 행위"로 규정 • 2011년 유네스코 세계 기록 유산 등재	• 6·29 선언 발표: 직선제 수용, 정치 자유 보장 등 약속 • 제9차 개헌 → 5년 단임 직선제 도입 • 국민이 독재 정권을 비폭력 저항으로 굴복시킨 민주주의의 승리

같은 날 정부는 국민의 요구를 외면한 채 노태우를 여당인 민주 정의당의 대통령 후보로 지명하고 시위를 강제 진압하였습니다. 하지만 국민의 저항은 멈추지 않았고, 항쟁은 6월 26일 '국민 평화 대행진'까지 약 20일간 이어졌습니다. 결국 1987년 6월 29일 노태우는 대통령 직선제 수용, 정치

활동 자유화, 구속 인사 석방 등을 골자로 한 '6·29 민주화 선언'을 발표하게 됩니다. 이에 따라 1987년 10월 여야 합의로 제9차 헌법 개정이 이루어졌고, 대통령 5년 단임제와 직선제가 도입되어 국민이 직접 대통령을 뽑을 수 있게 되었습니다. 비록 당시 야권이 후보 단일화에 실패하면서 여당 후보였던 노태우가 대통령에 당선되었지만, 이로써 40년 권위주의 체제는 끝났고, 한국 민주주의는 새로운 전기를 맞이하게 되었습니다.

> 로빈의 **역사 KICK**

대한민국 헌법 개정 과정

차수	명칭 또는 별칭	공포 및 시행일	주요 내용 및 특징
제1차	발췌 개헌	1952년 7월 7일	대통령 직선제
제2차	사사오입 개헌	1954년 11월 29일	초대 대통령(이승만) 중임 제한 철폐
제3차	의원 내각제 개헌	1960년 6월 15일	의원 내각제 도입, 대통령 5년 중임제
제4차	소급 입법 개헌	1960년 11월 29일	3·15 부정 선거 관련자 처벌을 위한 소급 입법
제5차	5·16 군사 정변 후 개헌	1962년 12월 26일	대통령 직선제 및 단원제 국회 환원
제6차	3선 개헌	1969년 10월 21일	대통령 3회 연임 허용(박정희 3선 연임 가능케 함)
제7차	유신 헌법	1972년 12월 27일	대통령 간선제(통일 주체 국민 회의), 대통령 임기 6년, 중임 제한 철폐
제8차	제5공화국 개헌	1980년 10월 27일	대통령 간선제(선거인단), 임기 7년 단임제
제9차	현행 헌법 (87년 체제)	1987년 10월 29일	대통령 직선제, 임기 5년 단임제, 기본권 확대

1987~2025년 | 직선제 이후 정권 교체 흐름

민주주의의 진전과 그늘, 그리고 촛불의 심판

1987년 6월 민주 항쟁의 결과 대통령 직선제가 도입되었고, 그해 12월 제13대 대통령 선거가 치러졌습니다. 여당 후보 노태우, 야당 후보 김영삼과 김대중 등이 출마하였으나, 야권 단일화 실패로 **노태우**가 당선되었습니다. 그러나 노태우 정부는 전두환 체제의 연장선이라는 비판을 피하지 못했고, 1988년 총선에서는 김영삼, 김대중, 김종필 등 거물급 야당 인사들이 이끄는 정당들이 의석을 확보하면서 '여소야대' 정국이 형성되었습니다.

야당이 주도하는 국회는 '제5공화국 청문회'를 개최해 신군부 비리와 5·18 민주화 운동의 진상을 규명하였고, 정치 개혁에 대한 요구가 본격화되었습니다. 이에 대응하여 1990년 노태우 대통령은 김영삼의 통일 민주당, 김종필의 신민주 공화당과 함께 **3당 합당을 추진**하여 '민주 자유당'을 창당하였습니다.

국민 여러분, …… 민주 정의당 총재 노태우와 오랜 세월 이 땅의 민주주의를 위해 몸 바쳐온 통일 민주당 총재 김영삼, 그리고 국태민안의 신념을 꿋꿋이 실천해

온 신민주 공화당 총재 김종필, 우리 세 사람은 민주·번영·통일을 이룰 새로운 역사의 장을 열기 위해 오늘 국민 여러분 앞에 함께 섰습니다. – 3당 합당 공동 선언

노태우 정부는 지방 자치제를 부분적으로 재도입하고, 언론 기본법을 폐지하여 보도의 자유를 확대하였으며, **1988년 서울 올림픽을 성공적으로 개최**해 국제적 위상을 높였습니다. 이를 계기로 **소련, 중국, 동유럽 국가들과의 수교**가 이루어졌고, 1991년 남북한의 유엔 동시 가입과 '남북 기본 합의서' 체결도 성사되었습니다.

1992년 제14대 대선에서는 문민 대통령 **김영삼**이 당선되어 5·16 군사 정변 이후 처음으로 민간인이 국가를 이끄는 **'문민정부'가 출범**하였습니다. 김영삼 정부는 고위 공직자 재산 등록, **금융·부동산 실명제 도입, 지방 자치제 완전 시행** 등 개혁을 추진하였고, '역사 바로 세우기' 정책을 통해 전두환과 노태우를 구속하고 조선총독부 건물을 철거하는 등 과거사 정리에 착수하였습니다. **1996년에는 경제 협력 개발 기구(OECD)에 가입**하며 세계 경제 질서에 본격적으로 편입되었지만, **1997년 말 외환 위기가 발생**하여 **IMF의 구제 금융을 요청**하게 되었습니다.

그해 제15대 대선에서는 **김대중**이 당선되어 대한민국 헌정 사상 최초로 선거를 통한 여야 간 **평화적 정권 교체**가 이루어졌습니다. 김대중 정부는 '국민의 정부'를 표방하며 민주주의와 시장 경제를 병행 발전시키고, **대북 햇볕 정책**을 통해 2000년 제1차 남북 정상 회담을 성사시켰습니다. 같은 해 김대중 대통령은 남북 화해와 민주주의에 기여한 공로로 노벨 평화상

을 수상하였습니다. **국민 기초 생활 보장 제도 도입**, 2002년 한일 월드컵과 부산 아시안 게임 개최 등도 주요 성과로 평가됩니다.

김대중 정부는 외환 위기 극복을 위해 금융·기업 구조 조정, 외국 자본 유치, **노사정 협의체 구성, 금 모으기 운동** 등 전 국민적 개혁을 추진하여 **2001년에 IMF 지원 자금을 조기 상환**하였습니다. 그러나 구조 조정 과정에서 실업자와 비정규직 노동자가 증가하였고, 외국 자본 유입에 따른 경제 주권 약화와 빈부 격차 심화라는 부작용도 동반되었습니다.

2002년 대선에서는 **노무현**이 당선되어 '참여정부'를 표방하였습니다. 수도권 공공 기관 이전을 포함한 국토 균형 발전 정책과 함께 과거사 정리 및 친일파 청산을 위한 법적 기반을 마련하였습니다. 대북 화해 정책은 개성 공단 가동, 2007년 제2차 남북 정상 회담 등으로 이어졌고, 동시에 **호주제 폐지**, 가족 관계 등록법 시행, KTX 개통, **질병 관리 본부 설립, 한·칠레 FTA 체결, 한미 FTA 타결** 등 다방면에서 제도 개혁을 추진하였습니다. 무역 흑자와 1인당 국민 소득 2만 달러 달성은 성과였지만, 부동산 가격 상승과 양극화는 과제로 남았습니다.

2007년 대선에서 **이명박**이 당선되며 '실용정부'가 출범하였습니다. 이명박 정부는 기업 친화적 정책과 친환경 녹색 성장을 주요 기조로 삼았고, G20 정상 회의 유치와 **한미 FTA 발효** 등을 통해 국제적 입지를 강화했습니다. 그러나 4대강 사업은 환경 파괴와 예산 낭비 논란을 불러왔고, 소득 재분배와 공공성 강화에는 소극적이라는 비판을 받았습니다.

2012년 대선에서는 새누리당 **박근혜**가 대한민국 최초의 여성 대통령으로 당선되었습니다. 하지만 2014년 세월호 침몰 참사로 정부의 재난 대응 능력에 심각한 의문이 제기되었고, 이후 '최순실 국정 농단 사건'이 폭로되며 박근혜 대통령에 대한 탄핵 소추안이 가결되었습니다. 2017년 헌법재판소가 재판관 전원 일치로 탄핵을 인용하여 박근혜 대통령은 직위에서 파면되었고, 이는 헌정 사상 최초의 대통령 탄핵 사례로 기록되었습니다.

2017년 5월, 촛불 시민혁명 여파 속에서 당선된 **문재인** 대통령은 적폐 청산과 검찰개혁을 앞세웠으며, 남북 정상회담과 북미 정상회담 등 한반도 평화를 위한 외교 노력을 주도했습니다. 그러나 2020년부터 시작된 코로나19 팬데믹 대응, 그리고 급등한 부동산 가격 문제는 당시 정부의 큰 과제로 남았습니다.

이후 우리나라는 윤석열 정부를 거쳐 현재의 이재명 정부에 이르게 되었습니다.

로빈의 **역사 KICK**

1988~2017년 정부별 핵심 정리

정부	정치 변화	경제 정책	대북 정책	사회·기타
노태우 (1988~ 1993)	• 대통령 직선제 첫 정부 • 3당 합당 통한 여소야대 극복 시도 • 제5공화국 청문회로 정치 개혁 압력 대응	• 서울 올림픽 성공 개최 • 동유럽·중국과 수교 • 시장 개방 확대 기반 조성	• 남북 유엔 동시 가입(1991) • '남북 기본 합의서' 체결	• 언론 기본법 폐지 • 지방 자치제 부분 실시
김영삼 (1993~ 1998)	• 첫 문민정부 출범 • 전두환·노태우 구속(역사 바로 세우기)	• 금융·부동산 실명제 • OECD 가입(1996) • 외환 위기 발생(1997)	• 3단계 통일 방안 발표(1994)	• 조선 총독부 철거 등 친일 잔재 청산 • 고위 공직자 재산 공개 등 청렴 정책 • 지방 자치제 전면 실시
김대중 (1998~ 2003)	• 최초의 여야 정권 교체 • 국민의 정부 출범	• IMF 극복: 구조조정, 외자 유치 • 국민 기초 생활 보장제 도입 • 1인당 GDP 회복	• 1차 남북 정상 회담(2000) • 햇볕 정책 추진 • 노벨 평화상 수상	• 금 모으기 운동 등 국민 동참형 정책 • 비정규직·빈부 격차 심화 부작용
노무현 (2003~ 2008)	• 참여정부 출범 • 권위주의 해체 시도	• FTA 다변화(칠레·미국 등) • 무역 흑자 지속	• 개성 공단 가동 • 2차 남북 정상 회담(2007)	• 친일 청산, 과거사 정리 기반 마련 • 호주제 폐지 • 가족 관계 등록법 제정 • 질병 관리 본부 설립 • 수도권 공공 기관 지방 이전

이명박
(2008~
2013)
	• 실용정부 표방
	• 기업 친화적
	  국정 운영
		• 4대강 사업
		• 한미 FTA 발효
		• G20 정상 회의
		  개최
			• 대북 강경 기조
			• 천안함 사건 이
			  후 긴장 고조
				• 환경 정책 갈등
				  (4대강)

박근혜
(2013~
2017)
	• 대한민국 첫
	  여성 대통령
	• 국정 농단 사건
	  → 헌정사 첫 탄핵
		• 중국과 FTA
		  체결
			• 개성공단 폐쇄	• 세월호 참사로
				  정부 불신 커짐

도판 출처 및 참고 자료

도판

*본문 등장 순서에 따라 기재하였습니다. 아래는 소장처에서 명시한 이름으로 본문의 이름과 다를 수 있음을 알립니다.

*일부 출처가 불분명하거나 잘못 들어간 경우, 사실을 확인하는 대로 통상의 기준에 따라 승인 절차를 밟고 바로 잡도록 하겠습니다.

주먹도끼 ⓒ국립중앙박물관
슴베찌르개 ⓒ국립청주박물관
서울 암사동 유적 빗살무늬토기 ⓒ국립중앙박물관
뼈바늘(골침) ⓒ국립대구박물관
가락바퀴 ⓒ밀양시립박물관
반달 돌칼 ⓒ국립중앙박물관
민무늬토기항아리 ⓒ국립중앙박물관
요령식 동검 ⓒ국립중앙박물관
연천 학곡리 고인돌 ⓒ문화재청 국가문화유산포털
독무덤 ⓒ전주대
아산 남성리 유적 출토 세형 동검 ⓒ국립중앙박물관
명도전 ⓒ서울대학교박물관
철자형 집터 ⓒ고등학교 국사 7차
횡성 둔내 철기시대 주거지 유적 ⓒ문화재청 국가문화유산포털
호우명 출토 청동그릇 ⓒ국립중앙박물관
중국 길림 광개토왕릉비 정면 ⓒ국립중앙박물관
중국 길림 장군총 전경 ⓒ국립중앙박물관
정기환 필 무용총 무용도 ⓒ국립중앙박물관
삼묘리 대실 북벽 현무 모사도 ⓒ국립중앙박물관
칠지도 ⓒ국립부여박물관
금동 대향로 ⓒ국립부여박물관
백제 산수무늬 벽돌 ⓒ국립중앙박물관
부여 정림사지 오층석탑 ⓒ문화재청 국가문화유산포털
서산 용현리 마애여래삼존상 ⓒ문화재청 국가문화유산포털
車輪飾土器 ⓒ국립진주박물관
말탄 무사 뿔잔 ⓒ국립중앙박물관
고령 지산동 32호분 출토 금동관 ⓒ문화재청 국가문화유산포털
고령 지산동 32호분 출토 판갑옷과 투구 ⓒ문화재청 국가문화유산포털
경주 금관총 출토 금관 ⓒ문화재청 국가문화유산포털
경주 천마총 출토 장니에 그려진 천마도 ⓒ문화재청 국가문화유산포털
서울 북한산 진흥왕 순수비 ⓒ국립중앙박물관
성덕대왕신종 ⓒ문화재청 국가문화유산포털
석굴암 본존불 ⓒ수원광교박물관
경주 감은사지 동·서 삼층석탑 ⓒ문화재청 국가문화유산포털
경주 불국사 삼층석탑 ⓒ문화재청 국가문화유산포털
경주 불국사 다보탑 ⓒ문화재청 국가문화유산포털
발해 영광탑 ⓒ동북아역사재단
정혜공주묘 돌사자상 ⓒ국립중앙박물관

발해 치미 ⓒ국립중앙박물관
발해 이불병좌상 ⓒ국립중앙박물관
훈민정음 해례본 ⓒ문화재청 국가문화유산포털
앙부일구 ⓒ문화재청 국가문화유산포털
혼천의 ⓒ문화재청 국가문화유산포털
자격루 ⓒ문화재청 국가문화유산포털
공주 충청감영 측우기 ⓒ문화재청 국가문화유산포털
조광조 초상 ⓒ개인 소장
성학십도 ⓒ천안박물관
성학집요 ⓒ국립고궁박물관
탕평비 ⓒ한국학중앙연구원 한국민족문화대백과사전
당백전 ⓒ한국은행 화폐박물관
어재연 장군의 '수자기' ⓒ강화역사박물관
운요호 (안중근의사기념관 전시물 캡처)
별기군 (안중근의사기념관 전시물 캡처)
갑신정변의 주역들 ⓒ국사편찬위원회
고종 어진 ⓒ국립중앙박물관
서양식 황제복을 입은 광무 황제 ⓒ국립고궁박물관
대한제국전답관계(지계) ⓒ국립중앙박물관
헤이그 특사 ⓒ국사편찬위원회
상하이 대한민국 임시정부 청사 ⓒ경기도박물관
1922년 극동민족대회에 참석한 홍범도 ⓒ독립기념관
김원봉과 의열단원들 ⓒ국사편찬위원회
의거를 결심한 이봉창 ⓒ독립기념관
의거 직전의 윤봉길 ⓒ독립기념관

여운형 ⓒ몽양여운형선생기념사업회
남북 연석회의에 참석하기 위해 38도선을 넘기 전의 김구 일행 ⓒ백범김구선생기념사업협회

지도 작업 참고

고등학교 한국사 (도면회 외|비상교육|2019년 검정)

고등학교 한국사1 (최병택 외| (주)지학사|2024년 검정)

중학교 역사② (이병인 외|비상교육|2024년 검정)

중학교 역사② (홍성구 외|동아출판(주)|2024년 검정)

아틀라스 한국사 (한국교원대학교 역사교육과 교수진|사계절|2022)

**한 권으로 끝내는
로빈의
한국사**

초판 1쇄 발행 2025년 7월 10일
초판 2쇄 발행 2025년 9월 25일

지은이 로빈의 역사 기록
발행인 손은진
개발책임 김문주
개발 김민정 정은경
제작 이성재 장병미
마케팅 엄재욱 김상민
디자인 이아진

발행처 메가스터디(주)
출판등록 제2015-000159호
주소 서울시 서초구 효령로 304 국제전자센터 24층
전화 1661-5431 팩스 02-6984-6999
홈페이지 http://www.megastudybooks.com
출간제안/원고투고 writer@megastudy.net

ISBN 979-11-297-1533-3 03910

이 책은 메가스터디(주)의 저작권자와의 계약에 따라 발행한 것이므로
무단 전재와 무단 복제를 금지하며, 이 책 내용의 전부 또는 일부를 이용하려면
반드시 저작권자와 메가스터디(주)의 서면 동의를 받아야 합니다.
잘못된 책은 구입하신 곳에서 바꾸어드립니다.

'메가스터디북스'는 메가스터디(주)의 교육, 학습 전문 출판 브랜드입니다.
초중고 참고서는 물론, 어린이/청소년 교양서, 성인 학습서까지 다양한 도서를 출간하고 있습니다.